U0933915

支持单位

福建省妈祖文化传承与发展协同创新中心

福建省妈祖文化研究会

福建省社会科学研究基地莆田学院妈祖文化研究中心

福建省高校人文社科研究基地（莆田学院妈祖文化研究中心）

福建省高校新型特色智库·莆田学院妈祖文化研究院

《妈祖文化年鉴》编委会

学术顾问：孙　晓　刘中玉

民俗顾问：林金榜　林金赞

编委会主任：宋建晓

编委会副主任：姚志平　林明太　吴国春

编委会委员：宋建晓　姚志平　林明太

吴国春　黄瑞国　孟建煌

刘福铸　黄少强　张桓忠

主　　编：林明太

副 主 编：吴国春　连晨曦

成　　员：陈金亮　林孟蓉　于明华　萧弘德

梁右典　林连华　陈　颖　刘玉婷

妈祖文化年鉴

2018

莆田学院妈祖文化研究院
莆田市湄洲妈祖祖庙董事会 编

厦门大学出版社
XIAMEN UNIVERSITY PRESS
国家一级出版社
全国百佳图书出版单位

图书在版编目(CIP)数据

妈祖文化年鉴.2018/莆田学院妈祖文化研究院,莆田市湄洲妈祖祖庙董事会编.—厦门:厦门大学出版社,2020.8

Ⅰ.①妈…　Ⅱ.①莆…②莆…　Ⅲ.①神—文化研究—中国—2018—年鉴　Ⅳ.①B933-54

中国版本图书馆CIP数据核字(2020)第112085号

出 版 人　郑文礼
责任编辑　章木良

出版发行　厦门大学出版社
社　　址　厦门市软件园二期望海路39号
邮政编码　361008
总　　机　0592-2181111　0592-2181406(传真)
营销中心　0592-2184458　0592-2181365
网　　址　http://www.xmupress.com
邮　　箱　xmup@xmupress.com
印　　刷　厦门集大印刷厂

开本　787 mm×1 092 mm　1/16
印张　20.75
插页　2
字数　336千字
版次　2020年8月第1版
印次　2020年8月第1次印刷
定价　158.00元

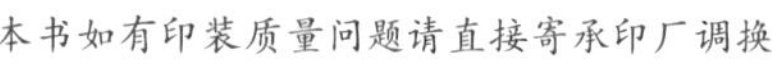
本书如有印装质量问题请直接寄承印厂调换

厦门大学出版社
微信二维码

厦门大学出版社
微博二维码

编者说明

妈祖文化是发祥于莆田，肇始于宋代，现已传播到世界40多个国家地区和国内28个省市，至今具有广泛影响力的集中华儒释道文化与海洋文化大成的一种“活态”文化，是劳动人民千百年来尊崇、信仰妈祖过程中遗留和传承下来的物质及精神财富的总称，是中华优秀传统文化瑰宝之一。其在推进海峡两岸文化认同、民族认同，推进21世纪海上丝绸之路建设，传承与弘扬我国优秀传统文化、培育与践行社会主义核心价值观，传承与保护世界非遗，促进与繁荣特色文化产业等方面可以发挥重大的作用。

2019年3月，习近平总书记参加福建省人大代表团审议时指出：“要加强两岸交流合作，加大文化交流力度，增进台湾同胞对民族、对国家的认知和感情。”2016年3月，“发挥妈祖文化等民间文化的积极作用”写入国家“十三五”规划，成为国家战略。2009年9月，妈祖文化核心部分“妈祖信俗”入选世界非物质文化遗产名录，成为我国首个也是目前唯一一个信俗类世界遗产。要响应总书记的要求，要推进“一带一路”倡议，要传承与保护世界非物质文化遗产，需要开展高质量的妈祖文化学术研究和提供相应丰富的妈祖文化学术研究资料才能保证。

《妈祖文化年鉴2018》是莆田学院妈祖文化研究院与湄洲妈祖祖庙董事会联合编撰的文献性、资料性年鉴，是开展妈祖文化学术研究基础性资料之一。本卷主要收集2018年1月1日至12月31日妈祖学学术研究论著、论文、期刊、学界概况等以及国内外有关妈祖文化的各种重要活动、事件，让广大专家、学者和社会各界更全面了解妈祖文化的内涵和发展动态，以此促进妈祖文化的学术研究，更好地传承与弘扬妈祖文化，为当代社会政治经济发展服务。

在编辑过程中，我们对有关信息广为收集，但由于各种原因，肯定有未收录的内容，我们欢迎专家、学者和广大妈祖文化工作者批评指正并恳望及时提供有关信息，以更臻完善。同时，鉴于本年鉴的特点，本卷对所转载或摘录以及被数字出版物收录的相关文献均不再另付稿酬。

《妈祖文化年鉴2018》的出版得到了厦门大学出版社的大力支持，这是妈祖文化界值得庆贺的喜事，也表明妈祖文化作为中华优秀传统文化中的重要组成部分，越来越受到社会各界的普遍关注。

《妈祖文化年鉴2018》的编辑出版还得到了福建省妈祖文化传承与发展协同创新中心、福建省社会科学研究基地莆田学院妈祖文化研究中心、福建省高校新型特色智库 · 莆田学院妈祖文化研究院、福建省高校人文社会科学研究优秀基地（莆田学院妈祖文化研究中心）和福建省妈祖文化研究会的鼎力支持，对此深表谢意。

《妈祖文化年鉴》编委会

2020年6月

第一部分　学术与研究

专著文集

专著

妈祖类文章

硕博论文

●博士论文

硕士论文

图书期刊

●期刊

●综合类图书

学界概况

●研究机构

宫庙修建

第三部分 文创与慈善

媒体传播

戏曲影视

●戏曲

●影视

文化交流

园区建设

慈善活动

第一部分
学术与研究

专著文集

●《湄洲妈祖祖庙志》：莆田湄洲妈祖祖庙董事会编，人民日报出版社 2018 年版，272 页。该书为一本关于湄洲妈祖祖庙沿革的志书，全书除序、凡例、概述、特载、大事记、跋以外，共分 12 章，以及附录等，详细记载了湄洲妈祖祖庙 1000 多年来几经兴衰的历史变迁，史料翔实，可供相关研究人员参考。

●《古文化街遗韵——天后宫·玉皇阁·通庆里》：天津市保护风貌建筑办公室编，“一楼一世界系列丛书”之一，天津大学出版社 2018 年版，126 页。该书对古文化街的形成发展进行了概括性介绍，对具代表性的天后宫、玉皇阁、通庆里进行了具体介绍。对于每个典型建筑，按照形成发展、建筑使用沿革、建筑与天津民俗、历史文化考证、保护利用现状的顺序进行介绍，采用图文并茂的方式展示天津的特色资源。

●《妈祖文化志》：福建省地方志编纂委员会、莆田市湄洲妈祖祖庙董事会、台湾妈祖联谊会编，国家图书馆出版社 2018 年版。该志书分为《妈祖宫庙与文物史迹》《妈祖祭典与民俗》《妈祖文学艺术与学术研究》《妈祖信仰组织》4 卷，共 300 多万字，首次较为全面翔实地记述了妈祖信仰的形成、发展、流布、影响等，展现了妈祖文化的丰富内涵。

●《妈祖缘　长岛情》：徐滔编著，华龄出版社 2018 年版，167 页。该书共分

11章，内容包括庙岛显应宫、妈祖林默娘、千年妈祖缘、妈祖长岛情、万民的海神、妈祖保苍生、回望显应宫、访古沙门岛、妈祖与航海等，从不同侧面介绍北方第一座妈祖庙——庙岛显应宫和有关妈祖的史实与历史传说。妈祖是人们心目中善良、智慧和正义的化身，妈祖信仰是一种内涵丰富、教化向善、积极向上的文化。该书围绕弘扬妈祖精神，突出宣传妈祖正义、勇敢、无私、孝悌、仁爱、乐善好施的美德，长岛人把妈祖精神融合到“难不倒的长岛人，堵不死的长岛路”新的时代精神之中，在历次海难大营救和其他重大事件中，创造了长岛奇迹。传承妈祖文化，弘扬妈祖精神，是海内外热爱和平的人们共同向往的，也是推动海内外中华儿女密切情缘关系、扩大交流合作的广阔平台，对于加快21世纪海上丝绸之路建设有着十分重要的积极意义。

●《海神娘娘》：黄清春著，瑞凌绘，中国海洋大学出版社2018年版，36页。妈祖信仰是中国最有代表性的民间信仰之一，该书主要从民间传说的角度，讲述海神娘娘的出生、乐于助人、意外事故、羽化登仙等故事。

●《妈祖民俗体育文化及产业化研究》：刘青健著，厦门大学出版社2018年版，357页。该书第一部分是妈祖民俗体育文化内容，以天后祖祠所在地贤良港为调查对象，通过贤良港族群的形成等，把民俗体育放在港里村人们的生活空间中进行观察，让人们对妈祖民俗体育有一个全面认识。第二部分是妈祖民俗体育文化产业化内容，通过对妈祖祖庙所在地湄洲岛的资源、市场分析等，提出不同产业体系的妈祖民俗体育产业化路径。

●《苍南妈祖信俗》：金亮希著，团结出版社2018年版，125页。该书是对苍南全县妈祖信俗文化的实地调查与描写，内容包括妈祖信俗源流与传播、形成因素、分布状况、主要内容、特征和保护传承等，较为深入地分析了苍南妈祖信俗广泛分布的原因，并对妈祖宫庙的分布、管理等情形做了较为详尽的介绍。

●《妈祖之光：一个新闻人眼中的妈祖》：潘真进著，海峡文艺出版社2018年版，197页。该书选编作者在各报刊已发表过的有关妈祖文化的文章，分为播照环宇、辉耀史河、闪烁民间、出彩艺文、沐浴人事、光映论坛等6部分。

●《妈祖宫庙艺术大观·匾额卷》：莆田学院妈祖文化研究院、莆田市湄洲妈祖祖庙董事会编，刘福铸等撰稿，福建美术出版社2018年版，301页。该书收录福建莆田、福州、泉州、漳州、龙岩、宁德、南平等地38座妈祖宫庙的匾额。

●《妈祖宫庙艺术大观·楹联卷》：莆田学院妈祖文化研究院、莆田市湄洲妈祖祖庙董事会编，刘福铸等撰稿，福建美术出版社2018年版，391页。该书收录福建莆田、福州、泉州、漳州、龙岩、宁德等地33座妈祖宫庙的楹联。

●《贤良港祖祠新建天后圣殿记》：王鸿著，叶韶霖书，海峡文艺出版社2018年版。楷书书法作品集。书法作品的内容为王鸿撰写的《贤良港祖祠新建天后圣殿记》。此碑记主要记述天后圣殿的地理方位、来龙去脉和历史文化意义。贤良港，位于福建省莆田市秀屿区山亭乡港里村。贤良港祖祠是具有悠久历史和深厚文化内涵的建筑。书者的书法风格敛放有节，雅穆而不失气度，气息饱满、神采飞扬，与碑记内容浑然一体、相得益彰。

●《大甲镇澜宫现存清代水陆法会挂轴研究》：黄敦厚著，丰饶文化2018年版，128页。大甲镇澜宫现藏清代留存下来的水陆法会挂轴，内容有三宝佛像、文殊菩萨、普贤菩萨、悟达国师、梁武帝、天府、三山五岳、水府、地府、十殿阎罗、典刑、十八罗汉等15幅，呈现了台湾民间信仰的需求，是台湾少数留存下来的清代的重要水陆法会挂轴，弥足珍贵。该书对上述挂轴的绘制、挂轴的存放处与现况、挂轴的制作年代与制作者、挂轴于法会会场安排的空间结构、挂轴所呈现的思维展开探讨。

●《妈祖护海》：钟林姣编写，朱士芳绘，大连出版社2018年版。该书为“中国海洋梦”丛书之一，主要介绍妈祖护海的精彩故事。在中国沿海地区的渔民中，妈祖文化源远流长、影响广泛。妈祖的民间想象来源于宋建隆年间的渔家姑娘林默，她一生奔波海上，救急扶危，济险拯溺，护国庇民，成为渔民信奉的护海女神，寄托了人们对于海洋生活和谐平安的良好愿望。

文集

●《妈祖文化年鉴 2015》：莆田学院妈祖文化研究院、莆田市湄洲妈祖祖庙董事会编，人民出版社 2018 年版，332 页。该书主要收集 2015 年 1 月 1 日至 12 月 31 日妈祖学学术研究论著、论文、期刊、学界概况等及国内外有关妈祖文化的各种重要活动、事件，让广大专家、学者和社会各界更全面了解妈祖文化的内涵和发展动态，以此促进妈祖文化的学术研究，更好地传承与弘扬妈祖文化，为当代社会政治经济发展服务。

●《妈祖文化年鉴 2016》：莆田学院妈祖文化研究院、莆田市湄洲妈祖祖庙董事会编，人民出版社 2018 年版，296 页。该书主要收集 2016 年 1 月 1 日至 12 月 31 日妈祖学学术研究论著、论文、期刊、学界概况等及国内外有关妈祖文化的各种重要活动、事件，让广大专家、学者和社会各界更全面了解妈祖文化的内涵和发展动态，以此促进妈祖文化的学术研究，更好地传承与弘扬妈祖文化，为当代社会政治经济发展服务。

●《弘扬妈祖精神　建设诚信莆田》：蔡福兴主编，中国文史出版社 2018 年版，165 页。2017 年，莆田市诚信促进会联合莆田市发展和改革委员会、中华妈祖文化交流协会和莆田学院文化研究院联合举办首届“汉和杯”“弘扬妈祖精神　争当诚信市民”论文征集及论坛交流活动，积极引导广大市民广泛参与，大力弘扬妈祖精神，取得了良好的社会效果。该书即由莆田诚信促进会组织有关人员整理首届论坛获奖论文汇编成书，以期进一步推动莆田诚信建设探索和实践活动的深入开展。全书按照获奖等次收录了关于妈祖文化的文章 31 篇。这些文章从不同角度论述了妈祖文化与诚信精神，共同汇集成一部关于妈祖文化和诚信精神的文化成果。

●《第四届（2018 年）国际妈祖文化学术研讨会论文汇编（上、下）》：莆田学院妈祖文化研究院等编印，2018 年版，796 页，共收录论文 91 篇，分为“一、妈祖与海洋文化、海丝文化关系研究”“二、海外妈祖文化传播研究”“三、中国区域妈祖文化研究”“四、妈祖文化与文学艺术研究”“五、妈祖信俗与创意产业研究”“六、妈祖文化与哲学宗教研究”“七、妈祖文献史料发掘与研究”。

●《丝路·皇会与天津妈祖》：天津市妈祖文化促进会编，天津古籍出版社 2018 年版，246 页。该书是第八届中国·天津妈祖文化旅游节学术研讨会论文的集结，共收录全国各地专家学者研讨妈祖文化、海上丝路和天津皇会，反映津沽大地妈祖文化新成果的论文 20 多篇。学术价值与文化价值、学术性与通俗性兼具，对于推动妈祖研究、海上丝路研究，弘扬妈祖精神与丝路精神，有着重要的学术意义和现实意义。

三重叙事语境与妈祖文化的阐释
——评纪录片《天下妈祖》

潘路路　景秀明

《非物质文化遗产研究集刊》2018年第1期

传统民间文化题材纪录片的探索与制作一直为广大纪录片创作者所热衷，符合收视大众审美需要及挖掘宗教题材内涵所具有的积极向上的意义是该题材纪录片“文化与市场”双成功的关键，而对个体、对民族乃至对人类的正面引导意义的阐述更是该题材纪录片的价值所在。《天下妈祖》作为第一部以全球知名妈祖庙及其受众为主角的纪录片，完美地实现了这一关键价值。该片由福建省广播影视集团海峡卫视独家出品，共5集，每集50分钟，通过独特的视角，在时间、空间、自然、社会等维度中融合呈现妈祖故事，不问神迹，只问苍生，在个体、民族、人类等三重语境中叙述妈祖文化的意义与价值，彰显其对于个体受众安身、安心、安定等方面的积极向上的力量，从而揭示出妈祖作为地方信仰如何实现在全球华人圈乃至全世界都有着广泛影响的内在逻辑。

文峰宫妈祖经诵唱者访谈
——妈祖音乐口述史课程建设

黄　璟

《普洱学院学报》2018 年第 6 期

从文峰宫妈祖诵经音乐的口述传承来看，最早的诵唱活动可以追溯至 20 世纪 30 年代，新中国成立之前断层，60 年代左右转入地下，80—90 年代恢复并持续至今。通过访谈不同诵唱者，展现妈祖经音乐在不同历史时期的传承面貌，记录笔写史没有记载的这段时光。

莆田贤良港妈祖信俗研究综述

海　翔

《海峡教育研究》2018 年第 4 期

莆田贤良港天后祖祠自 20 世纪 80 年代重建以来，其声名迅速传播至海内外妈祖信仰地，影响力越来越大，伴随而来的是越来越多的学者将目光投向了这块纯净的妈祖信仰之地。在贤良港的相关研究日益增多的情况下，对其进行归类整理，有助于厘清当前贤良港妈祖信俗研究的进展与不足，拓展新的领域。

21 世纪海上丝绸之路背景下玉林妈祖文化遗产的法律保护

龚　娜　彭本利

《法制与社会》2018 年第 36 期

妈祖文化遗产是历史上海上丝绸之路文化沉淀的结晶，保护和传承妈祖文化将进一步架起21世纪海上丝绸之路沿线各国各地区民心相通的桥梁。玉林的妈祖文化遗产充分表明玉林是海上丝绸之路的一个璀璨的明星和重要节点。加强对玉林妈祖文化遗产的法律保护，将为深化玉林与21世纪海上丝绸之路沿线国家和地区的经贸联系、文化联系和历史联系提供坚实的法律保障。玉林市政府应制定专门的地方政府规章，将妈祖庙认定为市级文物保护单位，并建立妈祖文化遗产的资金保障和筹措机制、多元参与保护机制等措施。

国家治理视域下的妈祖信仰与清代台湾社会

赵庆华

《闽台文化研究》2018年第4期

清代的台湾寺庙藏有诸多涉及地方治安、汉番矛盾、资源分配等地方社会问题的示谕碑文。其中，妈祖庙所藏示谕碑文数量最多，且其碑刻反映的社会问题如汉番关系、族群械斗等非常典型，体现了妈祖信仰在协助清政府治理地方社会方面的积极作用。移民社会时期的台湾，士绅、宗族力量薄弱，清政府因此引入妈祖等神明的无形力量协助治理地方社会。妈祖调和族群矛盾的社会功能不仅符合清政府官方政治统治的需要，也符合从移民社会转向定居社会需要稳定外部环境的民间社会的利益需要。

南宋朱子后学与妈祖信仰的传播

林东杰

《宗教学研究》2018年第4期

南宋时期，妈祖频繁得到朝廷加封，妈祖信仰迎来从莆仙走向全国的过渡时期。与此同时，朱子学说开始在福建等地大范围传播，而朱子后学基于对儒家经典的不同理解，在对待妈祖信仰的态度上，截然区分为排斥与褒崇两种态度。从一定程度上说，真德秀等朱子后学对妈祖信仰的褒崇，保证了妈祖信仰的广泛传播。

基于知识图谱的妈祖文化旅游研究综述

李亚恒　陈金华

《广西经济管理干部学院学报》2018 年第 4 期

妈祖信俗是人类共同的文化遗产，作为重要的人文旅游资源，妈祖文化旅游受到了业界和学术界的高度关注。该文以中国知网为统计源，依据知识图谱相关理论，利用 CiteSpace 软件对 1990—2018 年间妈祖文化旅游的相关文献进行可视化分析，利用 NetDraw 软件描绘关键词的网络关系，从研究机构、高产作者、发文期刊、研究热点和趋势进行分析。研究发现，研究机构以高校为主，且多为内部合作，缺少跨机构合作与交流；研究内容以妈祖文化展开，研究妈祖文化旅游的资源、开发、形象及其传播等，并逐渐转向妈祖文化旅游者、文化认同等方面。最后，提出未来应该推动多学科合作与交流，深化理论研究。

充分发挥妈祖文化提升国家软实力的功能

张云莲　李福建

《妈祖文化研究》2018 年第 4 期

妈祖文化是世界海洋文化的重要组成部分。“妈祖信俗”的申遗成功，表明其已获得世界的认可，体现了其软实力的价值所在。中国在和平发展进程中需要高度重视妈祖文化的软实力价值，通过各种途径传播妈祖文化，增强妈祖文化作为世界海洋文化的影响力，充分运用妈祖文化的软实力功能，使其为促进中国的和平统一、消解美国在台湾地区的影响力、推进“一带一路”建设和塑造中国和平发展的良好形象服务。

澳大利亚妈祖文化传播历史、现状与展望

林亦瀚

《妈祖文化研究》2018 年第 4 期

澳大利亚妈祖文化传播可追溯到 19 世纪 40 年代末契约华工的输入和 50 年代的淘金潮时代。而后随着联邦政府白澳政策的实行，华工纷纷回国，妈祖文化的传播处于倒退状态。20 世纪 70 年代，多元文化的推行使得许多深受妈祖文化影响的东南亚华人移民来到澳大利亚。妈祖庙宇建造逐渐形成规模，妈祖文化成为跨国移民背景下许多华人的共同文化。在一个传统的西方国家，妈祖文化的传播可谓欣欣向荣。

平潭区域社会变迁与妈祖信仰发展

陈金亮

《妈祖文化研究》2018 年第 4 期

妈祖信仰至迟在明代已传入平潭，明代倭患直接影响到妈祖信仰的发展。清代平潭妈祖信仰获得显著发展。海坛水师、县丞移驻，为妈祖信仰的发展提供了稳定的社会环境。妈祖信仰的发展还与地方官员、绅耆，特别是海坛水师的积极提倡有关。民国至 20 世纪 70 年代期间，平潭妈祖信仰的发展整体处于低潮。民国时期社会动荡，战争频繁，在崇尚科学、破除迷信的社会风气下，妈祖信仰的发展遭遇曲

折。改革开放以来，随着经济的快速发展，社会秩序的安定，特别是平潭作为对台综合试验区，妈祖文化逐渐呈现复兴态势，在两岸交流合作中的桥梁纽带作用亦日益凸显。

论妈祖信仰与海上丝绸之路

连心豪

《妈祖文化研究》2018 年第 4 期

宋代妈祖信仰的兴起与复杂的航海技术密切相关，是海上丝绸之路的时代产物，明代郑和下西洋在某种意义上是海上丝绸之路的顶峰。妈祖信仰与海上丝绸之路相伴而生，是“海丝”之路的精神支柱，妈祖庙则是“海丝”的物质载体和重要标志物。而在海上丝绸之路的最后一波——清初粤海关时代，设关通洋与妈祖信仰的传播发展也起到了互相促进的作用。

王得禄的水师生涯及与妈祖信仰关系研究

潘是辉

《妈祖文化研究》2018 年第 4 期

从王得禄早期的水师生涯，即最初以署南澳镇右营守备身份随护李鼎元等人册封琉球，到修葺鼓浪屿三和宫，乃至到新庄慈祐宫献匾，都可看到福建水师对于妈祖信仰虔诚的概况。王得禄到新庄慈祐宫、西定坊海安宫、温陵妈庙与海山馆贡献匾额及协助建庙的用意，是为了感谢当地民众在战事上的协助，以及笼络当地人继续协助官军，以便于防御海寇侵袭。王得禄在担任福建水师提督时，对福济宫、镇福宫、新港奉天宫、北港朝天宫、溪北六兴宫、朴子配天宫等妈祖庙公共空间的敬献动作，都是相当重要的文化象征行为。从王得禄一生在福建水师从行伍到提督的历程中，对于妈祖信仰当然有希望其庇佑航海顺利的海神信仰层面，更有借此笼络地方人士，经营地方与累积文化象征资本的用意。

论妈祖文化包含海洋精神

孟建煌　张　峭

《妈祖文化研究》2018 年第 4 期

妈祖文化与海洋文化紧密相连。妈祖信仰在海洋文化中孕育、成长，海洋生态环境是妈祖信仰产生的客观条件，对于在海上生活、生产的广大民众来说，他们的心理需求是妈祖信仰产生的主观条件。妈祖文化又反映出东方海洋文化的属性，妈祖文化的传播环境是东方海洋文化圈，妈祖文化的受众具有东方海洋文化性格。如今，妈祖已经成为连接海峡两岸人民情感的桥梁和纽带，更具有超越意识形态的向心力与凝聚力，成为世界人民共同信奉的“世界海上和平女神”。

印度尼西亚廖群岛省民丹岛的妈祖信仰

郑炎腾

《妈祖文化研究》2018 年第 4 期

该文简介印度尼西亚廖群岛省民丹岛概况，以现存文物为据，考证民丹岛早期妈祖信仰传播事实。从空间角度简述民丹岛妈祖宫庙的分布，从时间角度概述印度尼西亚“新社会”秩序时和解禁以来的妈祖宫庙情况，最后重点介绍大坡的妈祖宫庙代表——天后圣庙。

山东沿海地区妈祖信仰的传播及本土化特征

朱亚非　王嘉琳

《妈祖文化研究》2018 年第 4 期

妈祖信仰最早诞生于福建莆田，与南方地区特定的地理环境与人文环境是息息相关的。经过数百年的发展传播，妈祖信仰逐渐北上，沿海漕运和运河贸易的发展促使北方妈祖信仰进一步扩展。妈祖信仰在山东沿海地区传播过程中，也遇到很多障碍，在其内涵、民间习俗、祭祀方式、传说故事等方面都发生了几个重要的变化，反映出妈祖信仰在山东沿海的本土化特征。

台湾妈祖民俗体育产业化实证研究及启示
——以大甲妈祖国际观光文化节为例

王清生　刘青健　林　立　靳昊冰

《妈祖文化研究》2018 年第 4 期

该文简述大甲妈祖国际观光文化节的形成与发展过程。分析台湾管理机构出台的一系列有利于文化传承的政策，在发展传统文化的同时，也促进了观光等产业的发展。指出历史上，台湾大甲镇澜宫素有以艺文活动为主来庆祝宫庙主要活动的传统，台中县大甲妈祖国际观光文化节的演艺团队活动在文化节期间起到了造势作用。观光文化节是一个集文化、产业、观光于一体的大型文化盛会，通过举办文化节达到了传承传统文化、发展旅游观光、促进地方产业发展的目标，其包装与运作有许多地方是值得借鉴的，给妈祖民俗体育产业化也带来了许多启示。

我国海上丝绸之路沿线城市妈祖文化的联合旅游开发研究

林明太　连晨曦　陈立峰

《牡丹江大学学报》2018 年第 11 期

宋代产生的妈祖文化随着海上丝绸之路的繁荣广泛传播到了沿线的各个城市，并对这些城市推动海上丝绸之路发展起到了很大的作用。该文在简要分析了妈祖文化与海上丝绸之路发展的关系的基础上，分析了我国海上丝绸之路沿线的莆田、泉州、广州、天津、福州、漳州、南京、宁波、蓬莱等城市妈祖文化旅游资源的赋存情况，提出了我国海上丝绸之路沿线城市妈祖文化联合旅游开发应遵循的原则和建议。

弘扬妈祖文化　践行“两岸一家亲”理念

郑智超

《海南广播电视大学学报》2019 年第 2 期

践行“两岸一家亲”理念，需要增进两岸同胞的亲情和福祉，增强两岸同胞在文化上的认同，用中华优秀传统文化来维系两岸同胞的骨肉亲情，增强两岸同胞的精神纽带。妈祖文化是中华优秀传统文化的重要组成部分，是推动海峡两岸和平发展、向好发展的文化引擎。要充分发挥妈祖文化在践行“两岸一家亲”理念方面的重要桥梁与纽带作用，在弘扬妈祖文化过程中把“两岸一家亲”理念贯穿始终，早日实现祖国的完全统一与中华民族的伟大复兴。

海洋中国：妈祖信仰的传播
——以天津为中心考察

侯　杰　张鑫雅

《文学与文化》2018 年第 4 期

妈祖信仰起源于中国沿海地区，被生活在传统社会的中国人视为航海平安的保护神。元代随着海运的日渐兴盛，妈祖沿海洋传播至中国北方的沿海地区，在渤海之滨的天津受到人们的崇信。空间的移动，扩大了信仰群体，天津社会各界人士将妈祖作为重要的神衹，其神职、神能也不断演化。清代以来，随着王朝统治者的关注，人们对妈祖的祭祀活动多以皇会的形式呈现，成为神圣与世俗兼具的社会活动。天主教徒英敛之于 1902 年在天津创办的《大公报》格外关注天津民间信仰的活动情况，留下了大量有关妈祖信仰及皇会的珍贵史料。因此，以《大公报》为中心，探讨妈祖信仰在天津的传播，不仅可以推动妈祖及皇会研究的进一步深入，还可以丰富海洋中国的学术探讨。

妈祖文化视角下的海洋书写
——以潮汕妈祖庙楹联为分析重点

罗玉钗

《佳木斯职业学院学报》2018 年第 11 期

妈祖庙楹联是妈祖文化的载体之一，集中反映了人对海洋的情感态度和认知方式，不管是描绘海洋景观还是歌颂妈祖圣恩、祈求平安，都是人与海洋长期互动后的观照与书写。该文通过调查潮汕妈祖庙楹联并以其为研究重点，分析妈祖文化视角下的海洋书写特点，探寻海洋书写中的海洋意识及生命样貌。

生态翻译观下妈祖文化资料机译可行性分析

林伟清

《集美大学学报(哲社版)》2018 年第 4 期

妈祖文化是 21 世纪海上丝绸之路的桥梁，要进一步发挥它的世界性影响力，需要大量的翻译和语言服务。目前，妈祖文化的译介仅局限于湄洲岛各景点的介绍，宣传妈祖文化的网站也缺乏对应的英文版。对外传播妈祖文化，现有的翻译量远远不够，还需要更多、更好、更快的翻译。当下运用神经网络技术的机器翻译有可能满足这一需求。该文应用生态翻译学视角，试图解释和描述妈祖文化资料的机译，从翻译过程(译者适应与选择交替进行的循环过程)、翻译方法(三维转换)、译评标准(整合适应选择度)三个方面，探讨妈祖文化资料机译的可行性。

塑造城市公园地域特色的要素分析

——以闽南妈祖城市公园设计为例

吴 巍 刘 丽

《大众文艺》2018 年第 19 期

地域特色要素塑造是在原有的公园以娱乐为主的基础上进行改造装饰，尊重原有的既定功能，给予功能更大的地域特色性。公园中塑造地域特色要素的关键问题在于立足于近况，随机应变，掌控地域方面的特色来设计城市公园。闽南妈祖城市公园，在保证其基础功能上，真正地把地域特色融入城市公园景观设计中去。

妈祖神轿的演变研究

毛青丽

《大众文艺》2018 年第 19 期

台湾宗教信仰多元，其中妈祖与关圣帝君为台湾民间最受欢迎的神明，关于其的庆典活动贯穿全年。而全年活动中最受瞩目的为“妈祖绕境”，即神明出行，作为神明代步工具的神轿便成为大家的焦点。而近些年由于科技的发展与生活模式的转变，神轿的工艺制作技术渐渐无人问津。该文将以时间线为轴，从竖向上探索妈祖神轿的发展，并进行比对，了解台湾妈祖神轿的发展并以点带面，进而激发人们对传统工艺的兴趣与思考。

妈祖娘娘意象的心理分析

何晓莹

《中国民族博览》2018 年第 10 期

该文对妈祖娘娘的生平做了梳理，从荣格（Carl Gustav Jung）分析心理学的视角对人们的妈祖信仰做了探讨，对妈祖意象进行了心理分析。妈祖娘娘是海神的典型代表，体现了海神原型、英雄原型和大母神原型。妈祖信仰反映了闽台人民渴望庇护、渴望平安的集体潜意识。

妈祖信仰仪式与“一带一路”

范正义

《世界宗教文化》2018 年第 5 期

妈祖信仰仪式是一种重要的跨地域（跨国）力量，它超越现代民族国家的政治疆土边界，将世界各地的华人信徒整合到以湄洲妈祖祖庙为中心的仪式社区中。因此，妈祖信仰仪式有助于广泛联系海外华人，使他们在中国与海上丝绸之路沿线国家的友好交流中发挥桥头堡的作用。在实行多元文化平等共处的多种族国家中，华人的妈祖信仰仪式被视为少数族群的文化展示，得到了该国主体国民的关注与支持。妈祖信仰是中华传统文化普化于民间的产物，海外华人的妈祖信仰仪式展演有助于向“海丝”沿线国家的主体国民传输中华文化核心价值观。

区域信仰网络中的民俗体育
——兼论闽台妈祖民俗体育传承

朱家新

《福建体育科技》2018 年第 5 期

该文从区域信仰的传播角度出发，分析妈祖信仰文化的起源和传播到台湾的途径，揭示民俗体育作为信仰网络中的一部分，在传播到台湾的过程中和当地文化相结合，但仍能看出大陆传统民俗文化的痕迹，和大陆妈祖信仰系同源一脉。

雨水收集回用系统在世界妈祖文化论坛项目中的应用

陈 曦

《智能城市》2018 年第 19 期

该文中的雨水收集系统主要收集屋面、场地雨水，雨水经雨水收集系统收集后，经过溢流排水、预处理、弃流过滤及深度处理，然后流入雨水回用系统中，作为绿化灌溉等用水。该文主要介绍该系统的雨水收集、雨水处理的工艺设备，阐述主要设施的设计计算，并针对性地提一些优化建议，为今后的类似项目提供借鉴。

民心相通视野下的东南亚妈祖信仰探究

李慧芬

《福建论坛（人文社会科学版）》2018 年第 10 期

妈祖信仰发源于中国莆田地区，并随着华人移民海外在世界各地得到传播。该文主要对妈祖信仰在东南亚地区传播的现象和社会作用进行观察，考察东南亚各国的华人政策与宗教政策对妈祖信仰本土化的影响，以及妈祖信仰的当代意义，从中探讨妈祖文化在“一带一路”民心相通中如何发挥桥梁作用。

妈祖信仰在闽南的传播方式与路径

陈祖芬

《闽南师范大学学报（哲学社会科学版）》2018 年第 3 期

宋代的闽南地区就有妈祖宫庙，妈祖信仰在闽南的传播方式有波及式内迁传播方式、蛙越式内迁传播方式、墨渍式外扩传播方式三种。通过这些方式，妈祖信仰在闽南得到了一定的发展，其传播途径大体有船工、商人、内河船工、驻防将士、官员和移民。传播线路主要有四条：一是由莆仙地区沿海岸线往南延伸；二是晋江流域沿晋江干流和东溪、西溪支流沿线向西传播；三是九龙江流域沿九龙江干流和鹿溪、漳江、东溪支流向西传播；四是由仙游北线大道传入泉州，再传入泉州西北部山区，传入后，在山区河运较为发达的地区继续传播。

台湾民间信仰的文化创意实践
——台中大甲镇澜宫妈祖个案研究

黄诗娴

《中国文化产业评论》2018 年第 1 期

近年来，民间信仰与文化创意产业的结合成为台湾地区文化创意产业中特殊且值得关注的一类。妈祖文创已是台湾民间信仰文创的先行者，在台湾地区已有不少妈祖的文化创意实践。每年农历三月的大甲镇澜宫妈祖进香活动已是全岛性的盛事，被称为“世界三大宗教活动”之一，已经形成较有规模的观光盛宴；此外，大甲镇澜宫妈祖的文创产业在影视、动漫、科技、文物、文创商品开发等方面都已有实践成果。该文使用资料分析、田野调查等方法，通过对大甲镇澜宫妈祖的文创实践的个案研究，探讨台湾民间信仰文化创意的发展策略与路径。

《（安船）酌献科》与“下南”航线闽境地名及妈祖信仰考释

王元林

《南海学刊》2018 年第 3 期

英国伦敦大英图书馆馆藏《(安船)酌献科》，为清初福建漳州地区造船过程中道士所使用的道教科仪书，书中“下南”航线十分明确地记载了从漳州海澄县娘妈宫出发，沿途经厦门鼓浪屿、广东南澳等地，最终入虎头门到达广州的41处地名。经考证，这些地名确实是当时沿海的港口。“下南”航线中，沿途的天妃宫观比比皆是。祈求神灵保佑海船畅通平顺是道教礼仪的重要内容。

我国妈祖信仰研究现状分析

张宜强

《重庆文理学院学报（社会科学版）》2018 年第 5 期

自宋以降，妈祖信仰圈与祭祀圈逐渐扩大，对东亚历史与现实均有重要的影响。与此相关，学界对妈祖信仰开展了多层次、全方位的研究，除了传统文献资料的整理汇编以及由此展开对妈祖身世、起源的考证外，近年来新兴学科不断介入，其研究主旨在于以妈祖信仰为媒介，分析妈祖信仰在国家认同中的作用，进而透视国家力量和民间社会的关系。该文从妈祖信仰的文献资料编撰、妈祖信仰研究在不同时期的变化、权力话语在妈祖信仰中的在场三个方面入手，梳理妈祖信仰研究的历史，并对未来妈祖信仰研究进行展望。

基于妈祖文化的田园课程新思路

柯燕红

《福建教育学院学报》2018 年第 9 期

从幼儿教育来讲，妈祖文化有着宽松的育人环境、丰富的自然资源、强大的人力资源、充满智慧的主题文化。基于这些文化背景，可以从课程新视觉、课程新内容、课程新模式、课程新主题四个方面，提出农村幼儿园田园课程新思路。

“一带一路”战略下妈祖体育文化对外传播的对策

彭素珍

《休闲》2018 年第 9 期

该文探讨了妈祖体育文化作为中国沿海地区特殊传统文化的对外传播，运用人类学、历史学、文化学、民俗学、社会学、体育学等方法，分析了国家“一带一路”倡议背景下妈祖文化的传播。主要结论：认真贯彻落实妈祖文化作用被写入国家“十三五”规划纲要和福建省建设“海丝”核心工作部署，让妈祖体育文化走上国际舞台，扩大其知名度和影响力。对策：政府重视、推进妈祖体育文化建设；提升妈祖体育文化宣传和对外工作水平；实施科教兴体，加快人才队伍建设，完善妈祖体育文化科技创新体系；走妈祖体育文化产业化道路。

妈祖艺文意象创作与 21 世纪海上丝路建设

——以台中百年“七妈会”及樊洁兮《妈祖林默娘》舞剧为例

张桓忠　李本耀

《妈祖文化研究》2018 年第 3 期

回顾台湾妈祖艺文意象创作历程，以 1917 年“七妈会”历史和 2017 年“百年妈祖会”活动为研究重点，列举诗歌创作、木刻版画展、妈祖意象 LOGO 和樊洁兮的妈祖舞蹈创作等实例，探讨妈祖艺文意象创作对于弘扬妈祖文化及其对助推 21 世纪海上丝绸之路建设的意义。

海洋文学作品中的琉球册封航路与妈祖信仰

赵君尧

《妈祖文化研究》2018 年第 3 期

册封使们对册封琉球及往返海上的所见所闻进行的直接描写，构成中琉宗蕃关系和中国海疆史的国家记忆。册封使书写的琉球“使录”文本，相当一部分具有较强的文学性，尤其是他们创作的关于往返琉球册封海上遭遇的种种险难和海神妈祖显灵的惊心动魄的海洋文学作品，对明清两朝的海洋文学创作产生影响深远。奇诡的海洋世界的经历和呼之欲出的创作冲动，激发他们用笔来描述册封使团的集体体验：生死经历，令人感同身受；天妃显灵，呼唤海行者的智慧勇气；乞报神功，妈祖成了航海者的保护神。

妈祖信俗乐器“箫呐”综论

杨旻蔚

《妈祖文化研究》2018 年第 3 期

立足清代林清标《敕封天后志》木版画插图“救郑和”及原文文字资料，搜集考查清代系列图文资料作为辅证，并引用器物的文化学功能分析理论，从乐队配置、音乐体裁定位、艺术功能特点、艺术特征形式和演奏技艺技法以及传播与传承等方面，初步架构妈祖鼓吹音乐体系；同时通过分析箫呐的起源、音乐特点、历史意义，溯源箫呐作为独特的妈祖信俗乐器的音乐文化现象，归纳箫呐作为古代妈祖祭祀乐器的音乐价值和艺术特征，为妈祖音乐体系的全面理论建设提供资料。

妈祖信仰对个体的功能作用探析

姜家君

《中共福建省委党校学报》2018 年第 5 期

妈祖作为北宋以来的民间神明，发展至今已成为闽台及东南亚地区主要的民间信仰之一，而对个体的功能作用是其发展壮大的重要原因。西方宗教社会学功能理论以“显功能”和“潜功能”的区分展现对社会有机体的心理关注，该文认为，这一理论对妈祖信仰的分析依然适用，在分析一般宗教对个体的终极关怀作用之外，也凸显了妈祖信仰世界中隐含的世俗性质。

妈祖文化融入高中美术课程的策略探讨

曾 云

《大众文艺》2018 年第 6 期

随着素质教育事业的不断推进，对学生美术教育课程资源的开发更加重视。美术教育可培养学生道德情操、审美情趣、美术知识技能，以及促进智力开发等综合能力提升。为确保美术教育成果，积极围绕《全日制义务教育美术课程标准》提及的利用区域文化资源丰富高中美术教育课程，实现情操、心灵教育的目的，希望将以“和平、勇敢、关爱”为核心的妈祖文化，与高中美术课程融合，继而有效提升美术教学实践水平。

基于主题图的台湾文化旅游信息资源组织研究
——以妈祖文化为例

曾佳雯

《图书馆研究与工作》2018 年第 6 期

在海峡两岸频繁进行经济、文化交流的背景下，文化旅游是两岸人民互相了解和交流的一个重要方式。然而，互联网上的台湾文化旅游信息资源分散杂乱，为用户系统化获取旅游资源和深入了解台湾文化带来困难。为解决这一问题，该文以台湾妈祖文化旅游信息资源为例，将网络相关信息资源组织为 7 个主题类型，通过主题图展示主题间联系，并在此基础上，构建面向大陆游客的台湾文化旅游系统平台，为游客提供更好的文化旅游体验；同时，为台湾文化的保护与开发提供思路。

浅析莆田妈祖服饰语言及其文化内涵研究

许苏嘉

《文化创新比较研究》2018 年第 3 期

作为儒释道文化与海洋文化相融的精华，妈祖文化基于世界文化存在一定的共性，彰显了人类一致的价值取向，是东方海洋文化的重要组成部分。在 21 世纪海上丝绸之路发展道路上，具有深厚底蕴的妈祖文化，可作为中华文化传播的理想使者。传承和发展妈祖，对实现“海丝文化”软实力有着十分重要的促进意义。莆田是妈祖文化的发祥地，更应当紧扣妈祖的多方面影响力，致力于打造世界妈祖文化中心，以推进开启“海丝文化”的大门。该文通过阐述妈祖服饰及其服饰语言，对妈祖服饰文化内涵进行探究，旨在为如何促进莆田妈祖服饰文化的有序传承与发展研究适用提供一些思路。

文化自觉视野下的妈祖文化与“一带一路”建设

宋建晓

《福建论坛(人文社会科学版)》2018年第6期

妈祖文化是中华民族优秀的民间传统文化，在海内外影响深远，其文化自觉的过程是自身扬弃、兼收并蓄的过程。妈祖文化的传承与创新，应与“一带一路”的拓展及延伸紧密联系，妈祖文化自觉是“一带一路”建设进程中福建文化传承创新的重要组成。要不断强化妈祖文化自信、做好妈祖文化沟通、促进妈祖文化繁荣，在“一带一路”建设中实现妈祖文化的自觉担当。

新课程改革背景下妈祖民俗体育融入高校体育的价值研究

黄明礼

《山东农业工程学院学报》2018年第6期

民俗体育是指在民俗文化不断发展的过程中产生的具有强身健体的功效、具备较高的审美价值的体育运动形式。民俗运动来源于广大人民群众的日常生活，具有丰富的精神文化内涵，将其运用在高校体育教学中，不仅可以有效地培养学生的身体素质，还能够对学生进行民俗文化的渗透，使学生能够了解到更多优秀的民俗文化元素，促进民俗文化的传承与发展。该文首先分析了高校体育教学中民俗体育文化的融合现状，阐述了妈祖民俗活动中体育元素的开发思路，提出了妈祖民俗体育与高校民俗体育教育的融合途径，对实现妈祖民俗体育文化的价值起到了借鉴和参考作用。

妈祖服饰的艺术价值及产业开发研究

林丽芳　黄朝晖

《湖北第二师范学院学报》2018 年第 5 期

妈祖服饰是湄洲女子对生命的理解、对人生的感悟以及对亲人的思念和祝福，具有深厚的文化底蕴，作为一种传统的艺术表现形式，具有艺术表现力、独特的内涵及重要的审美价值。妈祖服饰作为文化遗产的一部分，需要我们深挖其艺术价值。该文以现代艺术设计的视角对福建莆田湄洲岛妈祖服饰的艺术价值进行探究，旨在根据当前服饰产业的发展动态，结合妈祖服饰艺术价值分析，研究妈祖服饰产业开发及其发展。

政治教化视域下的妈祖文化传播

张宁宁

《闽南师范大学学报（哲学社会科学版）》2018 年第 2 期

妈祖信仰是封建统治者“神道设教”的显著个案，统治者通过众多途径塑造并利用妈祖这一传播符号推行政治教化。借助皇权的权威性，通过敕封、纳入天帝信仰体系、国家祭祀典礼等途径，向社会民众宣示妈祖信仰的合法性，宣扬蕴含其中的政治教化观念；通过传说故事、诗文、经书等信息载体，将政治教化元素融入“去巫化”“神化”过程，强化其政教色彩，让社会民众在接触、膜拜妈祖过程中接受儒家政治教化。为了提高传播效果，统治者在契合民众心理需求和期待视野的过程中，也融入了大量的政治教化元素。研究政治教化视域下的妈祖文化传播，对于进一步厘清宗教、准宗教文化传播与政治之间的关系具有积极意义。

妈祖文化融入高中美术课程探究

陈杨晖

《艺术评鉴》2018年第12期

高中美术课堂的模块设置所涉及的知识点多而且覆盖面非常广，这就需要高中美术教师在教学过程中具有探究意识和创新精神，对现有的教材进行最大限度的有效整合与设计，要想方设法地调动学生学习的积极性，提高学习参与度，增强情感感受与体验。打造趣味课堂的主要目的就在于让同学们沉浸在宽松愉悦的教学情境里，化被动为主动去获取知识，在鉴赏美的同时还提高了动手动脑的能力，进而达到提高观察思考鉴赏的水平，激发浓厚的学习兴趣。新的美术课程标准指出："美术教育不是单纯地追求技能强化训练，不是把学生都培养成美术家，而是将美术作为一种语言，运用技能把学生的思想感情表达出来，同时要培养学生学会关注生活，关爱社会。"新的课程标准理念指导美术教师批判地继承过去的传统教学方式和课堂设置，结合自身专业的强项，积极探索符合当下教育背景和学情的教学方法和课程设置。由此可见，在美术教学中实施趣味性教学是十分必要的。在课堂上，想要完成教学目标，激发学生的兴趣是首要条件，兴趣是最好的老师，兴趣也是推动学生积极学习努力探索的一种内在动力。

深圳妈祖文化与宗教旅游

章　牧　罗　玲　李优兰

《特区经济》2018年第7期

中国的妈祖文化旅游是宗教旅游的一个典型。目前，对妈祖的研究多集中于妈祖旅游产品的开发和妈祖旅游的规划，缺乏从宗教旅游者角度，对妈祖文化旅游进行深度研究和论证。该文通过分析、归纳妈祖旅游和宗教旅游的相关文献，以深圳蛇口赤湾天后宫为调查地，开展田野调查，探讨妈祖朝圣者的朝圣行为对妈祖文化传播和发展的影响。研究结果显示：赤湾天后宫客源地以深圳为主；朝圣者的朝圣行为能够扩大妈祖信众基础，有利于妈祖文化的传播；促使人们产生到访天后宫、传播妈祖文化的动机分别为“放松身心”“增进感情”“感受历史文化”“朝拜妈祖”“观看节庆活动”。对此，该文提出赤湾天后宫的改进建议，从而促进妈祖文化旅游的发展，推动妈祖文化的传播。

妈祖文化景观的海洋性元素分析及旅游开发研究

林明太　连晨曦　林幼梅

《黄河科技大学学报》2018 年第 4 期

妈祖是海神，妈祖文化是中国海洋文化的典型代表，妈祖文化景观具有突出的海洋性元素。以妈祖文化发祥地湄洲岛为例，妈祖祖庙建筑装饰艺术、妈祖祭典、妈祖服饰、妈祖饮食、妈祖文学艺术与传说故事等妈祖文化景观中包含着海洋性元素。妈祖文化景观海洋性元素旅游开发应遵循市场性、创新性、可持续性、主题性、综合性等原则。

《宣和奉使高丽图经》与宋代妈祖信仰的流传

孙希国

《广西民族研究》2018 年第 3 期

北宋宣和五年（1123 年）之封，是妈祖信仰传播史上具有里程碑意义的一件大事，学界也基本认定妈祖显圣救助赴高丽使团路允迪一行这一事件在其中起到了非常重要的推动作用。我们以徐兢的《宣和奉使高丽图经》为第一手资料，证明《圣墩祖庙重建顺济庙记》所记的妈祖在海上显圣护佑北宋使团这件事是不可信的，这应该是妈祖信仰者的附会。

湄洲妈祖祭典“三献舞”的表演特点分析

唐丽钦

《莆田学院学报》2018 年第 3 期

该文结合有关妈祖祭典的文献资料和连续几年在妈祖祭典排练期间所获得的一手资料，采用了文献分析法、田野调查法、舞蹈生态学的特征提取法、民俗学的叙事法和舞蹈形态学的研究方法相结合的综合方法，对“三献舞”的舞蹈形态和表演特点等方面进行了客观记录和总结，对 2014 年新编“三献舞”的创作特点和艺术特征做了分析，并揭示了“三献舞”的社会文化功能。

《林妈祖志全图宝像》中的妈祖形象探析

黄　劲

《莆田学院学报》2018 年第 3 期

该文阐释“妈祖形象”概念，指出妈祖形象具有鲜明地域特色。通过《林妈祖志全图宝像》一书中的天妃图像，分析妈祖故事及其灵异圣迹。认为该书作为妈祖圣迹题材中少见的民间传统美术作品，是一份妈祖文化艺术的宝贵遗产。

20 世纪以来妈祖信仰研究的回顾与思考

张宜强

《莆田学院学报》2018 年第 3 期

该文采用文献分析法，将过去妈祖研究中涉及妈祖信仰的相关成果分为 5 个子目——妈祖信仰的起源和身世、妈祖信仰之发展历程、妈祖信仰与地方文化、妈祖信仰在港澳台地区及少数民族中的传播、妈祖信仰的现代转型及现代价值，进行回顾和反思，并指出妈祖信仰研究存在的4个主要问题，以期推动妈祖信仰研究的进一步提升。

论福建海西城市群体育旅游圈开发建设与发展
——以海西妈祖民俗体育与南少林武术相结合共建为例

王清生　卢敏英　刘永祥

《福建体育科技》2018年第3期

为了建设和发展福建海西城市群体育旅游圈，采用文献资料法、逻辑分析法、田野调查法等方法，提出共同建设福建海西城市的体育部门；支持设立福建海西城市群体育旅游圈的协会组织；共建海西城市妈祖民俗体育与南少林武术的竞赛及休闲健身活动市场；共建福建南少林武术文化旅游产业；共建湄洲妈祖朝圣观光与海西城市集“海、山、林”区域于一体的体育休闲旅游等。

湄洲妈祖祭典仪式音乐中的文化内涵及发展

许叶蓁

《艺海》2018年第7期

妈祖祭典习俗是妈祖信仰的一大重要组成部分，历史悠久、影响深远。湄洲妈祖祭典仪式音乐结合民俗活动，展现浓郁的地域文化特色，在促进闽台两地文化交流方面也发挥着重要的作用。

论妈祖文化与海上丝绸之路的关系

郑君瑜

《文化学刊》2018 年第 8 期

妈祖文化在中国民间文化中独树一帜。天时、地利、人和等因素，促成了妈祖文化与古代海上丝绸之路的时空对接，造就了古代丝绸之路的辉煌。深入挖掘妈祖文化的历史底蕴，对全面阐述妈祖文化的时代价值、积极发挥妈祖文化的作用、建设 21 世纪海上丝绸之路具有极其重要的现实意义。

妈祖信仰传入日本路径研究

李宏伟　阳　阳

《八桂侨刊》2018 年第 2 期

从历史上看，妈祖信仰传入日本并在日本进一步传播受到以中国为核心的东亚朝贡秩序的重要影响，其随着中日贸易的发展先由中国传播到西日本九州岛，然后再进一步传播到东日本地区。落海妈祖像漂至日本，倭寇掠夺妈祖像至日本供奉，华商、华僧与难民的带入以及日本信徒自发传播是妈祖信仰东传日本的主要途径。循此途径，平户、五岛地区、萨摩地区、长崎地区成为日本妈祖信仰的重要传承地。妈祖信仰在日本传播的路径体现了中日之间的政治、经济互动，还揭示了文化层面的融通，对于当今的区域联通理念及战略具有启发意义。

试析海上丝绸之路沿线主要国家的妈祖文化旅游联合开发

林明太　连晨曦　赵相相

《武夷学院学报》2018 年第 5 期

妈祖文化是集中华儒释道文化和海洋文化大成的活态文化，是中华传统文化中的瑰宝。其自形成以来，就与海上丝绸之路繁荣发展有着千丝万缕的关系。该文通过分析妈祖文化与海上丝绸之路的相互关系，探讨海上丝绸之路沿线国家妈祖文化旅游联合开发的意义，通过分析海上丝绸之路沿线主要国家妈祖文化旅游发展状况，提出海上丝绸之路沿线国家妈祖文化旅游联合开发应遵循的原则和相应的开发思路。

传至异域的文化礼物
——妈祖文化生根“丝路”

吉　峰　张恩普

《西安电子科技大学学报（社会科学版）》2018 年第 2 期

该文从妈祖文化在海上丝绸之路传播发展的历史、现状、远景论述妈祖文化与海上丝绸之路的密切关系。从文化认同、文化符号的赋予及意指实践，再到对异域传播的言说策略三个维度进行梳理，重点突出了妈祖文化在海上丝绸之路对于增进人民交流、促进民心相通、推动和谐共赢等方面的突出作用。

从道教文化看妈祖信仰的形成与发展

黄惠萍

《东方收藏》2018 年第 14 期

妈祖作为神格极高的“海上女神”，妈祖信仰繁荣昌盛。作为地方神灵，妈祖被道教纳入自己宗教的神仙体系之中。该文从历史记载、地方妈祖信仰、妈祖祭祀、妈祖信仰等几个方面对妈祖信仰和道教的关系进行分析。

两岸文化交流的桥梁
——湄洲妈祖祭典仪式音乐初探

许叶蓁

《北方音乐》2018 年第 1 期

妈祖祭典仪式音乐是妈祖文化的重要组成部分。湄洲妈祖祭典仪式是妈祖文化中最为隆重的民俗活动，对两岸文化交流有重要的意义。该文简析了湄洲妈祖祭典音乐中的文化内涵，并对影响妈祖音乐发展的因素进行分析，对湄洲妈祖祭典仪式音乐的发展方向进行探究。

《妈祖文化》纪录片拍摄实践与思考

陈杨国生　崔　欣

《妈祖文化研究》2018 年第 2 期

近年来，对妈祖文化的研究已有丰富的文字积累，而以全球的角度进行实地调查，并以影像手段真实反映 21 世纪妈祖文化在国内外的最新面目尚为空缺。该文简述自 2015 年始,《妈祖文化》纪录片项目组历时近两年，深入内地(大陆)和港、澳、台地区以及美国、澳大利亚、马来西亚、日本等，对海内外 25 座妈祖宫庙进行实地考察，初步尝试用影像手段体现妈祖文化全球化，又对这些成果和意义进行分析思考，最后提出若干建议。

妈祖文化：两岸情感沟通的媒介

谢清果　林　凯

《妈祖文化研究》2018 年第 3 期

从一个神话故事发展而成的妈祖文化，其中蕴含着慈善、救苦救难的道德情感和保佑中华民族同胞的民族情感。妈祖文化通过神话故事传说和仪式活动以及其他媒介载体进行传播，两岸以此为媒介实现情感互动和交流，改善了海峡两岸关系，一定程度上有利于促进两岸和平统一。当然该文也就妈祖文化作为两岸情感沟通媒介过程中的不理性和异质化的问题进行了反思。

论东北少数民族地区妈祖文化的传播与传承

曹　萌　吴似真

《妈祖文化研究》2018 年第 2 期

妈祖文化已经成为一种带有国际性的特色文化。在中国，除了东南沿海地区盛行妈祖文化外，在东北地区，尤其是东北少数民族地区，如满族、蒙古族、朝鲜族等一些世居东北的少数民族聚集区中，也有着突出的妈祖崇拜意识，并存在诸多的妈祖祭祀活动。通过对东北少数民族地区的妈祖文化传承及其历史原因的初步梳理和描述，从中挖掘出与民族文化传承发展有关的历史渊源或理论质素，可对深入研究东北少数民族地区妈祖信仰和进一步弘扬妈祖文化提供学术参考。

“一带一路”倡议背景下妈祖文化创意人才培养

陈国成

《妈祖文化研究》2018 年第 2 期

文化创意产业需要富有创造力和创新精神的人才，“一带一路”倡议和建设发展给闽台两地高校妈祖文化产业合作带来新的契机。通过分析闽台高校文化创意人才培养过程中在人才专业设置、师资队伍、产学研合作力度、产业成果孵化等方面存在的问题，认为在人才培养中可采取“校校”“校校企”“拼盘式”“分段对接式”“交换生”“联合培训”等合作模式，进而提出培养具有复合型、创新型、应用型人才的实施途径。

台湾妈祖文化品牌建设对社会影响的传播作用
——基于大甲镇澜宫的实证研究

谢雅卉

《妈祖文化研究》2018 年第 3 期

大甲镇澜宫为台湾妈祖信仰的重镇，其成功的关键在于宫庙企业化的经营模式，推进妈祖文化对社会的影响力。该文以深度访谈和参与观察法，分析镇澜宫如何建设大甲妈祖文化品牌。研究结果显示，镇澜宫以授权方式提升品牌竞争力，其中包括推广创意商品，链接地方农特产跨界合作，产学合作，指定生产厂商的传播形态。这些多元推广的传播形态正是镇澜宫扩大妈祖文化在台社会影响力的重要基础。台湾妈祖文化正朝向常民文化的趋势发展，即信众信仰由区域性的信仰圈扩大至地域性的文化圈，再扩大至整个台湾的观光圈形态。

“一带一路”背景下的妈祖文化认识自觉

洪 刚 李宛燃

《妈祖文化研究》2018 年第 2 期

妈祖文化是中国劳动人民 1000 多年来海洋民俗信仰遗留与继承下来的海洋文化瑰宝，也是中华民族传统文化的宝贵财富。在“一带一路”背景下，实现妈祖文化的认识自觉，就是要从历史发展角度全面地认识作为本土文化资源的妈祖文化，实现对其认识的历史自觉；从创造主体角度理性地面对作为中华优秀文化传统的妈祖文化，形成对其认识的主体自觉；从价值意蕴角度深入地挖掘妈祖信仰的海洋文化精神基因，实现对其认识的价值自觉。妈祖文化集中体现了中华文化传统，是民族文化的重要象征，成为世界海洋文化的重要组成部分。在“一带一路”建设实施的历史背景下，继承和弘扬妈祖文化具有重大的历史与现实意义。

“妈祖下南洋”成功的文化原因分析

曾 伟 曾心言

《妈祖文化研究》2018 年第 3 期

以 2007 年“妈祖下南洋”为例，探究在“一带一路”建设背景下，妈祖文化的走出去成为必然，其在地化与国际化成为两个需要考虑的重要维度。对华人社区而言，促进妈祖文化在地化与国际化的融合也是妈祖文化活态传承的基础和保障。妈祖文化发展过程中所彰显的在地化特色，需要增进跨文化互动。针对妈祖文化走出去的困难，提出若干建议。

“一带一路”背景下讲好妈祖信俗中国故事

张建军

《妈祖文化研究》2018 年第 1 期

该文指出近百年间我们很少讲好中国故事，论述妈祖文化是中华民族文化的精华，在当前“一带一路”建设与提倡民族文化自信的大背景下，讲好妈祖信俗中国故事，具有重要的现实意义。

辽宁妈祖文化资源与东北融入海上[illegible]路策略

曹　萌　张剑钊

《妈祖文化研究》2018 年[illegible]

根据国家各省区共建“一带一路”规划对东北的定位和要求，在分析该区域地理特征、区位优势和人文布局的基础上，通过梳理辽宁省妈祖文化资源的存量与增量，对辽宁省所积淀的妈祖文化资源所能给予东北共建“一带一路”的价值意义予以归纳和揭示，并提出东北地区借助辽宁妈祖文化资源融入海上丝绸之路的策略建议。

妈祖信仰的由来及其古丝路传播的时空研究

蔡天新

《妈祖文化研究》2018 年第 3 期

妈祖信仰的形成与发展有着复杂的历史背景，既有广大平民百姓对妈祖大爱精神的赞赏与认同，也有历代王朝巩固执政地位的需要与利用，还有经济社会发展的内在要求。古丝绸之路沿线国家和地区的妈祖文化传播，始于宋，兴于元，发展于明，鼎盛于清。研究妈祖文化形成与发展的时代背景及其在海外各国的传播时间与空间，有深远的历史意义和积极的现实意义。

“祖姑”崇拜现象与妈祖信仰

庄小芳

《妈祖文化研究》2018 年第 2 期

该文以闽台“祖姑”崇拜现象为例，说明它是闽台民间的一个重要的信仰形态。以妈祖作为众多“祖姑”的典型个案，并将她放在整体“祖姑”崇拜框架中，尝试探寻妈祖在成为全国性海神之前的最初形态，并分析她在成神之后被强化的“祖姑”形象。又由此个案进一步探讨与祖姑崇拜相关的区域社会文化。

五缘文化视域下的妈祖文化圈建设

卞　梁

《妈祖文化研究》2018 年第 2 期

妈祖作为中国及东南亚人民广泛信奉的一位海神，在中华文化的对外交流融合过程中一直发挥着其独特的作用，形成了特有的“妈祖文化圈”。与此同时，五缘文化因其独有的“五缘网络”而在庞大的海内外华人群体中占有重要地位。因此，在五缘文化视阈下考察妈祖文化圈在形成及传播过程中对华人社会的进步发展所产生的作用，同时尝试对其构建过程进行剖析，并探讨其理论意义和现实价值，是一个新的研究视角。

基于传播要素视角的妈祖民俗体育传播
——以摆棕轿为主要案例

卢敏英　王清生　刘青健

《妈祖文化研究》2018 年第 2 期

运用文献资料法、实地考察法、分析法等方法，以摆棕轿为主要案例，分析妈祖民俗体育的传播要素，主要包括传播者、传播内容、传播环境、传播媒介、受众等五种，指出妈祖民俗体育传播者是信源，妈祖民俗体育传播内容是传承和交流的关键，妈祖民俗体育传播环境是生存的载体，妈祖民俗体育传播媒介是发展的渠道，受众是妈祖民俗体育的接收者。建议采取重视大众媒体、重视传播人才队伍的建设，成立俱乐部，举办文化博览会以及利用明星、英雄效应等方式进行扩大传播，以促进妈祖民俗体育更好发展。

文化自觉视野下的妈祖文化与“一带一路”建设

宋建晓

《福建论坛（人文社会科学版）》2018 年第 6 期

妈祖文化是中华民族优秀的民间传统文化，在海内外影响深远，其文化自觉的过程是自身扬弃、兼收并蓄的过程。妈祖文化的传承与创新，应与“一带一路”的拓展及延伸紧密联系，妈祖文化自觉是“一带一路”建设进程中福建文化传承创新的重要组成。要不断强化妈祖文化自信，做好妈祖文化沟通，促进妈祖文化繁荣，在“一带一路”建设中实现妈祖文化的自觉担当。

非物质文化遗产在海上丝绸之路的传播与保护
——以妈祖信俗为例

赖怡芳

《特区经济》2018 年第 5 期

妈祖信俗是重要的海上精神文化遗产，是海上丝绸文化交流之路最好的精神连接纽带。妈祖信俗的传播在地理路径、信众路径、历史路径上贯穿海上丝绸之路始终，形成了代代相传、海内外互动、联合维护妈祖信俗的良好文化氛围。对妈祖信俗的进一步传播需要完善的法律保护机制，目前我国妈祖信俗保护已经形成了国际法与国内法相结合，从中央到地方、涵盖各部门法的全方位国内法保护体系。同时，妈祖信俗的传播与法律保护仍存在不足之处，需要国内各地方政府、海上丝绸之路沿线国家的联合保护。

虹山圣妈祖信俗对当代精神文明建设的启示

彭耀辉

《艺术科技》2018 年第 4 期

传统的民间信仰寄托着人们朴素的愿望，千百年来在民间流传，生生不息，世代传承，甚至远播海外而不绝。虹山圣妈祖信俗作为独特的民间信仰，以崇奉和颂扬圣妈祖的“立德、行善、大爱”精神为核心理念。这种核心理念作为优秀的民间文化精神一代代地延续下来，对当代精神文明建设具有很大的启发意义。因此，该文对虹山圣妈祖信俗进行现代性的解读，揭示这种信俗对当代精神文明建设的意义。

妈祖信俗、地域文化与身份认同：试论陈玉慧《海神家族》

陈美霞

《海峡教育研究》2018 年第 1 期

陈玉慧《海神家族》是半自传式的家族小说，围绕外婆绫子、母亲静子（及阿姨心如）和女儿三代台湾女人的命运，透过家族三个男人的经历折射出了台湾现当代历史的沧桑。小说传达出台湾作为一个殖民统治下的社会和移民社会对民众认同的影响，以及民众的身份认同焦虑。

"俗信"概念的确立与"妈祖信俗"申遗
——乌丙安教授访谈录

乌丙安　胡玉福

《文化遗产》2018 年第 2 期

乌丙安教授在访谈中，通过生动的案例，回顾了其在民间信仰研究中提出"俗信"概念的背景和过程，论证了民间俗信存在的合理性。在民间信仰类项目申遗过程中，"俗信"的转化运用促成了"妈祖信俗"等民间信仰项目的成功申遗，同时也增强了"非遗"保护中社区的主体作用。"妈祖信俗"申遗不仅对于妈祖信仰本身，而且给其他民间信俗类遗产项目的保护产生了积极的影响。

明清中日欧民间贸易与旅日华侨妈祖信仰的历史与传承

松尾恒一　梁　青

《文化遗产》2018 年第 2 期

中国与日本之间的贸易往来从隋唐开始，历经各朝代延续至今。该文是围绕中日贸易史中，清代（江户时期）华商的妈祖信仰和祭祀展开的论述与研究。17 世纪以来，日本在锁国政策下，仅开放长崎作为对外交流的门户，与荷兰、中国进行贸易。从清代中国到访长崎的商人主要来自于浙江、南京、福建、广东等地，该文的论述正是关于这些来访长崎的清朝华商在海上航行时船内的妈祖祭祀，以及旅居长崎期间与妈祖相关的信仰和祭祀行为。当时，耶稣会在中国布教，平民中也有相当数量的信徒，中国海商中基督教徒的数量也不少，他们可能将玛利亚像伪装成妈祖像运往日本。在禁教政策下，日本对这些中国人信徒的审查也很严格。到了近代（1870 年以后），妈祖祭祀行为曾一度中断，直到公元 2000 年以后才为长崎华侨复兴，春节期间的妈祖巡游作为长崎的非物质文化遗产进行开发，在当地的旅游事业中发挥着重要作用。为此，该文在试图揭示长崎的妈祖信仰传承的同时，也对作为现代社会的非物质文化遗产之一的妈祖信仰及其仪式的意义进行论述。

妈祖信俗的概念与内涵
——兼谈民间信仰的更名现象与制度化问题

王霄冰　任洪昌

《文化遗产》2018 年第 2 期

“妈祖信俗”是在非物质文化遗产保护语境下产生的新名词。伴随着此概念的应用，“妈祖”开始取代“娘妈”“天妃”“天后”“天上圣母”等称谓而成为标准化的名称。以“信俗”代替“祭典”“皇会”等，则凸显了这一信仰的民俗性本质。作为中国首个信俗类的人类非物质文化遗产，“妈祖信俗”确立了“立德、行善、大爱”的信仰内涵。以湄洲岛妈祖祖庙为最高组织机构，以各地的妈祖宫庙为主要活动场所，各种不同的祭拜形式，以及相关的传说故事和习俗等，构成了“妈祖信俗”的核心内容。妈祖信俗的重新命名与再定义，不仅证明了传统民间信仰的自我更新能力，而且为我们提供了一个民间信仰在当代社会语境中迅速走向制度化和组织化的典型案例。

“海丝之路”背景下的中琉妈祖信仰书写及其文化交流意义

张明明

《文化遗产》2018 年第 2 期

妈祖在琉球被称作“天妃”，是中琉两国共同信奉的海神。明清时期伴随朝贡贸易而日渐繁荣的海上丝绸之路可以视作维系两国文化交流的纽带。中琉两国使臣多次感遇天妃灵应事迹，并将其载入“使录”；琉球的天妃信仰及庙宇建造、祭祀仪轨等相应宗教活动也在使臣文献中有所记述。明清“海丝之路”历史背景下的妈祖文化传播经历了“由闽入琉”“由民到官”的漫长过程。当下的妈祖信仰则将以“海丝”倡议与“非遗”建设为双重契机，继往开来地发挥其文化交流作用。

挖掘乡土教材，提升中学生地理实践能力
——以莆田湄洲岛“妈祖文化”为例

陈雪梅

《华夏教师》2018 年第 8 期

初中八年级《地理》中的乡土地理板块所占中考的份额加大，深入探究乡土地

理已成为大势所趋。“妈祖文化”正是莆田乡土地理的代表，作为初中地理教师，应充分挖掘乡土教材，引导学生建立人地协调观，正确认识地理环境与人类活动的关系；对妈祖圣地的地理位置、行政区划、人口、交通、自然资源、社会经济情况、历史人文、旅游资源等方面进行综合分析；善于利用地理工具和地理知识完成户外考察、社会调查等地理实践活动，提升中学生的实践能力。

妈祖民俗体育田野调查
——参与人群消费调查

吴贞贞

《运动精品》2018 年第 3 期

该文采用问卷调查法、访谈记录法、文献资料法，对莆田妈祖民俗体育的消费情况进行调查分析。研究认为：妈祖民俗体育是在以妈祖信众较为集中的居住地区，人们创造并形成传统而继承下来的一种身体活动习惯。参与妈祖民俗体育的消费，现今成为一种人们在满足基本生活消费之后的更高层次追求和消费行为。

明清两朝妈祖崇祀的信仰面貌
——以汉文历史文献的解读为中心

王琛发

《妈祖文化研究》2018 年第 1 期

该文论述妈祖之所以称圣，乃源于修道修德、由人而神，她与古希腊神话的海神波赛冬性质不同，妈祖实际应称为“镇海之神”。就信众整体观念看，信仰妈祖是以大众共同积累的神灵公共印象，去彰显妈祖文化作为表达中华传统价值的具体体系、思维模式。妈祖信仰传播和祭祀规格，都受到朝廷对妈祖尊崇态度的影响。

妈祖信仰融入社会工作的个案服务探析

王信翔　许元振

《莆田学院学报》2018 年第 4 期

该文阐述妈祖信仰作为一种民间信仰，其伦理思想与社会工作价值观存在着诸多共性。将妈祖信仰与具体案例相结合，探讨妈祖信仰在社会工作实务中的作用及意义。

《灵著录序》《灵著录略》的发现及其价值探研

林龙锋

《妈祖文化研究》2018 年第 4 期

该文介绍从仙游清康熙抄本《郭坑林氏族谱》新发现元代张翥《灵著录序》和清代《灵著录略》两篇妈祖文献。二文的发现既厘清了历史上的两位同名张翥，且明确了最早妈祖录书《灵著录》的编修者、编纂时间和刊世过程。指出《灵著录序》及《灵著录略》的发现，对廓清妈祖身世、世系、事迹和封赠等妈祖文化问题，具有重要的文献和学术价值。

19—20世纪新加坡华人社会天后信仰的特色及历史意义
——以天福宫、粤海清庙、琼州天后宫为例

肖文帅

《文化遗产》2018年第2期

15—18世纪中国商舶便持续不断地来到新加坡商港从事贸易活动，从而使得妈祖信仰在新加坡华人社会中得到传播。该文选择了19—20世纪新加坡比较有代表性的天福宫、粤海清庙、琼州天后宫作为主要研究对象，并且从三个方面对它们做了较为详细的介绍:（1）庙宇的建筑风格与装饰艺术;（2）庙内保留下来的铭文、碑记、牌匾等文物资料;（3）迎神、酬神、送神等庙会活动。通过回顾天后宫在殖民统治时期历经百年的历史过程，证明天后宫作为华人移民的信仰中心，担负着联络乡情、增强团结、开展会众之间的互助合作等社会功能，奠定了华人移民在新加坡这片土地上社群整合与社区建构之基础。

明乡天后信仰及其文化涵化过程

潘氏华理　许阳莎

《内蒙古师范大学学报（哲学社会科学版）》2018年第1期

明清鼎革之际，大量华人迁入越南中部顺化市并与当地族群共同生活。在这种共同生活的过程中，中华文化与当地文化接触，逐渐产生了一定的变异。入越的明朝遗民大多加入越南国籍，娶越南女人为妻，入乡随俗，并被纳入“明乡”——有着越南古老乡村组织结构的村社的统一管理之中。长久的文化接触和融合使得明乡文化有了很大变化，形成自己的特色。天后信仰，作为华人民间信仰中很突出的一种，也不例外。如今，越南天后信仰已在各个方面吸收了越南文化，并形成新的文化模式。

内容的解构与观念的重释：芷江天后宫门坊雕刻研究

张 翔

《美术学报》2018 年第 2 期

天后宫，亦称妈祖庙，主要分布在东亚的沿海地区。芷江天后宫，素有“内地最大妈祖庙”之名，是妈祖文化在中国内地传播的重要标志，其门坊雕刻鬼斧神工，堪称明清湖湘雕刻的精品。暗含、隐喻是芷江天后宫门坊石雕的最主要内容。历史的沉淀、翔实的内容、灵动的形式、精心的营造、鬼斧神工般的雕刻技艺是芷江天后宫这座内陆妈祖庙的门坊建筑最值得研究和关注的视角。

福建湄洲岛朝圣者忠诚度提升研究

林翠生 王雅君 林文君

《宁德师范学院学报（哲学社会科学版）》2018 年第 2 期

随着“妈祖信俗”列入人类非物质文化遗产名录和妈祖文化的广泛传播，妈祖信徒的数量日益增多。调查显示，他们绝对忠诚的态度仅就朝圣地这个角度而言。鉴于服务质量、感知价值、满意度与忠诚度的密切关联，该文根据实地访谈和问卷调查所获第一手资料，通过回归分析探究这三者对忠诚度的形成所产生的影响力，结果表明感知价值发挥着十分重要的作用。同时，通过回归分析分别探析服务质量四个公因子对感知价值和满意度的影响情况，结果发现景区环境和人文服务发挥着重要的作用。该文据此提出相应的忠诚度提升对策。

地域文化演进的符号表征
——闽文化与中华优秀传统文化创造性转化创新性发展

宋雪霞

《福州大学学报(哲学社会科学版)》2018 年第 3 期

闽文化是包含传统文化、地域文化、特色文化在内的福建文化。阐释闽文化的纵横坐标及其元素符号可以看出，纵坐标指宋代、晚清“两个高峰”的历史文化，代表性元素符号有“衣冠南渡”“吾道南矣”“侯官新学”“船政文化”；横坐标指“山海经”，代表性元素符号有“海丝起点”“妈祖信俗”“红色文化”“福建精神”。闽文化的纵横坐标及其元素符号，既表征地域文化自身的演进历程，也表征中华优秀传统文化的创造性转化、创新性发展的历史进程和时代步伐。

明末清初泉州僧俗对日本佛教的贡献

陈颖艳

《福建文博》2018 年第 1 期

泉州佛教盛行，古来素有“泉南佛国”之誉。明末清初之际，泉州同日本佛文化交流密切。1628 年，泉州僧人觉悔偕弟子前往日本长崎创建了福济寺。20 年后，泉州安平人蕴谦戒琬任住持，被称为“重兴之祖”，之后还有不少泉州籍僧人住持该寺。福济寺因信徒中福建泉州出身的华侨较多，也被称作泉州寺。此外，还有一些泉州雕塑家应邀到日本造像，那些精美的雕塑作品至今依然完好地保留在日本。

20世纪以来闽台民间信仰研究的回顾与展望

张宜强

《福建江夏学院学报》2018年第2期

闽台民间信仰研究展开较早，并取得丰硕的成果。百年来的闽台民间信仰研究在中国大陆、台湾地区有着不同的问题意识和学术史脉络以及研究方法，并逐渐形成了历史学、宗教史、社会史3种主要研究路径。归纳总结20世纪以来闽台民间研究的学术发展历史，有助于推进未来研究，尤其体现在3个可能的面向：历史学与人类学的继续合作、横向的社会史视野、宗教学视野下的推进。在此意义上，闽台民间信仰研究仍有提升的余地。

明清时期江南运河区域水神信仰文化述略

胡梦飞

《浙江水利水电学院学报》2018年第3期

明清时期江南运河区域是水神信仰较为盛行的区域，其中既有与运河航运、治水祈雨密切相关的金龙四大王、晏公、龙神等全国性水神，还有包括潮神、湖神和各种乡土神在内的众多区域性水神。此外，还有承载福建商人地域文化和乡土情谊的妈祖信仰。信仰种类的多样性和信仰群体的普遍性是江南运河区域水神信仰文化的重要特征。水神信仰与所在区域的地理和社会环境有着密切关系，崇祀水神在作为应对水旱灾害重要手段的同时，在促进官民互动、强化地域认同方面亦发挥了显著作用。区域社会的复杂性造就了信仰对象的多元性，神灵信仰又反过来对区域社会生活产生影响，二者相互作用，使得水神信仰文化呈现出显著的地域特色。

行走闽地说娲媓
——女娲神话及信仰在闽地的考察

李祥林

《内蒙古艺术学院学报》2018 年第 2 期

一般说来，女娲信仰多见于内地，妈祖信仰多见于沿海。不过，古往今来，在从东到南的中国沿海地区，女娲神话及信仰也有传播并留下不乏地域色彩的案例，值得研究者留意。结合田野走访和文献研读，就此进行考察，有助于我们更深入地了解女娲神话，把握民间女娲信仰和沿海地方文化。

琉球航海女神信仰研究

梁　曦

《陇东学院学报》2018 年第 4 期

11—12 世纪东亚海上通商圈形成以后，中国和日本的航海女神信仰也随之传入琉球。通过对史料的整理与总结，分析外来信仰在进入琉球后的基本状况，阐释其与本土信仰之间相互碰撞与融合的发展轨迹，并借此归纳琉球航海女神信仰的核心特质及现状，由此引发“一带一路”新时代背景下对海外文化传播的新思考。

琉球民间信仰文化社会功能的演进

林晓玫

《广西民族师范学院学报》2018 年第 4 期

妈祖作为拯救海上遇难者的航海守护神，在全世界范围内其信仰都有着深远的影响。近年来，随着社会的发展，妈祖信仰的社会文化功能无论是在中国国内还是国外都在不断地发生变化。在一衣带水的琉球，天妃信仰经历了几百年的历史传承和嬗变，促进了琉球民间信仰文化由以前单一的祖先信仰和自然神灵信仰向多元化发展；同时也推进了琉球民间信仰文化的社会功能由海洋的守护神向万能神转变，由琉球国民间的文化认同向“日系人”文化认同这一纽带功能转变。

论《贤良港图》和《湄洲图》的视觉表现

黄　劲

《妈祖文化研究》2018 年第 3 期

该文分析清代《敕封天后志》中《贤良港图》和《湄洲图》的视觉表现特点，阐述妈祖志书版画传达妈祖文化景观的视觉意义，探讨其对后世各类妈祖文化审美功能创新与传播具有的启发和借鉴作用。

天津城市、报纸舆论与“皇会”的变迁

黄育聪

《妈祖文化研究》2018 年第 2 期

妈祖文化在金元时期就进入天津，祭祀活动也从早期的民间自发组织，到清朝时期盐商、漕商等加入，被冠以“皇会”之称。开埠后，受城市现代化影响，新兴报纸舆论批评及整体社会风气变化等因素影响，“皇会”举办次数较少。1936 年，由商会牵头，政府支持，民众热情参与，“皇会”再次展开，成为天津城市里的一大景观，也成为绝响。妈祖“皇会”的变迁反映了传统文化空间的失落、城市文化权势的转移及妈祖文化在现代化进程中面临的困难。

印尼民丹岛丹绒槟榔市天后宫及其文物

黄海山

《妈祖文化研究》2018 年第 3 期

该文简介印尼民丹岛丹绒槟榔市和两座主要的妈祖庙概况，重点对小坡天后宫的主要文物进行考察分析，最后指出丹绒槟榔市天后宫的影响和意义。

天地会氛围中的印尼民丹岛天后圣庙

林纬毅

《妈祖文化研究》2018 年第 2 期

印尼大坡的天后圣庙、玄天上帝庙和福德祠是丹绒槟榔华人的信仰中心，其中以天后圣庙创立时间最早，该庙的妈祖信仰主要由潮州移民带来。该文通过文物、资料和访谈，认为民丹岛从 19 世纪初开始就是天地会势力扩张的地方。天地会虽然受到荷兰殖民当局的反对，使天后圣庙等不能有明显的天地会表征，但华人对天地会的隐性支持，在天后圣庙和玄天上帝庙中还是可寻绎出若干遗迹的。

越南中部顺化明乡的天后信仰与中越文化交融

夏　露

《妈祖文化研究》2018 年第 2 期

17 世纪明清鼎革之际，大量华人下南洋，他们抵达南洋的首站是越南，如果越南待不下就继续前往其他东南亚国家。当时赴越南的华人有相当一部分被安置在中部顺化地区附近，他们对明朝念念不忘，在当地组成明香（乡）社，维持母国的传统文化和民间信仰，天后信仰是其中最突出的信仰。不过，这些明朝遗民们后来大多加入了越南国籍，娶了越南妻子，入乡随俗，与当地族群共同生活。在这种共同生活的过程中，中华文化与当地文化接触，逐渐产生了一定的变异，天后信仰也在各个方面吸收了越南文化，并形成了富有特色的海外妈祖文化。

越南薄寮华人的天后信仰

张英进

《妈祖文化研究》2018 年第 1 期

该文介绍越南薄寮华人的历史文化和信仰概况，指出天后信仰是随华人移居薄寮的重要信仰之一。简述薄寮三座主祀妈祖的天后宫沿革和主要文物，探讨天后信仰在薄寮的发展趋势及研究意义。

清代入台文人的海洋书写与文化认知

郑丽霞

《河北师范大学学报（哲学社会科学版）》2018 年第 5 期

清代囿于航海技术与科学知识，横渡台湾海峡凶险异常，海神信仰孕育而出，慰藉心灵的同时透显出中原文化对海洋环境的跨界影响。海洋的神秘莫测，激发了游宦文人的文学遐思与浪漫想象，使得清代台湾海洋书写，在真实与想象、现实与神话之间交织错杂，带有浓厚的奇幻色彩，折射出清代渡台文人独特的海洋文化认知。

莆田“棕轿舞”的历史渊源及表演形式初探

陈凯英

《艺术科技》2018 年第 6 期

“棕轿舞”旧称“行道”，有两种表演形式，即“跳棕轿”和“摆棕轿”。“棕轿舞”广泛流传于莆田、仙游一带，是当地的一种民俗舞蹈。每年元宵佳节，“棕轿舞”是莆仙民间较为传统特色的精彩节目。元宵节上的“棕轿舞”也和民间的信仰有着密切的关系。“棕轿舞”是具有道教色彩的祭祀舞蹈，同时也成为祭祀妈祖活动的民俗表演内容之一，对于我们了解妈祖民俗文化具有一定的价值和意义。虽然“棕轿舞”对于当地人来说并不陌生，但是提及它的两种表演形式有什么不同意义时，很多人都表示不清楚。

明末朝鲜使臣笔下的天妃

刘晓东　祁　山

《妈祖文化研究》2018 年第 1 期

明末，经海路出使明朝的朝鲜使臣留下了多篇与天妃有关的日记、诗歌、祭文等。其中记载了天妃是大海中的统帅，能号令龙王、风神、雨神及其他海神，因而在祭祀海神的活动中，最看重的是祭祀天妃，而且从天启四年（1624 年）开始，在祭祀众海神中，天妃总是放在首位。明末朝鲜使臣有关天妃的记载，既是研究这一时期妈祖文化影响朝鲜半岛的珍贵史料，也是明末中朝海上文化交流、友好往来的历史见证。

《天妃娘妈传》与明代妈祖形象的塑造

黄志霖

《明清小说研究》2018 年第 1 期

《天妃娘妈传》是明代神魔小说作品，也是第一部完整叙述妈祖神迹的著录作品。小说以妈祖出身济世、降伏猴鳄二精为主线，在妈祖形象的塑造上，采取历史的分化和传说的演变的方法，对历史记载和传说故事进行升华、整合，凸显妈祖护国庇民的功绩，吸取宋元小说话本的艺术精华，运用生动的语言，借助环境的烘托，塑造了一位伟大的女神形象。小说系统完整地塑造了妈祖丰满的形象和高尚的品质，反映了明代妈祖信仰状况。随着此传在民间的广泛传播，加上明代帝王的褒封和海外贸易的拓展，妈祖信仰在官方、民间乃至海外得以广泛传播。小说还对后世著录志书的创作产生积极影响。

妈祖文化软实力品牌构建及国际化发展战略
——“酷日本”战略对妈祖文化资源开发的启示

梁　曦

《莆田学院学报》2018 年第 4 期

该文阐述妈祖文化是中华软实力的重要组成部分，将具体的妈祖文化资源转化为软实力品牌，发挥妈祖文化在 21 世纪海上丝绸之路中的纽带作用是当前的重要课题。分析日本在 2010 年以后实施的“酷日本”文化软实力出口政策，并提炼其中可供借鉴的有效经验，针对妈祖文化资源开发提出新对策。

当代珠江口民间信仰发展机制的探讨
——基于对广州南沙天后宫的深描

杨培娜

《宗教学研究》2018 年第 4 期

广州南沙天后宫建在以都市为指向的经济开发区，伴随着南沙从传统乡村到都市的空间转化过程，因应着改革开放与两岸交流政策、商业开发和民众心理等多重动力，它从一个披着民间信仰外衣、产权不明的地方性旅游点，逐渐成为区域文化品牌，进而走向珠三角天后信仰中心。这一过程展示了政府行为、商业化、文化建构和乡村都市化中人们的心理需求间的互动，说明了民间信仰在多重文化脉络下确立，通过竞争性融合成为地方传统的机制。

莆田港里古厝聚落景观叙事性表达探究

郑兆龙　丁　铮

《莆田学院学报》2018 年第 2 期

该文从古厝聚落景观叙事性相关概念入手，结合古厝聚落景观叙事性构成元素，深入分析莆田港里古厝聚落景观的叙事性表达，为莆田港里古厝聚落景观在继承和修复性保护开发上提供参考建议。

明清时期山东运河区域民间信仰述论

胡梦飞

《淮阴师范学院学报(哲学社会科学版)》2018 年第 1 期

明清时期京杭运河区域是社会变迁最为剧烈的地区，其中又以山东运河区域最具代表性。信仰对象的多元性是山东运河区域民间信仰的重要特征。在众多神灵信仰中，既有因运河而兴起的各种运河水神，也包括名目繁多的乡土神灵。大量漕军运丁、外地客商、文人墨客的途经与滞留给运河区域的民间信仰带来了新的变化，以前运河沿岸民众从不知晓的一些神祇开始在这一区域出现，并逐渐融入当地民众的社会生活。运河特有的流动性和开放性，亦给区域社会民间信仰打上了深刻的烙印，主要表现为商人商帮对金龙四大王、关帝、许真君等神灵的崇奉。运河对区域社会民间信仰产生了深刻影响，使其呈现出显著的地域特色，在彰显自身特性的同时，亦促进了南北文化的交流和融合。

论海洋文化对沿海城市文化、经济、宗教的影响

——评《中国海上丝绸之路城市廊道叙事》

周　枣

《中国名城》2018 年第 2 期

该文探究海洋文化的精神内涵，可以为理解沿海城市文化、经济、社会发展提供一种内生机制。文化和经济是紧密相连的，封闭的农耕文化是小农经济产生的土壤，开放型的海洋文化则更利于商品经济发展。海洋文化孕育的经济有三个主要特征，即商业经济、港口经济、外向经济。海洋文化是主体与海洋客体之间意义不断生产的过程，重建海上丝绸之路既有利于我国与东南沿海国家在经济上协作共荣，又能够拾起已逐渐被世人遗忘的中国海洋文化。

民间信仰的引导：新时期宗教工作的挑战

范丽珠　赵春兰　张　娟

《中央社会主义学院学报》2018 年第 6 期

改革开放四十年，宗教在中国得到了多方面的恢复与发展。如何提高新形势下宗教工作水平，推动我国宗教工作的法治建设，发展中国特色社会主义宗教理论是新时期宗教工作的重要组成部分。该文关注落实新修订《宗教事务条例》宗教中国化的方向路径，认识宗教中国化的本质，使中国优秀传统成为“善治”的载体。坚持宗教管理制度化、法治化原则，同时兼顾宗教管理模式因地制宜，在工作实践中厘清民俗、宗教和文化遗产的认识，用法律调节涉及宗教的各种社会关系，以保障宗教和民间信仰成为社会和谐发展的因素。

“海丝”中国段妈祖文化遗存的产生历史及其价值

陈祖芬

《中国海洋大学学报(社会科学版)》2018 年第 1 期

“海丝”中国段港口附近分布着大量的妈祖宫庙遗存，它们满足着航海者的精神需求，也使“海丝”中国段沿线形成了从点到线的妈祖文化线路。妈祖宫庙的遗存也证明着“海丝”史迹，妈祖庙碑、妈祖宫庙匾联、海上商贸文物、沿海的妈祖古文化遗址都是“海丝”历史的见证。“海丝”与妈祖文化的有机融合，促进了文化交流、经贸共赢和世界和平。

论湄洲岛巨型妈祖雕像的文化特征

郭光磊

《广西科技师范学院学报》2018 年第 1 期

妈祖崇拜是中华传统文化的重要组成部分。妈祖信仰的起源地湄洲岛的巨型妈祖石雕像是妈祖文化的一个新地标。其异于传统的新形象，也传达出妈祖文化所衍生的由迷信崇拜到文化遗产的象征意义转移。湄洲岛巨型妈祖雕像的创新性体现在雕像外造型的现代化塑造与新时代文化表征的彰显。

试谈妈祖文化视角下的大学生核心价值观教育

郑秀明

《吉林省教育学院学报》2018 年第 2 期

高等教育的根本任务在于立德树人。“爱国、敬业、诚信、友善”的社会主义核心价值观，是当代大学生成人成才的基本要求。大学生社会主义核心价值观的培育和践行离不开中华优秀传统文化的精神滋养，其中妈祖文化是不可或缺的重要资源。大学生社会主义核心价值观教育与妈祖文化内容相契合，价值取向相一致，教育路径相连通。

山东沿海地区春节信仰活动研究
——以青岛田横岛为例

赵洪娟

《“我们的节日·乡关何处——春节文化与城市文明”学术研讨会论文集》

山东沿海地区春节信仰祭祀多是以海洋信仰为背景的祭拜活动，其祭祀的神灵可谓极其众多，除自家老祖、财神爷、天老爷外，还要祭祀与渔民安全、渔业收成密切相关的妈祖、海龙王、孙仙姑、四财主等诸多神灵，展现了沿海地区独特的信仰风俗。该文通过对青岛田横岛春节信仰仪式的调查，探讨了沿海渔民是如何借助各种神灵信仰和春节时对各种神灵的拜祭，增强对家族和集体的认同感与归属感，甚至增强对村落及其生活背景的认同感。

清代台湾妈祖庙社会功能的区域性表现

赵庆华

《宗教学研究》2018 年第 3 期

宋代以航海保护神的形象在福建民间出现的妈祖信仰，随着历史的演进及其在更广泛社会空间内的传播，被不同地区的信众加以不同形式的区域化表达。伴随着闽粤移民的海上贸易、垦拓开发活动，清代台湾妈祖庙的数量迅速增加，并衍生出新的社会功能。妈祖庙在清代台湾发挥了多元社会功能——参与公益事业、移民精神安慰、同乡联系纽带、教育教化民众、军事战略防御及处理族群纠纷等。

论妈祖文化在现代乡村治理中的特殊功能
——基于湄洲岛地区的调查分析

周丽妃

《莆田学院学报》2018 年第 1 期

该文基于田野调查和访问所获的资料，以湄洲岛地区妈祖文化对当地乡村治理的影响为例，分析在新时代背景下民间信仰发展与乡村治理之间的互补模式和作用，探讨民间信仰在乡村治理过程中的辅助作用。

“妈祖精神”的大学生思想政治教育价值探析

林伟民　李智仁

《太原城市职业技术学院学报》2018 年第 2 期

“妈祖精神”是中华民族文化的瑰宝，包含着丰富的思想政治教育资源，对大学生思想政治教育有着非常重要的意义。在新的历史条件下，挖掘妈祖精神的丰富内涵，赋予妈祖精神时代价值，弘扬妈祖精神能够加强对大学生的爱国主义教育，从而提高大学生的思想政治水平。

多学科视域下日本学界关于妈祖文化的研究

——以日本 CINII 系统为中心

林　晶

《中国史研究动态》2018 年第 2 期

作为东亚文化，尤其是海洋文化的代表之一，妈祖文化传播到整个东亚地区，在东亚各个地域落地生根，共存共融，形成了极具影响力的多元性多样化的信仰文化。近现代以来，妈祖文化得到海外学者的极大关注，尤其成了一批日本学者研究的重点。在全球化背景下，认识与剖析妈祖文化的海外研究，有利于我们站在“他者的视角”和“世界的眼光”审视自身的文化内涵。

莆田妈祖信仰初探

陈阅微　阮苗苗

《中学历史教学参考》2018 年第 12 期

不同于一般杜撰的偶像，妈祖是从民间中走出来的。她本名林默，是福建的望族莆田九牧林家的后裔。她不仅能预言人间祸福而且会治病消灾，还急公好义勇于扶危济困，所以深受乡亲们的信任和爱戴。关于她的故事很多，如海上救难，降魔除妖，显威助航。对莆田人来说，她集传统美德于一身，如无私、善良、亲切、慈爱、英勇。

问题与出路
——妈祖文化研究述评

陈　颖

《中国史研究动态》2018 年第 5 期

近代以来，妈祖作为一个文化现象，已被学界关注。清代，新加坡传教士尚德写有《妈祖婆生日之论》；1916 年，广东学人曾习经（号蛰庵）在《进步》杂志第 11 卷第 2 期发表《台湾妈祖庙游记及天妃考略》；1929 年，顾颉刚、容肇祖等在《民俗》杂志先后发表多篇妈祖研究的论文，对其生前事迹和后世褒封进行简要梳理，引发了学界对妈祖文化的重视。近年，随着闽台文化交流频仍，大量的妈祖研究资料被逐步发掘和整理，研究领域与方法也不断拓展和更新。妈祖学的雏形也见微知著。纵观妈祖文化研究成果，虽已取得不少成绩，但仍存在一些不足，值得反思。

区域性文创产品的设计与研发
——以闽台妈祖文创产品为例

詹伟锋

《艺术工作》2018 年第 5 期

妈祖文创产品是闽台两地基于地域特色文化而衍生研发的文创产品，它的设计研发依托闽台两地的地缘优势，着重开发本区域具有海洋文明特征的妈祖文化，深入挖掘妈祖文化的人文内涵，并与当地民俗文化相结合，旨在运用现代设计手法研发出具有品牌影响力与高附加值的文创产品。

试论高校传承和弘扬妈祖文化的意义
——以莆田学院的实践为例

宋建晓

《形象史学》2017 年第 2 期

妈祖文化是劳动人民千百年来尊崇、信仰妈祖过程中遗留和传承下来的物质及精神财富的总称，它肇于宋，成于元，兴于明，盛于清，繁荣于近现代，是中华民族重要的文化瑰宝之一。继承与弘扬妈祖文化，充分发挥其之于现代社会文化认同和民族认同等问题的重要价值，越来越引起学界的重视。

妈祖类文章

霞浦妈祖金身赴台巡安引轰动

台声·微热议

《台声》2018 年第 24 期

12 月 4 日上午，福建霞浦县松山天后行宫妈祖金身神像起驾赴台，展开为期 11 天的绕境巡安。妈祖是海峡两岸最具影响力的海上保护神。在台湾地区，妈祖信众超过 1600 万人，占台湾地区总人口 2/3。此次妈祖巡台经过高雄市、台中市、桃园县、台北市、云林县等县市 30 多家宫庙，在妈祖巡安之地，台湾信众人山人海，拈香祈福，引起轰动。

莆田：推进妈祖文化建设

杨　田

《人民政坛》2018 年第 12 期

2011 年 3 月，习近平同志在参加全国人大福建代表团审议时强调：既是乡土文化也是重要旅游资源的妈祖文化，是凝聚两岸同胞的一条纽带，要充分发挥其在促进两岸交流合作中的重要作用。莆田市人大及其常委会牢记习近平总书记的话，回应人大代表和群众关切，认真依法行使职权，大力推进妈祖文化建设。

中国北方妈祖文化中心
——天津天后宫

赵建永

《中国道教》2018 年第 6 期

天津天后宫是中国现存最早的妈祖庙之一，也是天津最古老的建筑群，是天津文化的发祥地和天津城市发展的历史见证。“先有天后宫，后有天津卫”之语家喻户晓，反映了天后宫早于天津设卫建城 100 多年的事实，揭示出妈祖文化与天津的深厚渊源。

在妈祖故乡，遇见电力义修哥

李晓红　潘　明

《当代电力文化》2018 年第 1 期

“我们是电力义修哥，踏着妈祖的足迹，送上关爱，为你排忧解难；我们是电力义修哥，传承妈祖的精神，送上真诚，让你感受亲情。”一首朗朗上口的《电力义修哥之歌》，在福建莆田大地广为传唱。一瞬千年，妈祖林默用她的心灵之光、生命之光，照亮了茫茫大海上每一条弯弯曲曲的航线，照亮了一条条平安回家路。

陆丰祈福迎新展民俗民艺

林保虔

《源流》2018 年第 2 期

元旦上午，冬日的暖风习习吹拂陆丰福山妈祖文化景区。络绎不绝的游客香客汇聚一起，聆听经曲观赏民俗民艺。陆丰市妈祖文化研究会在国家 AAA 级福山妈祖旅游区举行活动，境内外千余名民众祈福迎新庆丰年。清晨 6 时，陆丰独创的妈祖经曲声韵，就已在同时奉祀着台湾北港妈祖的福山天后殿堂萦绕，持续个把钟点的美妙旋律令参与者如痴如醉。8 时许，来自浑成观的 10 多位道姑道士又把颇具影响力的道曲呈献给大家。

第七届“昆山妈祖杯”海峡两岸慢速垒球邀请赛落幕

张　欢

《台声》2018 年第 2 期

2017 年 12 月 10 日下午，为期两天的第七届“昆山妈祖杯”海峡两岸慢速垒球邀请赛在昆山开发区慧聚慢速垒球公园圆满落幕。本次比赛由江苏省台办、昆山市人民政府指导，江苏省台商慢速垒球联盟、昆山（两岸）妈祖文化交流协会主办，昆山开发区管委会、昆山市台办、昆山市体育局、昆山市台协会支持，共有来自海峡两岸的 18 支球队、近 400 名队员参加，其中台湾地区球队 8 支、大陆台商球队 10 支。

莆田海事人：当代妈祖　力行致远

牛超群

《中国海事》2018 年第 3 期

千百年来，享誉中外的“海上和平女神”妈祖，劈波斩浪，勇救海难，是航海者的精神支柱，是所有人平安航行的心灵寄托。1000 多年后的今天，古老的湄洲湾畔，走来了新一代海上平安卫士——莆田海事人。作为新一代“海上保护神”，莆田海事人紧紧围绕海事“三化”建设，以“让航行更安全，让海洋更清洁，让人民更满意”为使命，用责任、担当和奉献，传承和弘扬“立德、行善、大爱”的妈祖精神，捍卫着一方水域的平安。

佛教对妈祖文化的影响

陈祖芬

《中国宗教》2018 年第 3 期

妈祖文化与佛教的相互影响和包容是一定历史时期宗教信仰自我调整的结果。在新的历史时期，吸纳佛教中的积极因子弘扬妈祖文化，仍然是传承中华民族优秀传统文化的有效方法。妈祖文化与佛教长期共存，相互包容，关系甚密。无论是在历史上，还是在今天的社会生活中，佛教对妈祖文化的产生和发展有着重要的影响。

妈祖信俗非物质文化遗产档案研究的可贵成果

《秘书之友》2018 年第 3 期

《妈祖信俗非物质文化遗产档案研究》，陈祖芬著，世界图书出版公司 2015 年 3 月出版。该书概括了现存妈祖信俗非物质文化遗产的特点、价值，认为妈祖信俗非遗建档的关键问题是注意档案管理主体的特殊性、归档范围、分类方案和保管问题。

两岸妈祖宫庙视频连线　共同祈福保佑百姓平安

唐立群

《台声》2018 年第 5 期

2018 年 2 月 16 日（农历正月初一日），福建莆田湄洲妈祖祖庙与台湾新北市板桥慈惠宫，跨越海峡两岸连线，共同举行新年诵经祈福仪式。当天，“妈祖故里”湄洲岛春暖花开，游人如织；湄洲妈祖祖庙香烟袅袅，鼓乐升平。诵经祈福期间，恰值台湾鸿海集团董事长郭台铭到板桥慈惠宫新春祈福，湄洲妈祖祖庙董事长林金榜偕祖庙董监事成员视频连线，与郭台铭、慈惠宫主委江清秀等互拜早年。

“妈祖信俗”研究专题

《文化遗产》2018 年第 2 期

2009 年 9 月 30 日，联合国教科文组织批准将中国申报的“妈祖信俗”列入人类非物质文化遗产代表作名录，标志着中国土生土长且已传承千年的妈祖文化，正式成为全人类共享的文化遗产。它也促使国家有关部门和社会各界重新认识和定位“妈祖信俗”的文化价值。2016 年，国家发展和改革委员会将“发挥妈祖文化等民间文化的积极作用”写入了国家“十三五”规划纲要中，对“妈祖信俗”在当代中国的文化地位给予了充分的肯定。

台湾溪北六兴宫首赴大陆进香

林 玲

《台声》2018 年第 6 期

2018 年 2 月 26 日，来自台湾嘉义县溪北六兴宫的 280 名信众，开展为期 5 天 4 夜的大陆进香谒祖活动。进香团一行统一头戴庙帽、身着庙服、手执谒祖进香横幅，以绣旗队、大锣队、哨角队、电音三太子、千里眼顺风耳神偶团、随香团为阵头，护驾分灵妈祖先后赴厦门银同天后宫、湄洲妈祖祖庙、泉州天后宫进香，每到一处都受到热情接待。

中建海峡：“决战湄洲岛” 挑战超短工期快速建造

王 耀

《建筑》2018 年第 8 期

伴随国家“一带一路”倡议的推进和国家“十三五”规划对“发扬妈祖文化积极作用”的定位，2016 年 10 月，有关部门正式批复举办世界妈祖文化论坛，建设 21 世纪海上丝绸之路重要文化枢纽。论坛倡议在湄洲岛建设世界妈祖文化论坛永久性会址，打造定期寻址的“一带一路”高端妈祖文化交流平台。世界妈祖文化论坛永久性会址总建筑面积约 4.8 万平方米，总造价 6.3 亿元。主会场采用装配式钢结构，建筑高度 23.8 米。

长岛显应宫延续800年的妈祖祭典

曲建鹏

《走向世界》2018年第18期

长岛，亦称庙岛群岛，纵贯渤海海峡，居黄渤海交汇处。县境共32座岛屿，岛陆面积56平方公里，海域面积8700平方公里，海岸线146公里，森林覆盖率达54%。长岛拥有悠久的历史，早在6500年前旧石器晚期就有人类活动，开辟了灿烂的古文化。887年前，长岛便成为妈祖文化在北方的传播中心和中国南北活动的海运枢纽。

庆安会馆：大运河（宁波段）与海上丝绸之路的文化衔接

丁洁雯

《宁波通讯》2018年第10期

庆安会馆（浙东海事民俗博物馆），位于宁波市江东北路156号，地处奉化江、余姚江、甬江交汇的三江口东岸，占地面积约1万平方米，建筑面积约8000平方米。始建于清道光三十年（1850年），落成于清咸丰三年（1853年）。为甬埠北洋船商捐资创建，既是祭祀天后妈祖的殿堂，又是行业聚会的场所，是宁波大运河及海上丝绸之路的双重遗产点。

两岸妈祖文化交流：回顾与思考

韩　冰

《统一论坛》2018年第3期

两岸同胞一家亲，根植于共同的血脉和精神，扎根于共同的历史和文化。“大陆与台湾是‘根’与‘叶’的关系，这不仅在中华传统文化发展轨迹中可以得到强有力的证明，还可从大陆民间宗教文化的代表——妈祖信仰在两岸传播、发展的轨迹中得到印证。”台湾妈祖信仰在谱系传承、信仰内核等方面，与祖国大陆妈祖文化有着一脉相承、密不可分的联系。

台湾大甲妈祖绕境活动启幕

丁亚敏

《台声》2018年第9期

4月13日晚，台湾一年一度最大规模宗教盛事——台中大甲镇澜宫妈祖绕境活动启幕。活动历时9天8夜，途经台中、彰化、云林、嘉义等县市近百座庙宇，吸引了百万余人参与。今年活动以“付出”为主题，4月13日晚11时5分正式起驾出发，鞭炮齐鸣，烟花升空，现场热闹非凡。据了解，绕境路程长达约330公里，众多信徒徒步随行，沿途有不少商家、居民设摊免费供应茶水、食物给绕境信众。

妈祖架心桥　两岸一家亲

张飞帆

《统一论坛》2018 年第 3 期

2017 年，妈祖二次赴台巡安，正值 1997 年湄洲妈祖金身巡安台湾 20 周年和妈祖羽化升天 1030 周年。应台湾地区有关方面邀请，湄洲祖庙妈祖金身在台湾绕境巡游 17 天，涵盖 91 个妈祖宫庙。9 月 22 日，台湾鸿海集团董事长郭台铭先生专程前往湄洲岛恭迎妈祖。

品长岛：人与海的故事

长岛宣

《走向世界》2018 年第 18 期

山东省长岛县拥有 6700 多年的史前文化、950 多年的妈祖文化和 400 多年的渔俗文化，是中国海洋文明发祥地之一，传承着古机船、渔家号子、海上祭祀、渔猎垂钓、海草石房和海鲜饮食等传统文化的“渔家乐”是中国知名的旅游文化特色品牌。

同文同宗、一脉相承、永续发展、文化交流：共同传承和弘扬中华优秀传统文化

洪　鸿　闫俊文　文　笛　成　明

《台声》2018 年第 11 期

海峡两岸虽在地理位置上隔海相望，但两岸人民的心却是紧紧相连的，因为我

们都是中华儿女，我们有着共同的传统历史文化。10年来，“文化”始终是海峡论坛的重头戏，妈祖文化、同名村文化、郑成功文化就像珍珠一样串联起两岸同胞的心。2009年第一届海峡论坛涉及文化元素的论坛活动占到了1/3，到了2017年第九届海峡论坛，在22项主题论坛活动中，文化元素已经从妈祖文化、郑成功文化扩展到武术、书法、龙舟、船政等领域。

申城独一无二的天妃宫

李　迅

《档案春秋》2018年第7期

天妃宫又称天后宫、朝天宫，俗称妈祖庙，是我国沿海地区渔民、船夫、水手祭祀海神天后的神庙，广布于浙、闽、台等沿海各地。上海自古以来就是我国重要港口，因而也很早就出现了天妃宫。

妈祖文化四十年历程
——记各级领导对妈祖文化的关注与关心

黄国华

《福建党史月刊》2018年第4期

妈祖信仰起源于北宋初期，至今已跨越1000多年的历史。在上千年的妈祖文化传播历程中，近40年的发展阶段至关重要。近40年来，妈祖文化以其内在的价值和独特的作用，引起各级领导的广泛关注。自20世纪80年代中期以来，不断有领导人来到妈祖故乡——福建省莆田市考察妈祖文化，他们对妈祖文化予以高度评价，并殷切希望妈祖文化薪火相传、发扬光大，在深化两岸交流、推动两岸和平发展中发挥更大的作用。

惠来县举行首届妈祖文化旅游节

林保虔

《源流》2018 年第 7 期

6 月 21 日，广东惠来县举行首届妈祖文化旅游节，来自境内外的数千客人观赏了陆丰市妈祖文化研究会祭典艺术团献演的“妈祖祭祀大典”，纷纷予以赞扬。宽敞的惠来人民广场鲜红的地毯上，祭典艺术团 200 多名古装少女乐舞穿越时空，衣袂飘逸，把与黄帝祭典、孔子祭典并称为“中华三大祭典”的妈祖祭典，在南宋初期就形成的“初献、亚献、终献”三献礼仪式和“迎神、送神”的程序呈现给游客、香客。

若水守雎

——天津天后文化

于梦婕

《大众文艺》2018 年第 16 期

“是谓不争之德，是谓用人之力，是谓配天古之极”，暗合道之极，又兼有柔厚之美。观此意象之于道地的天津土著，便只会想到一地，即“护国保民”的天后宫娘娘庙。

湄洲祖庙董事会领导到陆丰交流妈祖文化

林保虔

《源流》2018 年第 10 期

9 月 7—8 日，由董事长林金赞率领的福建湄洲妈祖祖庙董事会一行专程到达陆丰，先后在福山妈祖文化景区、海陆惠忠孝祠等地参观交流。这是继日前莆田学院妈祖文化研究院“‘一带一路’与妈祖文化传承发展研究”课题组的探访，陆丰莆田两地又一次的妈祖文化交流。陆丰的妈祖民俗丰富多彩，与百姓生活水乳交融，方兴未艾。

台湾追随妈祖的神迹

陈斌华

《全国新书目》2018 年第 3 期

在闽台地区，林默娘被尊称为“妈祖”。随着福建先民迁居台湾，发源于湄洲岛的妈祖信仰也在台湾岛生根、开花。台湾 2300 万人中有 1600 多万名妈祖信众，占总人口的七成以上，全台各地共有 2000 多处妈祖宫庙。

象山县：石浦
——富冈妈祖·如意省亲迎亲十周年记

《两岸关系》2018 年第 9 期

20 世纪 50 年代，象山县石浦镇渔山村部分村民迁往台湾台东县富冈新村。富冈因此有“小石浦村”之称。2017 年 8 月，富冈 46 名村民再度回到象山，与当地民众在石浦镇举行了一场盛大的妈祖·如意省亲迎亲仪式。龙灯队、船鼓队、鱼灯队、马灯队、十二生肖队等川流不绝，爆竹阵阵，锣鼓喧天。

借平台之力传扬妈祖文化　第三届世界妈祖文化论坛举行

徐依娜

《中国会展（中国会议）》2018 年第 22 期

11 月 18 日，由文化和旅游部、自然资源部、中国社会科学院、澳门特别行政区政府、福建省人民政府共同主办的第三届世界妈祖文化论坛在福建省莆田市湄洲岛举行。本届论坛以“妈祖文化·海洋文明·人文交流”为主题，吸引世界各地妈祖文化机构的代表和专家学者等近 300 人出席，论坛为期两天。

首部两岸合编的妈祖文化专志

——《妈祖文化志》编纂工程告竣仪式在湄洲岛举行

沈　志

《福建史志》2018 年第 5 期

10 月 17 日，福建省方志委联合湄洲妈祖祖庙董事会、台湾妈祖联谊会在莆田市湄洲岛举行“传承妈祖文化，永铸两岸同心——《妈祖文化志》编纂工程告竣仪式”，近千名台湾妈祖信众及海外妈祖宫庙代表共襄盛况。这是福建省方志委传承弘扬中华优秀传统文化，以志为媒，进一步拉近两岸同胞心灵距离，深化两岸对命运共同体共识的又一重要举措。

凝心聚力谱写妈祖文化新篇章
——莆田市政协十年提案助推妈祖文化建设发展

黄海声

《政协天地》2018 年第 11 期

妈祖是四海共仰的海上和平女神，妈祖文化是中华民族传统文化的重要组成部分，从莆田湄洲岛上孕育、成熟，又随着海上丝绸之路、海上移民的脚步传播到世界各地，成为凝聚海内外华侨华人的精神纽带，也成为各个国家地区民心相通、文明对话的重要载体。如何推动妈祖文化的建设发展，发挥其优势作用，是历届中共莆田市委、莆田市政府工作的中心，也是市政协履职的着力点。林庆生主席多次提出，要发挥提案履职功能，为弘扬妈祖文化发出政协好声音。

回家的路近了
——忆澎湖天后宫首次直航泉州会

陈　玲

《台声》2018 年第 20 期

两地天后宫直航会香活动，缘起泉澎两地有关人士构思，他们商量着要促成两地的两座天后宫的会香，以直航方式为澎湖与泉州开出“海上丝路”来。不过那时，他们并不知道，2002 年他们的这一活动竟然一口气创下了两岸关系 5 个“首次”。

编读往来

卢福祥

《福建党史月刊》2018 年第 8 期

2018 年第 4 期（总第 494 期）的《福建党史月刊》上登载了《妈祖文化四十年历程》一文。这篇文章写了各级领导人对妈祖文化的关心和指示。我仔细阅读后，对第一部分里写到的关于福州大军区某领导打电话给莆田军分区，要求拆除湄洲妈祖祖庙，莆田地方领导讨论后认为不能拆，双方争执不下，最后请项南拍板等描述，有些补充意见。

从田野中来

——写在《城厢妈祖宫庙概览与研究》出版之际

陈祖芬

《湄洲日报》2018 年 1 月 14 日

我们对莆田市城厢区的田野调查是从 2011 年上半年开始的，到 2012 年 1 月初稿基本完成。但是当时的研究经费还不足以出版，于是束之高阁，心生遗憾。2012 年 6 月，《莆田妈祖宫庙大全》在海风出版社出版。在前人已有成果的基础上，仅选取其中的某个区发表新说是一件既困难又极具挑战的事。

由凡至圣　由圣至凡
——《妈祖图像研究》述评

王英暎

《中国文物报》2018 年 1 月 23 日

妈祖作为中国最著名的海神，是中国大陆东南沿海、港澳台地区以及整个东南亚华人社会最为崇拜的民间信仰神灵之一，在全球信仰人群过亿。妈祖既是两岸重要的文化交流纽带，又是海内外华人共同的信仰认同标志。随着国家加快推进 21 世纪海上丝绸之路建设，妈祖文化必将会迎来新一轮的研究热潮。

牢记嘱托　保护发展

卓晋萍　吴伟锋　郑已东

《湄洲日报》2018 年 1 月 6 日

“习近平总书记叮嘱莆田‘把湄洲岛保护好’，这让我们备受鼓舞。”昨晚，做客《会客厅》的市人大代表、湄洲岛国家旅游度假区管委会湄洲镇镇长杨良荣表示，保护好湄洲岛，不仅要保护好湄洲岛的生态环境，而且要传承和保护好妈祖文化。

心怀感恩　加强交流

卓晋萍　吴伟锋　郑已东

《湄洲日报》2018 年 1 月 6 日

昨晚，做客《会客厅》的市政协委员、湄洲妈祖祖庙董事会副董事长庄美华说道，在党的十九大精神指引下，湄洲妈祖祖庙将继续弘扬妈祖精神，努力在新时代中开创妈祖文化交流新局面，切实把“一带一路”倡议与妈祖文化建设融合起来，以建设妈祖文化核心区作为行动愿景，实干创业，全面提升妈祖文化的引领力、辐射力和穿透力，充分展现妈祖文化“国际范”。

妈祖文化与诚信精神传承方法探析

杜阿兰

《湄洲日报》2018 年 2 月 5 日

妈祖信仰历经千年而仍盛行于民间，甚至得到官方的认可，在复兴中隆盛，可见其并不与社会的现代化进程相冲突；相反，其甚至可能成为社会发展的资本与助力。政府作为一个强有力的主体，对妈祖信仰文化的传承无疑起着至关重要的作用。

2018 年“长岛显应宫千年妈祖因缘金身赴台结缘会亲”活动成功举办

长岛县台办

《两岸关系》2018 年第 11 期

妈祖文化是促进两岸同胞心灵契合的桥梁和纽带。9 月 8 日，2018 年“长岛显应宫千年妈祖因缘金身赴台结缘会亲”起驾仪式在山东省长岛县庙岛显应宫隆重举行，拉开两岸妈祖文化交流活动的序幕，当地数千名民众参与。长岛显应宫亦称海神娘娘庙，距今有近 900 年历史，宫内供奉着目前唯一存世的一尊宋代铜身妈祖像，是金面妈祖的代表。

博士论文

妈祖文化思想研究

潘志宏

（中共中央党校2018年，指导老师：王杰）

妈祖文化是中华优秀传统文化的重要组成部分，也是中国海洋文化的主要代表之一。妈祖信仰自宋代初年诞生以后，在1000多年的历史发展和传播演变过程中逐渐形成了内容广博、思想丰富、内涵隽永的妈祖文化。该文以妈祖文化思想为中心，通过梳理妈祖文化的历史背景，厘清妈祖文化与海洋文化的关系，探究妈祖文化的思想来源，进而提炼出妈祖文化的哲学思想，最后总结妈祖文化在当代的价值意义。

第一章，历史背景。妈祖文化的历史背景主要考证了妈祖的身世背景、妈祖信俗的内容和妈祖文化的内涵。通过对妈祖文献史料的研究，可以推测出妈祖的生卒时间是相对合理的，证明妈祖的生前职业是女巫，妈祖的诞生地是福建莆田湄洲岛，但目前妈祖的世系仍然无法确定。妈祖宫庙是妈祖信俗的主要载体，妈祖信俗是妈祖文化的重要组成，主要包括祭祀仪式、民间习俗和传说故事。在确定妈祖文化概念的基础上，该文提出了妈祖文化“慈善精神”的主要内容是“孝慈、忠义、勇敢、和平”。

第二章，海洋文化。通过梳理妈祖文化中海洋文化的线索，可以发现妈祖文化与海洋文化具有十分紧密的联系，妈祖文化就是海洋文化的重要代表之一。第一，妈祖的海神身份是妈祖文化与海洋文化结合的产物。第二，妈祖文化贯穿在中国自宋以来的古代航海史中，例如宋代的海洋交通、元代的海运漕粮、明代的郑和下西洋、清代与台湾岛的海上贸易等。第三，妈祖文化连接起古今海上丝绸之路的发展历史，主要体现在外交和贸易两个方面，并且在这个过程中产生了积极的推动作用，包括精神支撑、道德教化、和平交流和经济发展四个方面。

第三章，思想来源。妈祖文化的主要思想来源是儒家、佛教和道教。首先，妈祖文化中的儒家思想是妈祖文化的思想基础。妈祖文化中蕴含的儒家思想特质是妈祖被历代朝廷所认可和推崇的根本原因。妈祖因为符合儒家《礼记》的祭祀标准而获得朝廷祭祀。历代儒者对妈祖的支持和批评体现出丰富的儒家思想。其次，妈祖文化的佛教思想主要集中在妈祖与观音的融合上。妈祖是观音菩萨化身的说法，为妈祖与观音的融合做好铺垫。二者融合的关键因素是相似的护航神职，根本原因是相通的慈悲神性。妈祖与观音的融合，实现妈祖文化对佛教思想的吸收。再次，妈祖文化在与道教文化的互动中融入道教思想。妈祖文献中包含大量的道教元素。妈祖与道教女神碧霞元君的混淆是因为二者外在形象和内在本质的相似。二神的混淆说明道教成功吸纳妈祖信仰，而妈祖与道教众神的紧密联系更丰富和充实了妈祖文化中的道教思想。最终形成了以儒家、佛教、道教为主要思想来源的妈祖文化思想内涵，也是妈祖文化哲学思想的源泉和基础。

第四章，哲学思想。妈祖文化的哲学思想主要为：孝慈观、常变观和人神观。其一，孝慈观是妈祖文化哲学思想的根基。孝慈观以儒家哲学和道德伦理为视角进行研究，其主要现实来源是妈祖生前的善行义举和妈祖逝后出现的传说故事。孝慈观的核心是妈祖文化的“仁慈”和“忠义”思想，主要表现为妈祖文化中护国庇民、惩恶扬善的内容。妈祖的“慈母形象”和“妈祖”称呼就建立在孝慈观上。其二，常变观是妈祖文化哲学思想的核心。该文从中国哲学的常变范畴指出妈祖文化的常变观包括“海有万变”和“天有常道”两个层面。海洋无常是外在形式，天道反复是本质规律，而“至诚”之德是沟通常变从而改变现象的关键力量，最终才能达到“知常达变”的体悟。其三，人神观是妈祖文化哲学思想的关键。人神观从宗教学的角度探讨妈祖文化中人神互动的范式。妈祖文化因符合“神道设教”思想的标准而得到历代官方的倡导，其决定力量是妈祖的神德，落脚点是人德。“神德配天”思想的基础是妈祖之神通和神德。在妈祖文化中，妈祖与人维持着“人神相依”、平等和谐的关系。

第五章，价值意义。妈祖文化在当代具有重要的价值意义。首先，妈祖文化是中华优秀传统文化的组成部分，表现为妈祖文化传承中华优秀传统文化的核心思想，凝聚中华优秀传统文化的传统美德，富含中华优秀传统文化的人文精神。其次，妈祖文化与社会主义核心价值观相契和，体现在妈祖文化与社会主义核心价值观的目标一致、功能相近、精神相通。再次，妈祖文化对当代社会的重要意义包括妈祖文化是海峡两岸的文化枢纽、21世纪海上丝绸之路的精神纽带、建设海洋强国的重要本土资源。以上内容表明，研究和弘扬妈祖文化具有重要的现实意义。

该文以历史发展线索为脉络，从多角度、跨专业对妈祖文化思想展开研究。最终目的是抛砖引玉以推动妈祖文化思想哲学理论的发展，并且以妈祖德行作为标准观照个人得失，学习妈祖文化思想，践行妈祖文化“慈善精神”，弘扬中华优秀传统文化，努力追求学问和人品的统一，提高人生境界，获得美好生活，为实现现代化建设、完成祖国统一、维护世界和平与促进共同发展做出最大贡献。

元代两浙沿海地区的海神信仰研究

董　莎

（浙江师范大学2018年，指导老师：陈彩云）

海神是指人类在向海洋发展与开拓、利用的过程中，对超自然与超社会力量的崇拜。而两浙沿海地区海神信仰由来已久，尤其是从五代至宋，随着海洋交通事业的发展，海神崇拜之风日趋活跃。迨至元代，随着漕粮海运的开通和海上贸易的繁荣，加之官方较为包容的信仰政策，元代的海神信仰更加活跃。就类型而言，主要可分为海洋水体本位神、航海保护神、海洋产业专业神等。就元代海神信仰的地域特色而言，两浙沿海地区的海运和海洋贸易发达，海洋信仰活动也异常活跃，亦具有鲜明的地域特色。海洋信仰与元代两浙沿海地区的海洋经济活动关系密切，海洋活动是人类颇具风险的事业，海神信仰为从事海洋活动的人们提供心理慰藉，激发其追求经济利益的信心与勇气，有利于海洋经济活动的顺利开展。同时，海上人群出于对海洋神灵的感激和畏惧，在海洋活动过程中对之进行祭祀，反过来也使海神信仰有了进一步发展。为了得到海神的庇护，两浙沿海社会掀起广泛的海神崇祀行为，包括请求朝廷赐额赐号、修建庙宇以及对神灵进行祭祀等。元代官方不仅册封护佑漕运的海神，在海神祭祀方面也有积极表现，时常派遣大臣祭祀海神。地方官员和民众也都能按礼制与风俗对海神举行祭典，时常对海神庙宇进行修整和维护。元代两浙沿海地区海神信仰的特点主要体现为漕运神灵主导化、本地神灵海洋化、外来海神本地化、海神信仰宗教化等。元朝统治者通过天妃代祀、赐额建庙等信仰行为，向地方社会传达出皇权至高无上的权威，试图建构族群和谐的政治秩序。而地方官府和地方精英分子则利用海神信仰中所蕴含的道德力量规范社会秩序，使民众遵守道德标准，成为王朝统治下的顺民。

山东庙岛妈祖文化研究

刘淑丽

（鲁东大学 2018 年，指导老师：苗月宁）

妈祖，出生于福建莆田，父母给她取名为林默。她自幼喜好学习，掌握多种知识，对于天文地理、医药典籍等十分精通，在性格上勇敢、机智，精通医理，一生都在救死扶伤、帮助在航海中遇到困难的人们，因此深受人们爱戴，被后人尊称为海神娘娘。她的事迹经过当地人民的传颂，得到了越来越多人的传承和信仰。又经过了历代皇帝的敕封，妈祖文化信仰传播的范围越来越广泛，一路从南方传到了北方，从中国走上了世界。随着元代海运事业的发展，烟台长岛凭借独特的地理位置，成为南来北往航海人避风泊船的优良港湾，久而久之，妈祖文化便在庙岛传播开来。妈祖文化在庙岛的传播主要体现在显应宫的建筑特色上。庙岛显应宫是从宋朝就开始修建，明清时期逐渐扩建，新中国成立后至今不断修缮而成的。从历代修缮和保护的过程中，可以管窥妈祖文化传承和发展的印记。整个显应宫建筑在保持原有妈祖文化信仰的基础上，又跟齐鲁文化中的儒家思想相结合，在匾额设置、神像安排和楹联写作上都充分体现出了山东妈祖文化的特色。尤其是在传统官方祭祀和普通民间祭祀活动中都显示出区别于南方妈祖文化的独有特点。以庙岛显应宫为依托，结合当地特色的妈祖祭祀活动，妈祖文化在庙岛地区的地位逐渐凸显，并带来了深远的影响。在中国古代社会，人们往往会根据自己的信仰去回报社会，这也就是妈祖得到朝廷敕封的重要原因，妈祖的乐善好施，让妈祖信众通过自己的行为去帮助更多的人。如今，长岛县政府利用庙岛独特的区位优势和显应宫丰富的文化底蕴，致力发展文化产业，通过文化带动经济的发展，这也符合当今社会主旋律的号召，也是我们新时代思想的必然要求。随着当代文化产业的蓬勃发展，以妈祖精神为载体，我们以庙岛显应宫为依托，顺应发展潮流，借助长岛独特的区位优势，同时加大自身宣传力度，发展旅游业，从而更好地弘扬妈祖文化精神，打造独特的旅游文化资源。妈祖文化是一种历经几百年的文化传承，传承着文化积淀、民族血脉、民族精神。通过妈祖文化的传播和发展，庙岛显应宫也在不断发展壮大，而妈祖文化的内涵、庙岛祭祀、庙岛妈祖信仰的习俗都在庙岛显应宫的发展中不断地传承。

辽宁妈祖文化活动的新闻报道研究

刘育滟

（沈阳师范大学 2018 年，指导老师：曹萌）

妈祖信仰起源于福建莆田，其原型为宋初莆田县湄洲岛人林愿女儿林默，亦即世人尊称的林默娘。她一生慈悲为怀，救急扶危，在惊涛骇浪中拯救过许多渔舟商船；她立志普救众生，护佑渔民，专以行善济世为己任。因此沿海人民尊其为海神，立庙祭祀。自宋朝以来，海神妈祖的崇拜和信仰就逐渐在我国沿海省市和东南亚所有的岛屿国家普及，从南到北流传开来。随着华侨华人的漂洋过海，逐渐传播到国外，妈祖在世界众多海神中占有重要地位。妈祖信仰历史悠久、传播之广、影响之深，是民间流传最为广泛的信仰。妈祖文化早在元代就传入辽宁地区，广泛流传于丹东、大连、营口等沿海地区，对当地居民的社会文化生活有着深刻的影响。作为世界性的海洋文化，妈祖文化又是辽宁省与东海、南海以及世界上的海洋连接在一起的很好的机制和途径。当代妈祖文化的社会功能不仅体现在对中华传统德目的认知感和对海峡两岸关系发展的维系功能之中，从广泛层面来讲，辽宁地区妈祖文化的拓展繁新也是 21 世纪海上丝绸之路的重要构成，因而弘扬妈祖文化，对进一步发挥其当代的社会功能具有重要意义。对辽宁妈祖文化活动的新闻事件进行报道，也是传播妈祖文化、弘扬妈祖文化的一种重要途径，通过研究辽宁妈祖文化活动的新闻报道，以更好地推动妈祖文化在辽宁地区的蓬勃发展，扩大妈祖文化对传统东北民俗习惯的影响。该文首先通过对辽宁妈祖文化活动新闻报道的主题进行归纳，将其分为祭祀活动报道、民俗活动报道、文化交流活动报道、区域妈祖庙复建活动报道、学术活动报道五个类型，介绍各类文化活动报道，并根据不同主题类型的新闻报道提炼出各种亚类型报道的内容特征。其次，对这几种不同类型的新闻报道进行深入分析，在深入了解各类新闻文本之中的报道规律的同时，探寻新闻报道文本的意义构建，分析报道文本在“妈祖文化知识的建构”和“妈祖媒介形象的塑造”这两个方面是如何建构意义的。最后，总结辽宁妈祖文化活动新闻报道的社会功能，即从各类妈祖文化活动报道文本的意义构建中，得出新闻报道具有建构辽宁妈祖文化体系、拓展妈祖民俗文化圈的社会功能。此外，妈祖文化精神的传承充分体现了传播媒介的社会文化遗产传承功能，使得妈祖文化精神广泛传播的同时，不同地域的妈祖信众拥有妈祖文化上的认同感，从而推动了辽宁与 21 世纪海上丝绸之路的对接。

马来西亚槟城华侨华人妈祖信仰的特点
——以海南会馆天后宫为例

刘春燕

（华侨大学 2018 年，指导老师：张禹东）

福建莆田湄洲屿的妈祖信仰，是由人至神的民间信仰的典型代表，林默娘羽化升仙后成为人们口口相传的神灵“妈祖”，并经由信仰携带者的流动传播，从中国南北远及东南亚，形成了覆盖其地的“妈祖信仰圈”。纵观人作为社会整体的一部分，对个人的发展和未来的前途难免感到迷茫和恐慌，在自身无力情况下，总会寄希望于神明等未知的力量来指点迷津，以求得自身更好的发展和社会更好的进步。马来西亚华侨华人的妈祖信仰便是典型例证，他们在谋求自身生存发展过程中依靠并传播妈祖信仰，将妈祖信仰的信仰功能和社会整合功能发挥得淋漓尽致。因此，马来西亚华侨华人妈祖信仰的发展与传播，与华侨华人的社会息息相关，由此便可窥见妈祖信仰的特点。该文以“马来西亚槟城华侨华人妈祖信仰的特点”为主题，以槟城海南会馆天后宫为例，通过田野调查与个案分析相结合的方式，在详尽描述槟城华侨华人历史、人口相关组成的基础上，阐明槟城华侨华人与妈祖信仰的渊源，进而尝试总结华侨华人妈祖信仰的特点。据此，进一步挖掘槟城华侨华人妈祖信仰的意义。

社区居民旅游感知对价值共创参与的影响研究
——以妈祖信俗为例

郑志越

（暨南大学 2018 年，指导老师：章牧）

近年来非物质文化遗产资源的保护工作有条不紊地进行，非物质文化遗产旅游活动也随之兴起。在非物质文化遗产旅游开发的过程中，随着游客对于旅游体验个性化要求的不断提升，游客在旅游活动中的参与度越来越高，从而与旅游地的利益相关者形成价值共创的行为。而社区居民作为与旅游者频繁接触的群体，其与旅游者的价值共创参与具有重要的研究意义；现有关于旅游价值共创的研究主要从游客的角度出发，鲜有对社区居民价值共创参与行为的探讨。此项研究从社区居民的角度出发，围绕认知、情感、行为三者关系，研究社区居民的旅游影响感知、情感凝聚感知对其价值共创参与的影响。研究选取国家级非物质文化遗产地——福建省莆田市湄洲岛为案例，采用问卷调查的形式收集数据，并对数据进行信效度分析、方差分析和 SEM（structural equation modeling，结构方程模型）分析等，得出以下研究结论：（1）社区居民的旅游发展获益感知对其价值共创参与具有显著正向影响，其中经济获益感知与社会文化获益感知影响最大；旅游发展成本感知对其价值共创参与具有显著负向影响；（2）社区居民的情感凝聚感知对其价值共创参与具有显著正向影响；（3）社区居民的旅游发展获益感知对其情感凝聚感知存在显著正向影响，旅游发展成本感知对其情感凝聚感知存在显著负向影响；（4）社区居民的情感凝聚感知在旅游影响感知对价值共创参与的影响中起完全中介作用。最后根据研究结果对案例地的非物质文化遗产旅游发展提出了建议。

游客感知价值、地方依恋与重游意愿的关系研究
——以莆田湄洲岛为例

王　琳

（暨南大学 2018 年，指导老师：章牧）

近年来，文化旅游越来越引起人们的关注，特别是以弘扬传统民俗文化、展现地域风情为基础的民俗文化旅游日益受人追捧。然而面对日趋激烈的国际竞争与快速变化的市场环境，了解游客重游意愿的影响机制，已经成为国内外旅游目的地争夺游客市场的必经过程。在这种背景下，民俗文化旅游地需要更多地从游客的角度考虑，有效地把握游客需求，以此为依托，提升、改善现有产品和服务，找到发展的突破口，提升游客重游率。早期学者们普遍认为游客满意是影响游客重游意愿最为重要的变量，然而后来不断有学者开始质疑。该文尝试新的研究视角，结合"理性"的感知价值和"感性"的地方依恋两个理论，选取妈祖民俗文化的发祥地——莆田湄洲岛为研究对象。根据态度理论的"认知—情感—行为倾向"这一路径，将游客感知价值作为"认知"，地方依恋作为"情感"这一中介变量，重游意愿作为"行为倾向"，尝试在民俗文化旅游情境下，构建游客感知价值、地方依恋对重游意愿的影响机制模型。通过现场问卷调查的方式获取数据，并利用结构方程模型进行假设检验。最后得到以下结论：（1）游客感知价值对地方依恋有显著正向影响；（2）地方依恋对重游意愿有显著正向影响，其中地方认同比地方依赖影响更大；（3）文化价值对重游意愿有显著正向影响，而旅游资源与服务价值、社会价值、成本价值在地方依恋的中介作用下，对重游意愿有间接影响；（4）地方依恋在旅游资源与服务价值、社会价值、成本价值和重游意愿之间是完全中介作用，在文化价值和重游意愿之间是部分中介作用。根据实证研究的分析结果，为莆田湄洲岛如何提升游客重游意愿，促进当地旅游可持续发展提出了若干意见和建议。

福建“三大渔女”服装造型比较研究

卢志慧

（北京服装学院2018年，指导老师：赵明）

以福建省“三大渔女”——惠安女、蟳埔女、湄洲女着装文化为研究对象，以文史资料为基础，结合以实地调研信息，追溯“三大渔女”特殊族群的形成渊源及其特殊服饰文化成因。通过梳理归纳、研究比较得知福建“三大渔女”均为被汉化的百越族后裔，在相似的客观环境下，不同的历史选择造就了“三大渔女”各具特色的服饰文化。在此基础上，对不同阶段的“三大渔女”着装形制展开对比研究，得知“三大渔女”服装形制经历了由宽松到合体的演变历程，其中惠安女与蟳埔女服装形制的演变均以传统“三大渔女”服装形制为基础，湄洲女服装形制的演变已脱离传统汉族服装形制转向西式裁剪；同时，“三大渔女”在服饰特征方面也有着各自不同的审美观念。该文最后结合保护现状，针对保护过程中遇到的问题提出相应保护对策，为进一步保护与传承惠安女特殊的服饰文化寻求新思路。

厦门城市神庙演剧研究
——基于滨海街道的考察

滕黎华

（厦门大学2018年，指导老师：张世宏）

神庙演剧是一种融合了宗教、民间信仰和戏曲表演的民俗戏剧活动。这种以神庙为舞台、以民俗为核心、以戏曲为载体的民间文艺现象曾经遍布中国的乡村城市，在中国文化史上传承、兴盛了千百年。而在当今的城市化浪潮中，现代化的都市生活与传统的神庙演剧呈逆向而行之势——城市快速发展，神庙快速减少，演剧日益式微。与神庙演剧的没落互为表里的是乡土文化的衰微和地方戏曲等非物质文化遗产的窘迫。这种状况和趋势不可逆转，但值得深思。厦门市滨海街道迄今为止仍然非常活跃的神庙演剧活动为我们考察和思考神庙演剧这种传统戏曲现象的现代都市命运提供了一个生动样本。厦门是经济特区，也是“闽南戏剧文化圈”的中心。滨海街道的历史变迁是厦门这座现代化都市的城市化进程的典型体现。受浓郁宗教文化和多元民间信仰的深刻影响，历史上的厦门，各种神庙随处可见，神庙演剧活动也十分兴盛。滨海街道的神庙演剧活动虽在“文革”期间一度衰歇，但改革开放后，又恢复、兴盛起来，成为滨海街道和厦门市一道显著的乡土文化景观。神庙演剧缘起于神庙各种主题的宗教、信俗活动。神庙演剧的主要目的是满足人们的祈福愿望。这种特点贯穿于演剧的具体仪程和演出剧目。滨海街道神庙中上演的剧种几乎只有芗剧，剧目剧情多为公案戏、传奇戏和武戏。滨海街道的神庙演剧活动仍然是社区相当一部分人群的特殊精神寄托。神庙演剧活动串起了他们的民间信俗和戏曲热情。活跃兴盛的神庙演剧活动为厦门及其周边地区的民间芗剧团提供了长期稳定的演出市场，对芗剧这种被列入第一批国家级非物质文化遗产名录的闽南地方戏曲剧种的民间传承与发展具有显著的积极影响，既有利于这种非物质文化遗产的传承，有益于乡土传统文化的保护，对社区文化的丰富和多元化也具有积极意义。

湄洲岛旅游目的地形象感知研究
——基于网络文本的分析

吴政锋

（厦门大学 2018 年，指导老师：周　波）

目的地形象能够影响游客的主观感知、目的地选择、游后满意度与忠诚度，目的地形象的评估和分析是旅游营销研究关注的焦点问题之一。随着互联网技术在旅游营销推广中的快速发展，特别是 Web2.0 时代背景下社交媒体使用日益普及化，一定程度上重塑了游客搜寻目的地信息的方式。社交媒体时代下用户生成内容（User Generated Content，UGC），如游客游记、博客、评论等，为游客提供了大量真实的目的地信息，影响了目的地形象形成的过程。因此，对于目的地管理者而言，重新认知和识别目的地在游客心目中的形成便成为一个重要的理论和实践问题。因此，该文将从目的地形象认知的需求视角（游客感知视角），研究湄洲岛的旅游形象。以 105 篇游客点评网络文本为研究样本，借助 ROST Content Mining（ROST 内容挖掘）软件，采用内容分析法、情感分析法等方法，从游客感知视角对湄洲岛旅游形象进行了词频分析、情感分析和旅游形象评价，得到如下研究结论：（1）通过高频特征词分析得出湄洲岛旅游形象的 60 个高频词汇，“妈祖”及“妈祖庙”提及的次数远远高于其他词汇，总共有 416 次，因此可知“妈祖”文化已经成为湄洲岛旅游的符号及名片，也是比较深刻的旅游特色与旅游印象，而被广大游客所提及。这 60 个高频特征词汇主要可以归纳成两类，从而提炼出基于游客感知视角的湄洲岛旅游目的地的主题形象，按出现频次依次是：妈祖文化、海岛风光。（2）通过湄洲岛旅游形象频次统计得出，湄洲岛旅游形象属性的 18 个次类目出现的频次从高到低分别是：妈祖文化 64 次、岛内交通 47 次、整体氛围 44 次、海岛风光 46 次，其他的次类目出现频次相对较少。由此可知，湄洲岛旅游形象在上述 4 个次类目方面受重视程度最高。整体来说，游客感知较多的主类目有两类，一是特色风光，另一则是交通状况。妈祖文化及妈祖祖庙是游客提及最多的，也是莆田湄洲岛的标志之一，是一种重要的文化符号。以黄金沙滩、湄屿潮音、鹅尾神石园等为代表的海岛风光，也是游客另一项重要的游览重心。而休闲度假提及 12 次，较少，还不能算作湄洲岛的主要旅游形象属性。通过社会语义网络分析进一步印证了以湄洲岛和妈祖为中心发散、延伸到岛内的特色景点、海岛风光、旅游服务和交通状况的频次统计的结果。（3）根据网络数据分析，湄洲岛购物、饮食和建筑特征等次类目提及较少，说明从游客感知角度来讲，湄洲岛的商业化气息尚不够特别浓厚，购物问题并未得到广泛反映；饮食则是以海鲜食品为主，小吃美食主要是莆田卤面，特色性相对不强；建筑特征和基础设施等则湄洲岛建筑特色给游客留下的印象也并不深刻，而被选择性忽视。（4）通过湄洲岛目的地形象情感分析研究得出，游客对湄洲岛绝大多数是积极情绪，占比为 85.7%，消极情绪占比为 7.6%，主要是对湄洲岛岛内交通管理的混乱、电瓶车乱收费及门票收费现象表示不满。针对上述研究结论，笔者对湄洲岛旅游发展提出两条建议：一是根据目的地形象的需求视角（即游客感知视角），湄洲岛旅游形象应聚焦定位妈祖朝圣，大力发展妈祖文化，突出妈祖文化与众不同的优势，并强化妈祖文化在游客心中的独特地位。包括设立妈祖信俗文化遗产保护传承机构，推广“活化”的妈祖信俗文化。开发宗教特色饮食，如妈祖宴、素食，引进旅游文创团队设计融妈祖文化、海洋文化于一体的特色旅游纪念品等。二是扎实推进全局旅游，提升旅游产品、服务品质。包括加强基础配套，提升公共服务；加强历史文物、历史建筑保护，留住城市的根。

以社会企业观点探讨妈祖文化传承之营销策略

黄崇哲

（勤益科技大学2018年，指导老师：曹文琴）

台湾妈祖绕境进香活动至今已超过百年历史，被列为三大宗教盛事之一。随妈祖銮轿出巡的香客之众多、庙方阵头之盛大与场景之多元仅见于台湾地区，而这样非常具有意涵的文化沿革与历史活动，更值得文化知识保存及永续传承。

目前大部分的文创都以商品化贩售为营利目的，而金钱流的营运加入往往让文创的文化意涵变得相对狭义。文创应该包含有形的商品应用及无形的文化意涵两个价值层面；而现在网络信息的应用飞快发展及网络普及化，让文化传承及文创商品化问题能得以解决，运用营销策略来让妈祖文化更具国际化与文化意涵价值。

该文将探讨社会大众关于妈祖文化传承之相关议题及关联，借由原本传统的信仰基础与现代化科技的结合，利用社会企业的角度建立良善的营运模式，来维护、传颂、保存并推展台湾妈祖文化，并以科技创新手法传承妈祖文化，让妈祖文化精神能深植社会大众心中。

研究结果发现传统庙宇利益化的营运模式，容易造成社会观感不佳、刻板印象不好的情形，在此发现了社会企业的可行性，能解决非营利性组织的永续经营问题。用整合营销策略的体验营销、科技营销及人文营销，让妈祖文化能有效又简单地推广。

该文最后应用社会企业、文化认同、整合营销三个构面来建立一个妈祖文化平台，维护、传颂、保存并推广台湾妈祖文化，以科技创新手法来使原本传统的信仰基础与现代化科技结合，来显现文创营销的重要性，更能衍生无形的文创，这也是台湾未来所要探讨的重要问题之一。

宗教节庆比较：以塞维利亚周及大甲妈祖国际节为例

彭雅筠

（辅仁大学 2018 年，指导老师：耿哲磊）

节庆是各国文化中不可或缺的一部分，对当地居民也意义重大，不仅能建立城市形象，也为城市发展带来深刻影响，像是经济发展、就业机会等。许多节庆富含宗教意义，更是凝结文化认同的力量，但要让不同文化背景的人能够深入了解一个节庆的意义并不是一件容易的事。因此，该文针对西班牙及台湾地区深具代表性的宗教节庆——塞维利亚圣周游行及大甲妈祖国际节，分别列出两者发展历史、节庆日程及结构，并试图透过比较双方异同之处，使在台湾地区的西语学生能够更加深刻地认识大甲妈祖绕境所展现的台湾文化及宗教性。

指甲彩绘设计创作
——以妈祖为例

粘惠宸

（东方设计学院 2018 年，指导老师：洪明宏、薛淞林）

近年来指甲彩绘成为女性整体造型中的一部分，各年龄层的接受度越趋广泛，而在教育界里指甲彩绘属于美妆相关科系的重要选修课程，同时也是美容、美发、美甲与整体造型竞赛的比赛重点项目。此外指甲彩绘除了装扮外，对脆弱指甲、损伤指甲等具有修整、保护及装饰的实质功效。因此一般美甲师必须具备彩绘技巧、脆弱指甲的补强技巧、损伤指甲的修复及掩饰技巧等基本技能。

指甲彩绘的发展如同时尚产业，日新月异，除了安全材料与多样化材质的研发问世外，还有彩绘的流行趋势、材料应用技巧及客制化的发展等。指甲彩绘技巧由早期较为单纯的素材与平面设计，逐渐进化为立体与多样多元素的彩绘技巧，还有结合顾客意象与喜好元素的复杂创意设计。可见，美甲师对新材料与新材质的信息敏锐度、客制化的创意能力及个人的专业技巧与特色，将是永续经营的必备条件。

因我国许多先民历经“讨海为生”的社会演化过程，妈祖一直是渔民的重要心灵寄托，至今宗教活动中，妈祖文化亦是很多人心目中的共同信仰。各地的妈祖庙都是重要的旅游景点，且妈祖文化创意商品也是游客喜好的纪念品，具有祈福意象。专属于妈祖文化的文创商品已被多样化地应用，不仅是装饰性的物品，也有实用性的文创商品。有鉴于此，该文调查并汇整妈祖文化图腾意象作为外在形象，如冠饰、披风花纹以及将庄严的形象可爱化的变形技巧，借此吸引消费者的视觉及接受度；内在意涵则采用颜色的变化所代表的心理学，结合图像所展现的概念，如航行代表顺遂、牡丹代表圆满，创作一系列的具有妈祖意象的指甲彩绘。并以创作成果应用于指甲彩绘贴片文创商品，其低成本、可量产、具有地方特色的特点，可以结合各地妈祖庙旅游景点，作为特色或限量文化创意商品。

会展民俗活动对社区居民之知觉价值、参与体验及行为意图之关联探讨

——以新港地区居民对大甲妈祖绕境为例

林雅婷

（树德科技大学 2018 年，指导老师：钱士谦）

民俗活动可以协助人际关系的沟通、加强族群的融合，如若配合观光活动，亦

可以带动整个区域整合成一个特色文化活动，吸引观光客的到来。自大甲镇澜宫妈祖绕境进香至新港奉天宫，除了宗教信仰之间的交流，也带动了地方观光与经济的发展。节庆活动也是推展文化观光的要项之一。社区居民参与活动后，对此活动产生了什么样的感受？绕境活动给生活带来了什么样的改变？因此，该文以新港社区居民为对象，针对民俗活动对社区居民的知觉价值、参与体验及行为意图之关联进行探讨。研究方法采用问卷调查法，以网络问卷进行调查。研究发现，对于新港居民而言，大甲妈祖绕境的知觉价值与参与体验有正向相关，参与态度与行为意图有正向相关，而知觉价值与行为意图的影响不显著。

大甲妈祖绕境进香活动参与者与动机与活动效益之研究

陈菘梧

（台湾南华大学 2018 年，指导老师：杨政郎）

历史久远的大甲妈祖绕境进香活动，每年总吸引百万名民众参与。现已扩大举办为“台中市大甲妈祖观光文化节”，且名列人类非物质文化遗产，更被 Discovery（探索频道）列为世界三大宗教庆典之一。妈祖信仰对台湾人心灵影响之深入，不可言喻。该文以 2018 年大甲妈祖绕境进香活动为例，采用便利抽样方式做问卷调查，共取得有效问卷 262 份进行资料分析。从参与者之观点，探讨其参与动机，对活动在规划与设施上的满意度及忠诚度，以及活动给文化与地区带来的效益，期能更完整地了解活动参与者之参与行为，加强未来举办大型活动的深度与广度。研究结果表明，年龄对拉力动机和忠诚度呈现显著差异；职业对推力动机、拉力动机、忠诚度和活动规划呈现显著差异；学历对推力动机、忠诚度和活动规划呈现显著差异；收入对活动规划和沿途设施呈现显著差异；居住地对推力动机和忠诚度呈现显著差异；参加次数对推力动机、忠诚度和文化效益呈现显著差异；参加天数对推力动机、忠诚度和文化效益呈现显著差异。此外，各构面间呈现正向关系。

台湾民俗庆典参与者之行为体验研究
——以大甲妈祖绕境进香活动为例

梁永升

（云林科技大学 2018 年，指导老师：李宗鸿）

移民社会的架构、特殊的海洋文化和繁复多彩的民间信仰，造就了妈祖信仰在台湾的鼎盛风貌。在台湾的妈祖信仰中，进香乃是整个信仰体系中最为核心的，同时也最为民众熟悉的重要仪式进程。每年农历三月二十三日的妈祖圣诞前夕，大批信众和历代分灵的庙宇熙熙攘攘于途，前往进香参拜的人潮形成了俗谚中所谓的“三月疯妈祖”的场景。研究者以妈祖进香绕境典范活动——台中大甲妈祖绕境进香活动作为研究主题，先后于 2016—2017 年两年间参与台中大甲妈祖绕境进香活动，透过质性研究的方式，以录音、影像和照片辅助搜集，半结构式地深度访谈 11 名大甲妈祖绕境进香活动徒步参与者。从他们徒步参与绕境进香的过程中，探讨他们参与者其参与活动之核心意义，参与过程中与民众的互动过程，在活动过程中与参与信众、宗教团体、活动当地居民和结缘人士间的正反面社会互动历程。透过他们在徒步绕境进香过程的所见所闻，试着描绘出参与节庆活动在个人身上所引发的外在价值或者内在意义，并希望以大甲妈祖绕境进香活动徒步参与者的角度，对大甲妈祖绕境进香活动的永续经营愿景提出符合时代价值观的建议。

宗教活动涉入、满意度及忠诚度之研究
——以妈祖绕境为例

李湘莹

（康宁大学 2018 年，指导老师：林政德）

该文主要是探讨妈祖绕境参与者在宗教活动涉入、满意度及忠诚度之间是否有相关性。研究工具采用问卷设计，抽样方式为便利抽样，并以妈祖绕境活动区域为研究场域，研究对象为妈祖绕境活动之参与者，共发出441份问卷，得到有效问卷397份，回收率为90.02%。研究结果显示，妈祖绕境活动之参与者女性较多，占58.7%；年龄层以41~50岁最多，占32.3%；婚姻状况以无偶（单身、丧偶、离婚）稍多，占58.6%；教育程度以大学（专）学历最多，占50.6%；职业类别以服务业最多，占27.3%；薪资以月薪30000~39999元新台币最多，占19.2%；居住地以中部地区最多，占52.6%。研究发现，宗教活动涉入、满意度及忠诚度彼此间呈现正相关。当宗教活动涉入程度越高时，满意度也越高；而满意度越高，同时会增进妈祖绕境参与者间的忠诚度。

探讨节庆活动游客参与动机、体验及行为意图之相关研究
——以大甲妈祖国际观光文化节为例

斯旦坚

（台湾观光学院2018年，指导老师：林幸慧）

台湾地区各地政府近年来结合地方特色积极举办不同形态的节庆活动，以推动观光发展的重要目标；有鉴于台湾人日渐重视休闲活动，因而拜访宗教圣地或参加观光节庆活动俨然成为另类的旅游选项。

该文旨在探讨大甲妈祖国际观光文化节游客的参与动机、体验及行为意图等变项之关联性。研究采便利抽样方式，于节庆活动举办期间发放400份问卷，有效问卷为390份，回收率达97.50%。样本使用SPSS V.25.0及AMOS V.21.0进行描述性统计、结构方程模式等统计方法进行资料分析。

对游客属性研究发现，年龄方面，以51~60岁居多；年长游客的旅游动机略高于宗教信仰动机。此外，结构方程模式分析结果显示，各项指标皆达最佳配适度。卡方值（χ^2）=28.030，自由度（df）=32，卡方/自由度（χ^2/df）=0.876，GFI=0.987，AGFI=0.973，RMSEA=0.000。研究结果验证，参与动机对行为意图与体验皆呈现显著正向影响。节庆活动体验对行为意图也具有显著正向影响。再者，

参与动机变项透过体验的中介效果进而影响行为意图。研究结果不仅可提供节庆活动主办单位作为举办相关活动之参考，亦可作为后续研究参考。

妈祖文化对政治选举的影响之研究
——以竹南镇后厝龙凤宫为例

陈铭安

（育达科技大学2018年，指导老师：龙清勇、许立杰）

宗教本身就是一种文化，也总是一直吸引人类的各种思想文化，如政治、哲学、法律。妈祖文化是民间宗教，混合了儒家、道教和佛教思想。竹南镇后厝龙凤宫拥有很多的香客和活动，其妈祖文化一直对竹南的宗教信仰、政治、文化、经济有极大的影响。

在政治选举的过程中，宗教组织经常成为候选人要拉拢的对象，宗教动员在选举期间扮演重要的角色，尤其在人潮众多的后厝龙凤宫。自1961年迄今，已超过100多位政治人物投入龙凤宫的志愿服务，政治人物有时候会透过烧香、祭品、乩童、烧纸钱、神签和参加活动，虔诚祈求妈祖保佑健康、事业顺利及赢得选举。

该文经由质化深度访谈地方人士之结果，一再验证后厝龙凤宫的妈祖文化是普罗大众的宗教信仰中心，因此龙凤宫成为政治候选人服务民众最好的推广中心及服务渠道。宗教拥有动员群众的力量，常常成为左右选举结果的重要因素，候选人当选后更可协助后厝龙凤宫发展妈祖文化。由此得知，妈祖文化、民众信仰与政治选举三者是有绝对的关联。

台湾妈祖文化传承与创新研究
——以七妈会为例

林怡均

（中台科技大学 2018 年，指导老师：张桓忠）

该文旨在了解 1917 年七妈会与 2017 年百年七妈会两次妈祖文化活动之间的传承，以及 2017 年百年七妈会以艺文融入酬神活动产生的文化新境；并了解 2017 年百年七妈会活动中传统与创新的碰撞、困境与未来展望。2017 年百年七妈会中鹿港天后宫因故缺席，故也称 2017 年百年妈祖会。该文采用质性研究法，对与会宫庙工作人员、协助规划筹备人员、艺文界专家学者等共 10 人进行深度访谈，并做了文献分析。研究结果显示：一、两次七妈会的共同点在于万春宫的地缘关系，加上台中市中区的商家欲振兴地方经济，使得宗教活动与政府欲推行的都市计划有关。二、2017 年的百年七妈会在发想、宣传与活动形式方面皆有明显的创新，以艺文活动为主；公益活动则将百年妈祖会的效益延续到民众日常生活中。三、2017 年百年七妈会中因参与者的角色不同，其立场、态度与经验亦不相同：活动筹办者着重宗教文化与艺文活动的相辅相成，庙方管理者强调酬神的传统才是重点，教育单位师生则面临学生家庭不同宗教信仰的冲击。该文根据研究结果提出具体建议，期待可作为未来妈祖文化活动之参考依据。

妈祖文化保存及传承
——以“百年妈祖会·众神护台中”为例

张明川

（暨南国际大学 2018 年，指导老师：杨明清）

近年来，台湾地区逐渐吹起一股宗教风，但在活动背后，多数民众感兴趣的多为活动，而非宗教本身。如此一来，再多的宗教活动仅流于形式，而对宗教文化及传承并无实质帮助。该文借由“百年妈祖会·众神护台中”之活动，介绍妈祖文化之历史，并观察民众感兴趣的事物，探讨妈祖文化的保存及传承，以此作为后续相关活动举办之考虑。

细说妈祖楼
——以“戏游传说话妈祖”与“妈祖楼故事节”为例

郭玲君

（台南大学2018年，指导老师：许瑞芳）

台湾地区的寺庙大都以明郑时期来台汉人为求心灵寄托所建立的建筑体为主。寺庙运用各种素材来形塑传说神话、古典文学等，借以教化普罗大众，同时也是一个艺术、文化、人际交流的场域。但随着时代的变迁，寺庙对于民众仅止于祭祀的功能，其内在的艺术、教育、娱乐等功能逐渐被遗忘，因此该文规划以戏剧为交流平台，在2017年、2018年分别于台南市妈祖楼天后宫执行“戏游传说话妈祖”及“妈祖楼故事节”两个儿童戏剧教案，试图让参与者重新感受寺庙装饰艺术之内涵，重新发现寺庙场域的多元价值。

该文爬梳台湾地区寺庙历史发展脉络，各类博物馆与博物馆剧场运用之概念，以及故事戏剧化之理论基础文献；研究方法以质性研究为主，辅以行动研究的概念，分析“戏游传说话妈祖”“妈祖楼故事节”。结果发现，儿童戏剧课程设计与寺庙装饰艺术教案之结合，须以“有趣”为教案的出发点，同时将寺庙内涵之元素融入戏剧课程中，才能帮助戏剧课程更具体地呈现出寺庙的意义。运用专业团体协助儿童于庙口演出的方式，可以鹰架儿童的演出行为，同时参与式戏剧的编创演出可以帮助观众更好地体会到寺庙之内涵。

图书期刊

●《中华妈祖》CN-35(Q)第0071号　2018年第1期　总第76期

中华妈祖文化交流协会主办

栏目：

新闻视点

大爱妈祖　美丽莆田（苏丽彬）

莆台两岸开展妈祖文化交流（林辉　胜奕）

协会一行赴广东考察调研妈祖人队伍建设（熊任凭）

郑州市妈祖文化交流协会成立（黄晓桦）

第二届全球妈祖文化征文大赛评选结果揭晓（马顿）

“冲绳（琉球）妈祖文化调查”课题认证会在京举行（黄志霖）

日本长崎举行“妈祖行列”巡游（川流）

迪拜春节巡游妈祖文化引关注（吴伟锋）

墨尔本祈福妈祖欢度中国年（黄智敏）

妈祖文化亮相巴黎新春嘉年华（黎文）

美国妈祖基金会一行来福建参访（美今）

妈祖大爱慈善协会在莆成立（林胜奕）

涵江区妈祖文化交流协会年会举行（黄婠）

牵手海丝路　共绘妈祖情（宗禾）

白湖顺济庙举行修缮重光庆典（陈瑜）

特别报道

不忘初心　再创佳绩　谱写妈祖文化工作新篇章（谐汇）

环球妈祖文化蓬勃发展（良宽）

妈祖民俗活动异彩纷呈（周丽妃）

专题笔会

发挥祖地优势　续写文化新篇（林金榜）

强化保护措施　注重传承发展（周金琰）

拓宽国际视野　讲好妈祖故事　（孟建煌）

发展生态文明　打造优美圣地（林星璘）

大爱情缘

惠来妈祖文化建设的净气清风（连载三）（李家卫）

邂逅·妈祖缘（陈金狮）

史料宝库

道教与妈祖文化（且心）

妈祖文化之“佛缘”（少禾）

妈祖文化与儒家文化之关系（海石）

妈祖信仰与其他宗教信仰关联举隅（枫行）

海神妈祖（连载完）（姚晓群）

“莲岛”妈祖阁（林保庋）

闽都探圣迹（吴国春）

神昭彼岸（连载完）（张煌）

文论纵横

妈祖文化“慈善精神”视野下的古今海上丝绸之路研究（潘志宏）

浅谈辽东半岛妈祖文化与海上丝绸之路的互联互动（许延光　许敬文）

地区巡礼

源远流长　妈祖信仰传苍南（林维斌）

史载有据　民间传说播灵光（金亮希）

钱库古今　见证变迁与发展（方培新　方培成）

民风淳朴　渔业民俗见虔诚（王斌）

砥砺奋进　交流协会树形象（陈汉莉）

圣迹寻踪

梦示除奸（仕雄）

封面：妈祖传说（投法绳晏公归部）

封底：版画（托梦护舟）

●《中华妈祖》CN-35(Q)第0071号　2018年第2期　总第77期

中华妈祖文化交流协会主办

栏目：

新闻视点

弘扬伟大民族精神　责无旁贷奋发有为（公羽）

全国“两会”代表建议发挥妈祖文化海丝建设重要作用（澎湃）

中华妈祖文化交流协会2018年妈祖大学堂开班（苏丽彬）

2018台湾大甲妈祖绕境进香圆满回銮（郃闻）

湄洲妈祖祖庙董事会六届一次会员大会召开（林群华）

《中华妈祖》与马来西亚《海南之声》深度融合实现交流创新（偕汇）

鲁樵中国画邀请展暨大爱妈祖首发式在湄洲祖庙莆田会馆举行（黄晓烨）

全球妈祖文化普查莆田片区第二次推进汇报会召开（谐合）

瓦努阿图原驻华大使一行赴协会参访（合和）

潮汕草屿岛妈祖文化园开工仪式举行（林芳）

南非开普敦朝天宫举行妈祖绕境巡安（宗禾）

菲律宾马尼拉慈航禅寺回祖庙进香并分灵（墨华）

特别报道

江南惠雨闽商意　塞北祥云天后情（潘真进）

欢乐中国年　妈祖保平安（林洪国）

专题笔会

妈祖文物（陈祖芬）

妈祖邮票（程元郎）

妈祖神话传说（孟建煌）

妈祖宫庙建筑艺术（金文亨）

湄洲女的文化情境（黄劲）

大爱情缘

坚韧·坚守·坚信（晓澄）

惠来妈祖文化建设的净气清风（连载四）（李家卫）

艺苑揽胜

我的妈祖朝圣之旅（口述/［澳大利亚］Jenny Huarg　整理/林玮婧　翁文钰）

寻访京畿妈祖庙（周金琰）

古典风色（陈建平）

唱和雅集

丰子恺漫画作品（上海丰子恺故居陈列室）

中马之约

海南人与天后崇奉的历史因缘（［马来西亚］安焕然）

从妈祖传说故事中所衍生的符号结构（一）（［马来西亚］横眉）

信俗大观

重要始发港——宁波（如芸）

海派之都——上海（李莺）

六朝古都——南京（音梦）

运河之都——淮安（凡初）

杨树之乡——泗阳（静晴）

文论纵横

岭南三婆信仰源自莆仙三妃信仰（周运中）

传统与新创：妈祖文化创意的双主轴（张桓忠　柯文）

地区巡礼

潮汕华侨寻根地（郭景宏）

风光旖旎妈屿岛（郭松芃）

妈生民俗显虔诚（鹤立）

妈祖巡安佑潮汕（慧通）

妈祖俗语传古今（郭松芃　郭景宏）

圣迹寻踪

助收台湾（仕雄）

封面：妈祖传说（闻鼓吹郑和免险）

封底：版画（妈祖助漕运）

●《中华妈祖》CN-35（Q）第0071号　2018年第3期　总第78期

中华妈祖文化交流协会主办

栏目：

新闻视点

扩大民间交流　深化融合发展（海闻）

联系情谊探讨问题　增进了解扩大合作（陈盛钟）

纪念妈祖诞辰1058周年活动在莆田湄洲岛举行（澎湃）

人民网直播两岸学者畅谈发挥妈祖文化的心灵纽带作用（朱志敏　徐学仕）

莆田市顺利完成妈祖文化普查任务（谐合）

贤良港天后祖祠换届大会举行（熊任平）

阿根廷首都拟筹建妈祖庙（谐文）

“成功之路”结缘　两岸“三门”妈祖庙结亲（朝宗）

特别报道

颂唱妈祖　感恩父母　立志成材　报效祖国（苏丽彬）

妈祖文化架心桥　融通两岸促合和（肖笑）

妈祖灵光耀南非（[莫桑比克]张飞帆）

专题笔会

普查寻访走城乡（公羽）

飞檐雕栋奉天后（陈祖芬）

匾联意丰颂懿德（心禾）

庙史功德镌碑铭（且石）

故事传说播四方（行风）

大爱情缘

翻山越岭只为你（自述 / 陈宜镜　　记录 / 柳成荫　徐舟）

我是你的眼（自述 / 林成眼　　记录 / 杜鹏）

惠来妈祖文化建设的净气清风（连载完）（李家卫）

史料宝库

问道唐山蚕沙口（周金琰）

慈善之光　妈祖文化的时代印记（摇海）

弘扬妈祖精神　撒播慈心善爱（陈永腾）

台中浩天宫（吾农）

艺苑揽胜

海丝之路与点头妈祖（吴建华）

一湾海峡牵系的心愁（王芳闻）

心之上的妈祖（陈于晓）

第三届全球妈祖文化征文大赛征稿启事

文论纵横

"一带一路"背景下的妈祖文化认识自觉（洪刚）

明洪武五年妈祖敕封号真伪考辨（谢如明）

地区巡礼

北方都市　妈祖文化殿堂（崔欣）

津城之根　妈祖文化魅力（郭男平）

津门古镇　葛沽天后宫庙（王凤捷）

津南葛沽　多元宝辇文化（段如何）

与时俱进　弘扬妈祖文化（梁广中）

海峡两岸　妈祖文化家园（王金亮）

圣迹寻踪

涌泉济师（仕雄）

封面：妈祖传说（莆田尹求符救疫）

封底：版画（灵符回生）

●《中华妈祖》CN-35（Q）第0071号　2018年第4期　总第79期

中华妈祖文化交流协会主办

栏目：

新闻视点

妈祖将再下南洋巡安菲律宾（墨华）

2018年度妈祖助学金发放仪式（莆田站）举行（黄晓烨）

中华妈祖文化交流协会一行赴湄洲妈祖祖庙参访调研（文湄）

台湾地区中华妈祖联谊会成立（鹿文）

祖庙与祖祠董事长互访交流（合禾）

《妈祖全传》连环画创作研讨会在莆召开（肖世香）

莆田涵江姚府前往湄洲妈祖祖庙谒祖进香（黄婠）

协会组团考察广东妈祖文化（晓绾）

俞建忠一行赴东北调研妈祖文化（林芳）

特别报道

助力妈祖文化事业　添彩美丽莆田建设（杨步青）

持续打造软实力　唱响政协好声音（郑育俊　黄海声）

助推妈祖文化走出去　大力拓展对外交流圈（林剑冰　伊晓燕）

专题笔会

妈祖人应带头践行妈祖精神（郑世雄）

妈祖人应该成为道德模范（叶金魁）

妈祖人必须树立奉献精神（孟建煌）

妈祖人是一道文明风景线（海广）

谈妈祖人的善心与善行（潘是辉）

妈祖人是服务社会的“志愿者”（［澳大利亚］张玉钟）

史料宝库

展示丰富多彩的妈祖文化（林国良）

宁波天妃宫遗址碑揭碑侧记（国宝）

在郑和故乡追寻妈祖史迹（［莫桑比克］张飞帆）

大爱情缘

信念不变　传承爱心（陈永腾）

迢迢千里妈祖缘　拳拳之心祖庙情（林保虔）

艺苑揽胜

澳门妈阁行随感（林群华）

大爱妈祖赢天下（哈雷）

妈祖在马祖（林风华）

丰子恺画作选登

中马之约

从妈祖传说故事中所衍生的符号结构（二）（［马来西亚］横眉）

文论纵横

浅谈妈祖题材电话卡的传播功能（程元郎）

妈祖系列邮资票品概览（李福生）

地区巡礼

历史弥新的传播历史（林发照）

独具特色的信仰渊源（林检）

积极有为的研究机构（林耕）

重新面世的妈祖宫庙（宗禾）

圣迹寻踪

历受褒封（仕雄）

封面：妈祖传说（奉圣旨锁获双龙）

封底：版画（护使出洋）

●《中华妈祖》CN-35（Q）第0071号　2018年第5期　总第80期

中华妈祖文化交流协会主办

栏目：

新闻视点

第五届世界佛教论坛在妈祖故乡举行（钟自炜）

湄洲妈祖莅菲巡安数千人追随（林潞）

中华妈祖十音八乐大汇奏创世界纪录（宗禾）

第九届中国·天津妈祖文化旅游节显品牌效应（海闻）

世界最高景泰蓝妈祖像安座懿明楼（林芳）

《中华妈祖》杂志社编委会议暨公众号揭牌仪式举行（公羽）

《中华妈祖志》编纂工作启动

第二届“妈祖杯”海上丝绸之路国际羽毛球挑战赛在京启动（陈永忠　朱志敏）

电影《妈祖回家》开机　新闻发布会在京举行（晓宣）

沈阳举办首届妈祖文化旅游节（合和）

台湾北港朝天宫两尊乌面妈祖分灵广东汕头（翁劲松）

海峡两岸共同纪念妈祖羽化升天1031周年（秋野）

《妈祖文化志》编纂告竣（时峻）

特别报道

同心谒妈祖　牵手护海丝（吴伟锋）

千年走一回（陈盛钟）

赞歌颂党恩　礼乐献妈祖（苏丽彬）

专题笔会

妈祖文化“走出去”的时代意义（陈祖芬）

新的历史时期妈祖文化如何走出去（郑世雄）

妈祖分灵走出去　迈开出国第一步（叶金魁）

湄洲妈祖巡天下　异国巡游展魅力（海广）

华人华侨妈祖情　日久天长不变心（晓澄）

妈祖走向“地球村”　助建命运共同体（周丽妃）

大爱情缘

做一个永远的妈祖人（林群华　杜晨曦）

中马之约

海上丝路枢纽　跨境传播重地（［马来西亚］立腾）

立足高端定位　致力国际传承（［马来西亚］正谐）

史上规模最大　展现阵容震撼（［马来西亚］David）

行走世界大路　弘扬妈祖文化（［马来西亚］张玳维）

艺苑揽胜

我的《湄洲岛》（陈金钵）

厦港发祥馨香传　玉沙坡畔联谊亲（林坤山）

北望长江（陈建平）

走向世界的妈祖文化（哈雷）

文论纵横

浅析妈祖文化与大学生教育（柯力）

兴化商帮在宋代妈祖信仰传播中的重要作用（蔡天新）

地区巡礼

起源：先人后庙　以庙聚人（林亦瀚）

现状：华人移民　精神家园（翰林）

发展：建立协会　传承弘扬（耕泽）

联谊：友城牵手　跨国合作（崔欣）

研讨：国际眼光　理性探索（唐淑霞）

圣迹寻踪

同托梦百姓立祠（妈祖儿）

封面：妈祖传说（破魔道二嘉伏地）

封底：版画（朱衣着灵）

●《中华妈祖》CN-35（Q）第0071号　2018年第6期　总第81期

中华妈祖文化交流协会主办

栏目：

新闻视点

中华妈祖文化交流协会三届三次会员大会在北京召开（黄晓烨）

妈祖文化·海洋文明·人文交流（林爱玲　陈盛钟）

第二十届中国·湄洲妈祖文化旅游节　宾客云集享平安（黄国清）

第二届“妈祖杯”海上丝绸之路国际羽毛球挑战赛提升妈祖文化品牌（答案）

全面推进《中华妈祖志》编纂（林芳）

全球妈祖文化多样化展示及传承脉络研讨会取得理论成果（郑国荣）

第四届国际妈祖文化学术研讨会显成效（合和）

越南妈祖文化董事会首届理监事就职（正谐）

新加坡首届妈祖文化节圆满落幕（黄瑞发）

中华妈祖文化交流协会组团参加国际马拉松赛事（黄婠）

深圳龙岗妈祖文化交流协会成立授牌（陈永腾）

广东乌坭天后宫庆祝重建十周年（碣石）

特别报道

面向国际化　不断拓展妈祖文化传播的新领域（俞建忠）

大格局走向妈祖文化新时代（苏丽彬）

用好“后效应”打响国际品牌（吴伟锋）

妈祖故乡迎盛会　湄洲圣地聚宾朋（陈盛钟）

第三届世界妈祖文化论坛湄洲倡议

专题笔会

共襄盛举　推动世界民心交融（孟建煌）

建好平台　形塑妈祖故乡形象（叶金魁）

和衷共济　妈祖论坛喜结硕果（重磊）

论坛情融五洲　丝路凝结共识（海广）

立足发展　注重品牌准确定位（定伯）

大爱情缘

兴化古港缩影　海丝文化遗存（翁卫平）

师古融今　道器合一（陈丹）

史料宝库

妈祖灵光耀五洲（卓晋萍　晓吾）

打造与时代互动的文化品牌（摇海）

艺苑揽胜

伟大的诉求（汪毅夫）

妈祖巡安（歌曲）（词 / 陈章汉　　曲 / 张立明　马国泰）

湄洲祖庙妈祖圣像服饰艺术鉴赏（刘彦寅）

文论纵横

宋朝廷对妈祖文化传播的重要贡献（蔡天新）

明代《福建海防图》中的湄洲岛（周运中）

地区巡礼

宁波城区的妈祖信仰与天后宫（许孟光）

镇海境内的妈祖信仰与天后宫（洪余庆）

北仑境内的妈祖信仰与天后宫（陈一鸣）

圣迹寻踪

发异光圣墩祀仙（妈祖儿）

2018 年妈祖文化交流大事记（翁劲松）

2018 年度《中华妈祖》总目录

封面：妈祖传说（净魔心乘舟显圣）

封底：版画（龙王来朝）

●《妈祖文化研究》CN-35（Q）试第2016001号　2018年第1期　总第5期

妈祖学学科交叉机制、现实困境与建设路径（彭建升）

●《妈祖文化研究》CN-35（Q）第 0130 号 2018 年第 2 期 总第 6 期

莆田学院妈祖文化研究院主办

栏目：

妈祖文化与海上丝绸之路

“一带一路”背景下的妈祖文化认识自觉（洪刚 李宛燃）

《妈祖文化》纪录片拍摄实践与思考（［澳大利亚］陈杨国生 崔欣）

五缘文化视阈下的妈祖文化圈建设（卞梁）

海外妈祖文化传播

天地会氛围中的印尼民丹岛天后圣庙（［新加坡］林纬毅）

越南中部顺化明乡的天后信仰与中越文化交融（夏露）

中国区域妈祖文化

论东北少数民族地区妈祖文化的传播与传承（曹萌 吴似真）

妈祖信仰在云南的传播概况（连心豪）

浯屿岛妈祖信仰：传统文化的延续与复兴（林国平）

天津城市、报纸舆论与“皇会”的变迁（黄育聪）

近代天津城市经济社会生活中的妈祖信仰（方广岭）

日据时期寺庙整理运动对台湾妈祖信仰的影响（潘是辉）

妈祖信俗源流

“祖姑”崇拜现象与妈祖信仰（庄小芳）

妈祖文化与民俗体育

基于传播要素视角的妈祖民俗体育传播研究——以摆棕轿为主要案例（卢敏英 王清生 刘青健）

妈祖学学科建设

“一带一路”倡议背景下妈祖文化创意人才培养（陈国成）

●《妈祖文化研究》CN-35(Q)第0130号 2018年第3期 总第7期

莆田学院妈祖文化研究院主办

栏目：

妈祖文化与海上丝绸之路

妈祖信仰与海商精神（杨佳蓉）

妈祖信仰的由来及其古丝路传播的时空研究（蔡天新）

“妈祖下南洋”成功的文化原因（曾伟　曾心言）

海外妈祖文化

印尼民丹岛丹绒槟榔市天后宫及其文物（［印尼］黄海山）

海峡两岸妈祖文化

从明清碑刻看广州地区的妈祖文化（刘福铸）

台湾妈祖文化品牌建设对社会影响的传播作用——基于大甲镇澜宫的实证研究（谢雅卉）

妈祖文化：两岸情感沟通的媒介（谢清果　林凯）

妈祖文学艺术

海洋文学作品中的琉球册封航路与妈祖信仰（赵君尧）

妈祖艺文意象创作与21世纪海上丝路建设——以台中百年“七妈会”及樊洁兮《妈祖林默娘》舞剧为例（张桓忠　李本耀）

妈祖信俗乐器“箫呐”综论（杨旻蔚）

妈祖文献解读

论《贤良港图》和《湄洲图》的视觉表现（黄劲）

妈祖精神与学校教育

妈祖文化融入学生核心价值观教育——以莆田学院为例（蔡福兴）

把弘扬妈祖精神融入校园文化建设（蔡慧琼）

●《妈祖文化研究》CN-35（Q）第0130号　2018年第4期　总第8期

莆田学院妈祖文化研究院主办

栏目：

妈祖文化与海丝文化、海洋文化

论妈祖信仰与海上丝绸之路（连心豪）

充分发挥妈祖文化提升国家软实力的功能（张云莲　李福建）

论妈祖文化包含海洋精神（孟建煌　张峭）

海外妈祖文化

澳大利亚妈祖文化的历史与现状（［澳大利亚］林亦瀚）

印度尼西亚廖群岛省民丹岛的妈祖信仰（［印尼］郑炎腾）

海峡两岸妈祖文化

山东沿海地区妈祖信仰的传播及本土化特征（朱亚非　王嘉琳）

广州三个村落的天后宫和信仰空间（周运中）

平潭区域社会变迁与妈祖信仰发展（陈金亮）

王得禄的水师生涯及与妈祖信仰关系研究（潘是辉）

妈祖信俗与产业

台湾妈祖民俗体育产业化实证研究及启示——以大甲妈祖国际观光文化节为例（王清生　刘青健　林立新　吴冰）

妈祖文献研究

《灵著录序》《灵著录略》的发现及其价值探研（林龙锋）

涵江天后宫明代星图探析（薛世平）

综合类图书

●《中外交通与信仰空间研究》

《中外交通与信仰空间研究》，王元林著，中国社会科学出版社 2018 年版，第 224 页“神灵的庇佑：郑和下西洋中的祭祀神灵研究”。

●《津城之根》

《津城之根》，梁广中著，天津教育出版社 2018 年版，第 1 页“第一章　元代漕运把天妃（妈祖）文化送到津门”。

●《来澳门旅游的 100 个理由》

《来澳门旅游的 100 个理由》，刘雅煌主编，人民日报出版社 2018 年版，第 44 页“妈阁、妈祖：澳门的文化之根”。

●《世界著名的 100 个海洋神话传说》

《世界著名的 100 个海洋神话传说》，武鹏程主编，海洋出版社 2018 年版，第 45 页“妈祖收晏公”。

《福建海洋文化读本》

《福建海洋文化读本》，郭玉琼、叶玉婷、黄金洪、肖绯霞、谢红文著，海峡文艺出版社 2018 年版，第 35 页“第四章‘海上女神’：妈祖信俗和习俗”。

《海派文化地图：山海雅韵》

《海派文化地图：山海雅韵》，罗震光编著，上海交通大学出版社 2018 年版，第 129 页“上海妈祖文化源头在金山”。

《美名传世南国仰——沿海地区的海神文化》

《美名传世南国仰——沿海地区的海神文化》，陈贞寿著，中国大百科全书出版社 2018 年版，第 1 页“世界唯一海神文化——妈祖文化”。

《有温度的台湾史》

2018 年 7 月，台湾南方家园文化公司出版杨渡《有温度的台湾史》，收录作品《鹿港小镇，妈祖庙里烧香的人们》。

《大庙埕、戏棚脚：林茂贤民俗选集与传统戏曲选辑》

2018 年 7 月，台湾丰饶文化出版社出版林茂贤著作《大庙埕、戏棚脚：林茂贤民俗选集与传统戏曲选辑》，上册《大庙埕：林茂贤台湾民俗选集》，下册《戏棚脚：林茂贤台湾传统戏曲选集》。上册收录作品《台湾宗教观光资源——以大甲妈祖绕境进香为例》。

《六堆客家及其周边社会与文化变迁：族群互动论的观点》

2018 年 8 月，台湾丽文文化出版社出版林淑铃论著《六堆客家及其周边社会与文化变迁：族群互动论的观点》，收录论文《由宗族、角头、聚落到跨聚落：集体动员下的六堆天后宫》。

●《剪一座神：妈祖相随（2018 妈祖征文比赛得奖作品集）》

2018 年 9 月 1 日，台中市政府出版王志诚主编、叶子源摄影书籍《剪一座神：妈祖相随（2018 妈祖征文比赛得奖作品集）》。

●《媒介宗教——音乐、影像、物与新媒体》

2018 年 11 月，台湾大学出版林玮嫔主编《媒介宗教——音乐、影像、物与新媒体》，收录学者司黛蕊（Teri Silvio）论文：《萌妈祖：民间宗教在（日系）台湾漫画的再现》。

学界概况

研究机构

●连江县妈祖文化研究会

连江县妈祖文化研究会成立于 1995 年 12 月。2018 年 6 月 9 日，研究会与台湾马祖天后宫管理委员会共同举办连江海峡两岸“妈祖大学堂”活动。

●湄洲妈祖文化研究中心

湄洲妈祖文化研究中心成立于 1997 年。2018 年持续协办妈祖文化旅游节，并出版《妈祖故里》杂志（第 142~147 期）。

●晋江市妈祖文化研究会

晋江市妈祖文化研究会成立于 1999 年 4 月 21 日。2018 年 12 月 16 日，在晋江市东石龙江沃天后宫举行“晋江市妈祖文化研究会成立廿周年庆典暨海峡两岸晋江—金门妈祖文化节活动”。晋江、金门、霞浦县妈祖文化交流协会，中华妈祖文化交流协会，以及湄洲天后宫方面皆率队参加活动，并赠予研究会妈祖油画画像祝贺留念。

陆丰市妈祖文化研究会

广东省陆丰市妈祖文化研究会成立于2002年7月。2018年1月7日，陆丰市妈祖文化研究会在福山天后宫举行座谈会，时在宫内运作之妈祖诵经团分享了她们一年多来在福山圣殿诵唱经曲的感受与心得。陆丰妈祖诵经团是该市的妈祖文化品牌之一，由百名青春少女盛装传唱，每逢初一、十五清晨，则由部分人员在福山殿堂里传唱，持之以恒从未间断。陆丰妈祖经曲融合了非遗正字戏、白字戏、西秦戏，及佛、道教等多种音乐元素，颇具地方文化特色。

中华妈祖文化研究院

2008年9月19日竣工落成。2018年8月3日，中华妈祖文化交流协会慈善部与莆田义工协会在协会会议室，讨论在研究院懿明楼妈祖大学堂举办国学夏令营活动等事项。该活动以弘扬妈祖“立德、行善、大爱”精神为主线，以学习经典国学《弟子规》、培训家庭急救常识等为内容，以课堂听讲和实践为教学形式，规划百名学生及家长共同参加，培训为期一天，借以丰富青少年暑期生活，感悟传统文化魅力，培育优良精神美德。

安溪善坛妈祖文化研究会

安溪善坛妈祖文化研究会成立于2010年9月27日。2018年10月23日，“第二届安溪县民族文化节暨善坛渡台妈祖文化交流活动”在安溪县善坛妈祖文化广场隆重举行。包括来自大陆各省市、台湾地区的妈祖信众，及盘、蓝、雷、钟姓宗亲，共近千人参与活动。本次活动展示了畲族的语言、服饰和畲歌等特色文化。同时，台湾基隆暖暖安德宫的“妈祖回銮”行程由基隆200多名信众陪同“黑面三妈”回娘家。据介绍，善坛妈祖于清雍正年间分灵至基隆市暖暖区安德宫，护佑一方，迄今已有283年。安溪善坛妈祖庙又称“半岭宫”，位于安溪县官桥镇的西北部，坐落于善坛畲族村旅游度假胜地蝙蝠山。

●三明市妈祖文化研究会

三明市妈祖文化研究会成立于2013年11月9日。2018年12月9日，三明市妈祖文化交流联谊会四届三次年会在永安举行。包括三明市妈祖文化交流联谊会、三明市各地16个妈祖代表团、兴化妈祖代表团及信众约200人参与会议及活动。

●中国北方妈祖文化研究中心

中国北方妈祖文化研究中心成立于2016年4月26日。2018年4月18日，“第三届中国北方妈祖文化（曹妃甸）学术研讨会”在中心召开。曹妃甸蚕沙口妈祖文化已经有700多年的历史传承，目前结合妈祖文化研究工作与“一港双城”旅游产业的深度融合，期望能使古老的妈祖文化焕发新的活力。

●天津妈祖文化艺术研究中心

天津妈祖文化艺术研究中心成立于2016年9月10日。2018年9月26日，中心参与、协助天津市妈祖文化促进会等单位举办“第九届中国·天津妈祖文化旅游节”活动，共有来自海内外妈祖宫庙代表及各界代表共200余名嘉宾参加活动。

●青岛市妈祖文化联谊会

2018年2月9日，青岛市妈祖文化联谊会2018年新年联欢会在青岛新闻中心举行。联谊会依托妈祖文化善与大爱的平台，深入发掘传统文化精髓，增强两岸同根的凝聚力和影响力，传承中华文脉，切实做到以中华文化为主题的深度民间交流合作；并期许早日将青岛打造成为北方妈祖文化的交流中心。

●湛江妈祖文化研究会

2018年4月9日，广东湛江妈祖文化研究会筹备会召开。有来自雷州市、吴川市、遂溪县、廉江市等地妈祖机构代表20余人与会，对成立湛江妈祖文化研究会达成共识。雷州市夏江天后宫理事会会长唐华文等人说明，夏江天后宫是粤西地区成立较早、规模较大的天后宫之一，目前是广东省文物保护单位，足以作为研究会成立与运作之基础。

●四川省民生研究会妈祖文化研究中心

2018 年 4 月 23 日，四川省林氏宗亲会在四川省金堂县金裕大酒店召开，并成立四川省民生研究会妈祖文化研究中心、四川省民生研究会林氏文化研究中心，及四川省民生研究会比干文化研究中心，同时举行授牌仪式。会上指出，四川妈祖庙达 300 余座，实为四川重要的宝贵遗产。成立妈祖文化研究中心，旨在传承弘扬妈祖精神文化，推动研究工作。

●福建省妈祖文化研究会

福建省妈祖文化研究会成立于 2013 年 9 月 6 日，成立宗旨在于广泛联络、组织海内外有志于妈祖文化学术研究的专家学者及各界人士参与妈祖文化学术研究活动，办理学术研讨会与会刊，冀以完善、推广妈祖文化研究工作。

●福建省妈祖文化传承与发展协同创新中心

该中心由莆田学院联合中国社会科学院历史研究所、厦门大学、福建师范大学、华侨大学、台湾世界妈祖文化研究暨文献中心等 5 家核心协同单位，以及中华妈祖文化交流协会、福建省妈祖文化研究会、台湾中台科技大学、湄洲妈祖祖庙董事会等参与协同单位，于 2014 年 3 月成立。2015 年 9 月获福建省教育厅认定为第二批福建省 2011 偕同创新中心。

●莆田学院妈祖文化研究院

2005 年 4 月 30 日莆田学院创置妈祖文化研究所，2007 年改制妈祖文化研究中心，2012 年整合校内相关院系资源与学术力量，成立妈祖文化研究院。

●台湾地区新港奉天宫妈祖文化研究暨文献中心

该中心与台湾淡南民化研究会合作，成立于 2010 年。2018 年 7 月 16—17 日，新港奉天宫妈祖文献中心执行长林伯奇出席由清华大学国际关系研究院主办的“世界政治的分化与重组——第十一届政治学与国际关系学术共同体年会”，并参与“两岸传统文化理论探索与实践研究”分场的讨论会议程。

●台湾中华妈祖俗信文化研究中心

2018 年 5 月 15 日，台湾中华妈祖俗信文化研究中心名誉主任陆炳文博士，受邀前往北京中国美术馆参加“为万世开太平——于右任书法作品展”开幕式，并纪念和平女神妈祖诞生 1058 周年暨湄洲妈祖神像分灵北京朝阳区东岳庙海神殿 5 周年活动，与会人员同时也拜谒了北京民俗博物馆即东岳庙内的海神殿。

●台湾明道大学妈祖文化学院

2018 年 7 月 21—22 日，台湾明道大学妈祖文化学院与台湾妈祖联谊会共同举办“2018 跟着妈祖游台湾夏季文化体验营——大甲妈祖绕境进香真有趣”第一梯次活动，希望借由妈祖文化体验营让各界更深入地了解、体验妈祖文化与各地的乡土风情。

研究课题（国家级、省级）

序号	课题名称	负责人	单位	研究时间	资助金额（万元）	项目来源
1	“一带一路”与妈祖文化传承发展研究（18@ZH008）	宋建晓	莆田学院	2018—2021	60	国家社科基金特别委托项目
2	闽台林氏家族与妈祖信仰互动关系研究（FJ2018JDZ046）	陈金亮	莆田学院	2018—2021	5	福建省社科研究基地重大项目
3	多元与共生：妈祖文化在日本传播的研究（FJ2018JDZ044）	林晶	莆田学院	2018—2021	5	福建省社科研究基地重大项目
4	妈祖文化与区域文化生态变迁研究（FJ2018JDZ047）	俞黎媛	莆田学院	2018—2021	5	福建省社科研究基地重大项目
5	闽台妈祖文化传播研究回溯与前瞻（FJ2018JDZ043）	吉峰	莆田学院	2018—2021	5	福建省社科研究基地重大项目
6	妈祖文化创意旅游的价值主张构建、体验共创与文化认同研究（FJ2018JDZ045）	罗丹	莆田学院	2018—2021	5	福建省社科研究基地重大项目

学术动态

研讨会信息

●首届妈祖信俗“立德”论坛

2018 年 5 月 26 日，首届妈祖信俗“立德”论坛在京召开，围绕“妈祖信俗与两岸文化交流深化与拓展”的主题，中华立德海峡两岸文化研究院院长郑金德、台湾云林县北港妈祖文化协会理事长蔡相辉等与会嘉宾发表主旨演讲，对妈祖文化进行了多角度的探讨。郑金德表示，妈祖信俗是能够超越社会阶层、超越区域界限的最为典型的民间信俗之一，中华妈祖同一人，两岸信众共一家，文化交往是维系两岸关系的命脉，妈祖信俗承载着台湾地区信众对“人同种、神同源”的中华文化的认同。而妈祖作为“海峡和平女神”，带给两岸民众大爱庇佑的同时，也必将在推动两岸同根同文交流、促进祖国统一大业中显现出越来越大的作用。

●第三届台湾民俗研究青年学者学术研讨会

2018 年 7 月 18—19 日，静宜大学台湾研究中心、台湾淡南民俗文化研究会、中正大学妈祖文化研究中心共同举办第三届台湾民俗研究青年学者学术研讨会。会中，学者简明捷（台湾师范大学台湾语文学系研究所博士班）发表论文《恒春满州娘妈信仰研究》，吕长洲、邓方宇、施晓莹等学者（联合大学台湾语文与传播学系）发表论文《论妈祖绕境》。

●第 14 届嘉义研究国际学术研讨会

2018 年 10 月 26—27 日，嘉义大学人文艺术学院台湾文化研究中心举办第 14 届嘉义研究国际学术研讨会。本届研讨会以嘉、云地区为范围，主题分为“妈祖研究”“嘉邑城隍庙”“新南向政策”“嘉义市棒球场 100 周年暨嘉义大学 99 周年”“嘉义林业发展”“艺术”“嘉义文学”“嘉义先住民研究”“家族史研究”等项目。

●“道教与地方宗教——典范的重思”国际学术研讨会

2018 年 11 月 29 日至 12 月 1 日，知名妈祖研究学者张珣研究员于德国莱比锡大学图书馆总馆出席“道教与地方宗教——典范的重思”（Daoism and Local Cults：Rethinking the Paradigms）国际学术研讨会，发表论文《道教与地方宗教的竞合关系：以妈祖信仰为例》。会议由德国莱比锡大学图书馆等主办，中国宗教研究会、法国巴黎高等实验学院及莱比锡大学东亚研究所协办。

研讨会综述

●第二届贤良港妈祖文化论坛综述

2018年5月15—17日，福建师范大学社会历史学院举办第二届贤良港妈祖文化论坛——海峡两岸妈祖信仰与海上丝绸之路学术研讨会。研讨会由社会历史学院与中国社会科学院世界宗教研究所、中国宗教学会、福建省艺术研究院、莆田学院文化与传播学院和福建莆田北岸经济开发区工委联合主办，在福建莆田贤良港召开。会议邀请了来自美国纽约州立大学、马来西亚马来亚大学以及中国社会科学院、厦门大学、台湾“中研院”等海内外著名高校和科研机构共40多名专家学者参加。与会学者围绕妈祖信俗与海上丝绸之路、妈祖信俗文化与妈祖城建设的关系、贤良港天后祖祠与《敕封天后志》、两岸妈祖信俗文化比较研究等议题展开了热烈研讨。

●第四届国际妈祖文化学术研讨会综述

2018年11月16—19日，由中国社科院历史研究所、中国海洋发展研究会、莆田学院联合主办的第四届国际妈祖文化学术研讨会在妈祖文化发祥地的福建省莆田市举行，来自澳大利亚、日本、韩国、越南等多个国家和海峡两岸的120多位学者提交了91篇论文，围绕“妈祖文化与海上丝绸之路”这一主题，就“妈祖与海洋、海丝文化研究”“海外妈祖文化传播研究”“中国区域妈祖文化研究”“妈祖文化与文学艺术研究”“妈祖信俗与创意产业研究”“妈祖文化与哲学宗教关系”“妈祖文献史料发掘与研究”等议题展开研讨。本次研讨会十分关注时代发展对妈祖文化研究的需要，出现以下几个特征：

一、高度关注妈祖文化在海上丝绸之路建设中的文化交流与纽带作用。随着国家“一带一路”倡议的推进，探讨妈祖文化如何发挥在海上丝绸之路建设中的文化纽带作用成为研讨会最大的热点议题，研讨会近 1/3 的论文涉及这个议题。李亦瀚指出妈祖文化已经成为跨移民背景的许多华人的共同文化，是澳大利亚多元文化社会的一部分。李钟周通过对仁川义善堂等妈祖庙的调查，探讨了韩国华侨的妈祖信仰与韩国海神的关系。潘宏立发现日本神户华侨华人在固守妈祖信仰等传统中华信仰的同时，也与日本传统的神道信仰习俗产生互动关系，出现了文化相互影响的有趣现象。阮俊义指出，天后信仰在传播到越南后，在文化交流及与社会融合的过程中，成为代表越南华人身份认同的象征，并深深地染上了越南人祖先崇拜与灶君崇拜的色彩。曹萌提出，强化中美妈祖文化交流具有重要的海洋经济文化发展意义和文化交流创新意义。范正义认为，东南亚华人社会中帮群意识的削弱、福建湄洲祖庙的“中介”机制、华人通过参与妈祖信仰网络的互动来分享中华文明的合法性与优越性是当前东南亚妈祖信仰网络活化的原因。

二、高度关注妈祖文化在构建人类命运共同体中重要作用。本次研讨会多篇论文从不同角度探讨了这个重要议题，其中江智猛认为提倡妈祖文化和谐、和平的普世价值，对于构建人类命运共同体具有独特而丰富的现实作用。中华妈祖文化交流协会周金琰认为，人类命运共同体视角下的妈祖文化寄托了人类的美好愿望，是维系各国往来的桥梁纽带，备受各国各民族的关注。高国兴认为，应从人类命运共同体构建角度寻找与妈祖文化的契合点，重新挖掘妈祖文化内涵，建立新的再传播模式。陈天寿则对构建人类命运共同体与妈祖文化传承之间的内在联系进行了深入的探讨。

三、关注各地妈祖文化对区域经济社会文化发展所做的贡献。本次研讨会多篇论文通过分析各地妈祖文化的地域特色，探究对该区域发展所做的贡献。松尾恒一通过对香港坪洲岛天后宫中元建醮的考察，探讨妈祖信仰在沿海地区生产共同体的维持、延续方面的作用。徐荣崇通过剖析居士型“诵经团”的意义、仪式内涵、运用经典与运作方式，理解其在台湾妈祖信仰中的意涵及角色。卞梁以台湾大甲镇澜宫为例梳理，剖析其对台湾地区选票效应、在台湾地区的政治影响力及对两岸关系的影响等政治因素的内在联系，尝试解读妈祖信仰在台湾地区政治中所扮演的角色。张桓忠与柯文分别探讨上海天后宫的前世与今生，建议上海市在打响“四大品牌”中复建妈祖庙。

四、关注妈祖文化创意产业的重要作用。妈祖文化创意产业发展不仅对区域经济发展具有重要作用，对妈祖文化自身的传承同样具有重要的作用。本次研讨会多篇论文对此进行了分析研究。林国平指出，地方政府通过举办各式各样的文化节，在客观上淡化民间信仰的神圣性和神秘性，进而赋予民间信仰时代性的特征。陈建武认为，妈祖文化可以提供个性十足的文化产品、文化景观和文化活动。范斐菲聚焦妈祖文化资源在台湾地区文化创意产业及文化观光中的重要地位。潘晓芸研究妈祖传说故事的开发，郑煜坤探索文化产业发展与妈祖匾额对联文化的开发，韩天明探讨妈祖服饰文化的开发，刘青健等则进行妈祖民俗体育文化产业化研究。

五、关注妈祖文学艺术的传播作用。文学艺术是妈祖文化传播、发展与提高影响力十分有效的方式之一。张宁宁认为历代文学作品清晰地反映出妈祖信仰的广泛传播和深远影响。黄劲认为《敕封天后志》中施琅征台图像是中华妈祖信仰传播的重要遗产。杨旻蔚认为妈祖海祭鼓吹音乐所具有的中国民俗海洋文化的特征，遂成为一道古代海上的“中国声音”景观。孟建煌则认为通过研究古今诗词作品中所体现的人们对妈祖的信仰，可以探索妈祖文化在传播中的路径，与儒释道的融合及其在传播中的价值。

六、关注妈祖文化内涵。妈祖信仰对民众的影响深远，与哲学宗教有着密切的内在联系。杨佳蓉、张凯等学者分别论述了妈祖文化与儒、释、道、墨、老等诸家学说之间的内在联系。梁沛好从心理学的视角探讨妈祖文化对信众认知的影响。陈支平则通过对妈祖文献史料的发掘与研究，展现了妈祖文化地域传承的脉络。

本届国际妈祖文化学术研讨会进一步紧扣时代主题，服务时代需求，对历千年发展而愈兴的妈祖文化如何服务“一带一路”倡议，服务人类命运共同体构建，服务区域发展等当今本领域最迫切需要开展研究的命题进行了呼应，这已成为本届研讨会参会中外学者的共识和共同的行动。今后，我们仍将与时俱进，使妈祖文化的研究更上一层楼。

会议工作报告

●政协第七届莆田市委员会会议妈祖工作报告

2018年1月4日，福建省莆田市政协副主席、民盟福建省委副主委赵爱红在中国人民政治协商会议第七届莆田市委员会常务委员会第二次会议上提出的《关于政协七届一次会议以来提案工作情况的报告》指出，市政协七届一次会议以来，共提交提案241件，经审查，立案228件，其中围绕文化建设提出提案27件，而关于营造世界妈祖文化中心氛围的提案被采纳，市委宣传部着手制作《中国国家人文地理·莆田》《印象莆田》两本莆田城市形象宣传画册，立体呈现妈祖文化，编制《世界妈祖文化中心建设专项规划》《妈祖文化事业、产业发展规划》，借以推动相关工作。

●第四届国际妈祖文化学术研讨会工作报告

2018年11月17日，第四届国际妈祖文化学术研讨会在莆田凤达酒店开幕。开幕式上，中国社科院历史研究所副所长杨艳秋表示，妈祖文化是中华优秀传统文化的重要组成部分，是海洋和平文化的象征，同时也是社会主义核心价值观的涵养之泉。千百年来，缘起于福建的妈祖信仰，从中国沿海到东亚海洋，再到世界各地，进而形成妈祖文化，彰显为跨国界的文化交流标志。妈祖信仰现已广泛分布于全球40多个国家和地区，是全球爱好和平的民众交往交流的桥梁与纽带，成为构建人类命运共同体的强大推力。杨艳秋认为，近年来，妈祖文化研究已取得丰硕成果，其史料积淀既有基础的妈祖文化资料整理，也有“妈祖藏”概念的提出；其学术既有“妈祖文化研究”的层面，也有“妈祖学”理念的提升；其影响已从海外传播到社会生活；其学科已从海洋史、文化史到多学科交叉；其宣传已从遗迹保护到创意研究。研究领域不断拓宽，水平不断提升。

中共莆田市委常委、宣传部部长吴桂芳致辞指出，发祥于莆田的妈祖文化以“立德、行善、大爱”的精神传承千年，成为中华民族优秀传统文化的重要组成部分。目前，全世界45个国家和地区有上万座妈祖庙，妈祖敬仰者近3亿人。2009年，“妈祖信俗”被联合国教科文组织列入人类非物质文化遗产代表作名录，成为全世界共同的精神财富。莆田市十分重视妈祖文化的传承与发展，积极参与海上丝绸之路世界文化遗产联合申报，全力建设世界妈祖文化中心。

作为第三届世界妈祖文化论坛6个平行论坛之一的国际妈祖文化学术研讨会，紧扣第三届世界妈祖文化论坛“妈祖文化·海洋文明·人文交流”的主题，既要研究妈祖文化千百年来的历史作用，也要探索新时代下妈祖文化的国际影响力和对外传播力，增强海内外华人华侨对妈祖文化作为中华传统文化的情感认知、认同。

开幕式同时也举行了中国海洋发展研究会妈祖海洋文化研究分会成立大会。莆田学院研究员黄少强当选为理事长。中国海洋发展研究会是由致力于海洋重大问题研究的相关单位和个人自愿组成的具有法人资格的全国性、学术性、非营利性社团组织。该会是经国务院批准并在民政部注册成立的国家一级社团，国家海洋局负责其具体的业务指导和日常管理。中国海洋发展研究会妈祖海洋文化研究分会的宗旨为：围绕妈祖海洋文化开展研究，搭建学术研究和交流平台，为国家和相关部门科学决策与管理提供智力支撑和咨询服务。

本届研讨会由中国社会科学院历史研究所、中国海洋发展研究会、莆田学院、福建省社科研究基地妈祖文化研究中心、福建省妈祖文化传承与发展协同创新中心、福建省高校新型特色智库·莆田学院妈祖文化研究院、福建省妈祖文化研究会、湄洲岛国家旅游度假区管委会、湄洲妈祖祖庙董事会联合主办。

●莆田学院妈祖文化传承与发展研究创新团队2018年度工作总结报告

2018年度团队在科学研究、人才培养、学术交流、社会服务、机制建设等方面开展并完成以下工作：

（一）科学研究

1. 承担国家社科基金特别委托项目

2018 年 5 月，我团队宋建晓研究员主持申报的国家社科基金特别委托项目“‘一带一路’与妈祖文化传承发展研究”（18@ZH008）获得立项，对我团队妈祖文化研究工作予以肯定，也可充分发挥我团队学科优势，增进与完善妈祖文化研究工作。

2.5 个项目获得 2018 年福建省社科研究基地重大项目立项

2018 年 10 月，本年度福建省社科研究基地重大项目立项名单公布，我团队 5 个项目获得立项，分别是陈金亮主持的“闽台林氏家族与妈祖信仰互动关系研究”（FJ2018JDZ046），林晶主持的“多元与共生：妈祖文化在日本传播的研究”（FJ2018JDZ044），俞黎媛主持的“妈祖文化与区域文化生态变迁研究”（FJ2018JDZ047），吉峰主持的“闽台妈祖文化传播研究回溯与前瞻”（FJ2018JDZ043），罗丹主持的“妈祖文化创意旅游的价值主张构建、体验共创与文化认同研究”（FJ2018JDZ045），有助于提升团队科研创新能力。

3. 在福建美术出版社出版《妈祖宫庙艺术大观·楹联卷》《妈祖宫庙艺术大观·匾额卷》

2018 年 9 月，我团队和湄洲妈祖祖庙董事会共同编著的《妈祖宫庙艺术大观·楹联卷》《妈祖宫庙艺术大观·匾额卷》由福建美术出版社出版。这两部书主要收录福建省内 5 家全国重点文物保护单位和 28 家省级文物保护单位的妈祖宫庙的楹联、匾额，兼具艺术性和资料性。

4. 在人民出版社出版《妈祖文化年鉴 2015》《妈祖文化年鉴 2016》

2018 年 9 月，我团队与湄洲妈祖祖庙董事会合编的《妈祖文化年鉴 2015》《妈祖文化年鉴 2016》由人民出版社出版。这两本年鉴主要收录 2015 年、2016 年出版的有关妈祖文化的研究论著、论文，以及国内外各种妈祖文化重要活动、事件。该书的出版有助于学界全面、系统地了解 2015 年、2016 年妈祖文化发展动态，促进妈祖文化学术研究。

5. 完成《妈祖学概论（第二版）》修订工作

2018 年，由黄瑞国教授主编的《妈祖学概论（第二版）》完成修订工作，修订稿已提交人民出版社，等待出版社审定出版。

（二）人才培养

1. 第三届妈祖文化传播人才培养特色班开班

2018 年 9 月，第三届妈祖文化传播人才培养特色班录取工作顺利完成，共招收来自全校各学院的 50 名学生。

2. 继续与福建师范大学联合培养第二届妈祖文化研究方向研究生

2018 年 9 月，莆田学院继续与福建师范大学合作培养社会工作（妈祖文化）专业硕士研究生，共招收了陶陈晨、杨围、杨忠候等 3 名研究生。

（三）学术交流

1. 举办第四届国际妈祖文化学术研讨会

2018 年 11 月 16—19 日，由中国社会科学院历史研究所、莆田学院、福建省社会科学研究基地妈祖文化研究中心、福建省妈祖文化传承与发展协同创新中心、福建省高校新型特色智库·莆田学院妈祖文化研究院、福建省妈祖文化研究会、莆田市湄洲岛国家旅游度假区管委会、湄洲妈祖祖庙董事会主办，妈祖文化研究院承办的第四届国际妈祖文化学术研讨会在莆田市湄洲岛隆重举行。来自多个国家和地区的 100 多位学者提交了 91 篇论文，会议围绕妈祖与海洋、海丝文化关系、海外妈祖文化传播、中国区域妈祖文化、妈祖文化与文学艺术、妈祖信俗与创意产业、妈祖文化与哲学宗教研究、妈祖文献史料发掘与研究等议题展开研讨。

2.《妈祖文化研究》期刊由试刊转为正刊，论文可在中国知网查询

在中共福建省委宣传部的重视与支持下，2018 年 9 月，我团队主办的学术期刊《妈祖文化研究》由试刊转为正刊。期刊刊登的论文可以在中国知网查询，进一步扩大了期刊的学术影响力。

3. 团队学者进行境外考察交流

2018 年 9 月 11—18 日，我团队宋建晓研究员率队前往新加坡，马来西亚吉隆坡、诗巫考察调研妈祖文化在海外的传承发展，与当地妈祖宫庙负责人进行深入交流。多家妈祖宫庙表示希望能加强与莆田学院的妈祖文化交流，提升华人华侨的妈祖文化知识水平。

2018 年 10 月 4—8 日，应马来西亚雪隆海南会馆邀请，我团队刘福铸教授赴马来西亚参加 2018 年海外华人与妈祖信仰的传播国际研讨会，发表题为《海南岛妈祖

文化传播状况原因与影响》演讲，引发与会学者的浓厚兴趣与广泛讨论，取得良好的效果。

2018 年 10 月 22—25 日，应韩国济州特别自治道文化体育对外合作局和济州女性家族研究院的邀请，我团队林明太教授和许元振副教授参加由福建省人民政府外事办公室组织的中韩海洋女性文化交流活动。林明太教授代表莆田学院妈祖文化研究院与济州女性家族研究院院长李隐姬签署了“中韩研究合作协议”，双方同意在“共享和活用研究资料以及信息交流、开发和推进共同研究项目、做人员交流及课题咨询、开办共同研讨会及讨论会”等方面开展紧密的合作。

2018 年 11 月 8—11 日，应新加坡琼州天后宫邀请，我团队吉峰副教授赴新加坡参加世界宗教和谐文化节暨首届妈祖文化节，发表题为《发现美的心灵：妈祖事迹探源》《信仰的转向：妈祖精神如何影响教育及商业》的专题演讲，这是我校首次面向海外的妈祖文化宣讲，演讲得到了主办方和与会各界学者的广泛好评。会议期间，我校妈祖文化海外研习基地在琼州天后宫正式揭牌。

（四）社会服务

1. 团队宋建晓研究员为政府决策提供咨询服务

2017 年 12 月 22 日，我团队宋建晓研究员撰写的《全球治理视野下妈祖文化的独特价值》在《光明日报》学术版刊登。

2017 年 12 月，宋建晓研究员撰写的《培养妈祖文化传播使者　服务国家“一带一路”战略》在中共福建省委政策研究室主办的《调研内参》刊登。

2. 与湄洲妈祖祖庙董事会共同开展产学研合作项目

2018 年，我团队与湄洲妈祖祖庙董事会达成合作意向，共同开展产学研合作项目，包括编纂《妈祖文化年鉴 2017》等 3 个项目，取得了较好的效果。

3. 为莆阳书院等单位开设妈祖文化专题讲座，普及妈祖文化知识

2018 年 4 月 5 日，我团队林明太教授在莆田市莆阳书院为广大群众开设“妈祖文化的护国庇民特征”讲座，普及妈祖文化。

2018 年 8 月 2 日，团队林明太教授应福建省社科联与福建省图书馆联合举办的“东南周末讲坛”邀请，前往福建省图书馆报告厅做题为《妈祖文化在海上丝绸之路沿线国家的传承与发展》专题讲座，为听众讲述妈祖文化在海上丝绸之路沿线主要

国家的传承与发展情况。

（五）机制建设

1. 完善与省教育厅、市台办合作，进一步推动两岸妈祖文化学术交流

2018 年 7 月，我团队在福建省教育厅、莆田市台办指导下，成功举办第二届海峡两岸妈祖文化体验周活动，来自台湾明道大学、台湾元培医事科技大学、台湾嘉南药理大学、台湾清华大学、台湾弘光科技大学、台湾高雄科技大学等 7 所大学的 24 名师生和我校妈祖文化特色班的学生进行了交流学习，增进彼此了解与互信。

2. 完善与湄洲妈祖祖庙董事会的全面合作，共同推进妈祖文化传承与发展

我团队在与湄洲妈祖祖庙原有协同创新合作的基础上，进一步加强合作，双方在妈祖文化传承与发展的各个方面，如科研创新、人才培养、传播推广、学科创建等，都开展了协同创新研究，共同推进妈祖文化进一步的传承与发展。

妈祖文化
年鉴
2018

第二部分
宫庙与祭祀

春秋二祭

●2 月 9 日，天津天后宫隆重举行一年一度的春祭大典暨传统文化庙会。这是农历腊月二十三日，即民间俗称的“小年”。传统的迎神礼、问讯礼、上香礼、进献礼、送神礼、点燃幸福蜡烛等一系列礼程中，主祭、陪祭率数百名妈祖信众三拜九叩，祈求来年国泰民安、万家康宁。这个春祭大典活动也为天津民俗春节活动拉开了序幕。

●4 月 21 日，台湾台南大天后宫举办春祭大典，祈求国泰民安。典礼依例仿古礼进行，由台湾地区民意机构前负责人、中华传统宗教总会总会长王金平担任正献官。清康熙二十三年（1684 年），水师提督施琅建议将台湾留在版图，并以妈祖显灵助战之由，奏请朝廷下旨敕封天后于大天后宫。

●5 月 8 日，福建莆田湄洲岛天后广场举行了隆重的 1058 年妈祖春祭大典，来自中国大陆和香港、澳门、台湾以及新加坡的 102 家宫庙代表、近万名妈祖人同谒妈祖。莆田市市长李建辉主持妈祖诞辰纪念大会。湄洲妈祖祖庙董事长林金赞、台湾妈祖联谊会名誉会长大甲镇澜宫董事长颜清标、新加坡金福宫主席吴亚才等致辞。中国国民党荣誉主席连战贺电，中国国民党主席吴敦义题联祝福。

●5 月 8 日，福建霞浦县松山天后行宫庆祝妈祖诞辰。当天，两岸信众身披绶带，在该行宫董事长陈梅月的带领下向妈祖金身行三跪九叩之礼，依次完成迎神、上香、初献、亚献、终献、诵读祈告文等传统祭祀礼仪。据史料记载，该宫始建于北宋天圣元年（1023 年），距今已有近千年历史。近年，松山天后行宫先后与台湾北港朝天宫、大甲镇澜宫、新港奉天宫、嘉义天后宫、松山慈祐宫等缔结友好宫庙。

●5 月 8 日，福建福鼎市点头镇天后宫广场举行妈祖诞辰大典。中国人民解放军东部战区指挥所师首长戴领、中共福建省委原副巡视员、福建省文化促进会主席石维亮、中共福鼎市委常委及统战部部长兰承忠、福建日报社政文处处长原仁开、福鼎市人民政府常务副市长林立慈、莆田学院妈祖文化传播学院院长孟建煌、福鼎市民宗局局长兰俊元、福鼎市点头镇党委书记李修意等有关领导等受邀参加。

● 5 月 8 日，福建厦门闽南朝天宫的天上圣母圣诞活动，包括法师诵经祈福、天上圣母圣诞祭祀大典（春祭大典）、志工团祝寿表演、志工团及歌仔戏祝寿演出。另园游会有特色小吃。并有厦门大学附属厦门眼科中心、厦门亚当医院、厦门光亮骨科进行义诊。

● 5 月 8 日，台湾云林县北港朝天宫每年举行两次祭典，一为庆祝元宵，一为庆祝圣诞。而每次祭典，天后銮驾均有出巡境内。日据末年，日本殖民政府为消灭台湾地区固有文化，禁止一切迎神赛会，至光复后数年恢复。2018 岁次戊戌年，北港朝天宫妈祖绕境祈福，传统民俗艺阵、真人艺阁游街，恭祝天上圣母圣诞千秋千千秋，祈求国泰民安、风调雨顺。

● 5 月 8 日，台湾彰化县鹿港天后宫庙内除有诵经、八音吹闹厅之外，更依古礼隆重举行祝寿，有看桌、花粉桌与公演三天歌仔戏宴妈祖等一系列热烈祝寿活动。妈祖供品中，上千台斤（一台斤约 600 克）凤梨酥制成的寿龟与寿面，在盛宴结束后，让信众带回家吃平安。

● 5 月 8 日，台湾嘉义县新港奉天宫傍晚在庙前广场举行“开台妈祖驻台 397 年暨天上圣母 1059 年圣诞千秋”祝寿活动，考证《大清汇典》，遵照古礼重现清康熙年间皇帝御赐的祀典科仪盛况，并遵循古礼科仪举办六佾舞祝寿大典。

● 5 月 8 日，台湾嘉义县朴子配天宫举办天上圣母圣诞千秋祝寿大典，嘉义县县长张花冠与地方各界人士一同上香替妈祖祝寿，并祈求风调雨顺、五谷丰登。祝寿大典遵循古礼。县长等人身着长袍马褂主持祝寿科仪，行献酒、寿帛、寿桃、寿面三献礼及三跪九叩首礼。祭典结束后，配天宫接着举办朴子市街道妈祖绕境活动。

● 5 月 8 日，台湾台中市万和宫举行三献礼祭典，由董事长萧清杰主祭，从鸣钟九响、擂鼓三通揭开序幕，依序进行迎神礼、上香礼、初献礼、读祝礼、亚献礼、三献礼及分献礼等。万和宫有迄今传承 194 年，于 2011 年 11 月 1 日由台中市政府列为台中市民俗类文化资产的“字姓戏”，又称家姓戏或单姓戏，由地方同姓氏宗族，或联合数姓为一字姓组织，轮流出钱邀请剧团演戏酬神。

● 5 月 8 日，台北市松山慈祐宫为恭祝天上圣母圣诞，当日举行三献大礼为妈祖祝寿，5 月 10—11 日妈祖绕境十三街庄，绕境队伍所到之处无不受到当地民众热烈欢迎，祈求妈祖赐福，阖家平安、身体健康。

● 5 月 8 日，广东广州南沙天后宫在广场举行传统妈祖祭祀大典，信众可以同谒妈祖。为配合妈祖生辰，进行了一系列以“1058 周年”为主题的布置。在南沙天后宫可见到 1058 个红灯笼、1058 株鲜花，还有 1058 只风车。景区还准备了 1058 袋平安米和 1058 袋妈祖面以方便信众购买。

● 5 月 8 日，广东汕尾市城区凤山妈祖文化广场锣鼓喧天，2018 年妈祖文化旅游节暨纪念妈祖诞生 1058 周年系列活动正式启动，来自香港、澳门商界和社团代表，广州、深圳、东莞等地 50 多家大型旅行社负责人，以及海内外商会、协会等各界人士参加开幕式。

● 5 月 8 日，广东深圳“老宝安·非遗秀”暨第二届两岸共祭妈祖大典文化节隆重举行。这是由民间主导、政府引导的文化活动，再现了早期沙井的蚝民生产过程和生活习俗的热闹景象。主办方又安排了凸显沙井蚝文化的歌舞节目《谷物祭天》《蚝产满仓》《蚝乡欢聚》。

● 5 月 8 日，广东汕头贵屿镇天后古庙举行纪念妈祖诞生 1058 周年祭祀活动。

● 5 月 8 日，广西合浦倒流村九头古庙举行祭祀大典，以祈风调雨顺、国泰民安、社会和谐、世界和平。古庙又名天后宫、三婆庙、九头庙，位于合浦环城九头岭的西边，与合浦氮肥厂相邻。据民国编的《合浦县志》载，此庙建于明洪武十三年（1380 年）。主祭人如下：广西合浦县源通集团董事长夫人、倒流九头古庙荣誉董事长花国凤，香港慈善堂堂主、倒流九头古庙荣誉董事长王润珍，台湾妈祖文化发展协会会长、倒流九头古庙荣誉顾问萧汉臣。

● 5 月 8 日，在浙江宁波庆安会馆，宁波市台湾同胞投资企业协会青年联谊会会长纪正义等人着统一庙服，虔诚拜谒进香，向妈祖行礼祈福。拥有 165 年历史的庆安会馆是甬埠行驶北洋的舶商所建，是祭祀天后妈祖的殿堂。

● 5 月 8 日，浙江温州洞头举办盛大的妈祖祭祀活动。来自海峡两岸的游客欢聚一堂，共同感受妈祖文化传承，祈福平安和谐。活动还安排了两岸美食与台湾特色商品展卖，以及旗袍秀等文艺表演。

● 5月8日，江苏第十三届南京妈祖庙会在阅江楼景区启幕，众多南京市民、台湾信众参加妈祖祭拜仪式，在静海寺门前广场祭祀天妃娘娘，祈求平安。南京妈祖庙会自明代迄今，时兴时衰，绵延不绝。

● 5月8日，江西庐山天后宫举办“妈祖之光　点亮神州　海内外连动春季妈祖诞辰大典”活动。赣皖鄂粤与海外妈祖代表应邀前来祭拜妈祖。庐山马尾水景区妈祖文化公园张灯结彩。庐山天后宫主供3座妈祖神像：福建湄洲分灵妈祖、台湾北港朝天宫分灵妈祖、庐山天后宫自立妈祖。

● 5月8日，河南南阳天妃庙举行“2018纪念妈祖诞生1058周年祈福盛会”，庙位于淯阳桥北。据史料及碑刻记载，始建于清康熙三十五年（1696年），在福州籍南阳地方官主持下，政府发起、众人及闽商回应修造完成，嘉庆四年（1799年）、光绪十年（1884年）两次重修，原规模较大，现有建筑7座，具有重要的历史价值。

● 5月8日，印度尼西亚雅加达海南联谊会在会所天后宫举行庆妈祖诞辰拜祭仪式。雅加达海南联谊会主席萧世平、辅导主席余有信、名誉主席黎辉真及理事吴日东、周玉华、刘统活、黄淑英等和海南乡亲们约50人出席拈香膜拜，祈求妈祖保佑印度尼西亚国泰民安、风调雨顺，以及大家平安健康。

● 5月8日，日本横滨中华街庆祝妈祖诞生，在妈祖庙举行中国传统舞蹈及舞狮表演。

● 5月8日，加拿大中华天后宫（安大略省万锦市124 Dickson Hill Road）隆重举办“2018妈祖诞生1058周年庆典活动”。加拿大联邦国会议员谭耕、蔡报国，安河省议员董晗鹏，安河省议员黄素梅，万锦市市长薛家平发来贺信；约克区区议员安思创（Nirmala Armstrong）、李国贤，万锦市市议员杨琦清，列志文山市市议员陈志辉，世界传统文化研究院加拿大分院名誉会长（前国会议员）梁中心、执行会长叶祉均等皆发贺电。各社团侨领、善男信女等500多人参与活动。

● 5月9日，福建莆田文峰天后宫举行纪念妈祖诞生1058周年春季祭典。上午10时，严鼓三通，礼炮鸣发，礼乐奏响，文峰宫妈祖三献礼仪式拉开序幕。仪仗队、司礼生、歌舞生就位，主祭人、陪祭人就位，迎神上香、奠帛、诵读祝文，行三献礼：奏《海平》之章，行初献之礼；奏《和平》之章，行亚献之礼；奏《咸平》之章，行终献之礼。接着，焚祝文、焚帛，最后在《送神曲》中礼成。整个仪程庄严肃穆。文峰宫管委会主任陈鹭玲说，春季祭典安排在农历三月二十四日这一天，是文峰宫的一个特色，三月二十三日前先举行法事醮筵、文艺踩街等妈祖信俗活动，第二天再来拜妈祖祈求妈祖赐福于众。

● 10 月 17 日（农历九月初九日），福建莆田湄洲岛举行海祭妈祖大典。湄洲岛深澳底沙滩举办纪念妈祖羽化升天 1031 周年纪念活动暨海峡两岸共同海祭妈祖典礼。湄洲妈祖祖庙偕台湾大甲镇澜宫、麦寮拱范宫、新港奉天宫、北港朝天宫、高雄慈明宫等 31 家台湾宫庙代表，及海内外众宫庙代表近 2000 人，共襄盛典。

● 10 月 17 日，来自中国大陆和港、澳、台等地以及印度尼西亚的数千名虔诚信众齐聚贤良港“三灶香”海滨参加海祭妈祖大典。从 2015 年开始，贤良港海祭妈祖增加了妈祖作为海上丝绸之路庇护神的相关内容。2017 年 2 月，海祭妈祖信俗活动被列入省非物质文化遗产名录。当天，在贤良港妈祖故居还举行了“戊戌重阳书画笔会”、多场十音八乐演奏，以及莆仙戏演出，增添海祭妈祖信俗文化内涵特色。

● 10 月 17 日，福建莆田文峰天后宫举行妈祖秋祭大典活动。秋祭大典活动除了进行妈祖信俗绕境踩街外，其中还有莆田学院妈祖文化传播人才培养特色班的学生向文峰宫妈祖进行“妈祖三献礼”。文峰宫是古兴化府、县官员朔望行香、春秋二祭妈祖宫庙，影响广泛。元至正十四年（1354 年），自白湖顺济庙迁建迄今，已有 660 余年的历史。

● 10 月 17 日，天津天后宫举行戊戌年秋祭大典。天津妈祖文化与民俗文化源远流长，天后祭祀活动由来已久，清康熙、雍正年间已将春祭、秋祭列入祀典。这是自 2011 年恢复举行的第八次秋祭大典。

● 10 月 17 日，江苏苏州太仓浏河天妃宫举办“2018 太仓·浏河海峡两岸妈祖文化旅游节暨天妃宫慈善周活动”的开幕式，含歌曲、舞蹈、太极表演等。

● 10 月 17 日，由澳门中华妈祖基金会主办的第十六届澳门妈祖文化旅游节开幕暨妈祖祭典仪式，在路环叠石塘山“澳门妈祖文化村”（澳门天后宫）举行。全国政协副主席何厚铧，代理行政长官、行政法务司司长陈海帆，中联办主任郑晓松，台湾妈祖联谊会荣誉会长、大甲镇澜宫董事长颜清标，澳门中华妈祖基金会主席颜延龄代表颜奕萍、副主席陈明金等出席。

● 10 月 17 日，马来西亚吉隆坡雪隆海南会馆天后宫举行妈祖祭典及妈祖海陆巡安活动，此为“2018 马来西亚妈祖国际文化旅游节”活动的重头戏。本次妈祖祭祀大典除了有三跪九叩与念祝文等祭祀仪式之外，还首次表演了“湄洲八佾舞”。此外，为配合此次祭祀大典，雪隆海南会馆天后从 2018 年 9 月 24 日至 10 月 24 日（农历八月十五日至九月十六日），供奉妈祖祈福灯和油杯灯。

● 10 月 18 日（当地时间 10 月 17 日）上午，美国妈祖基金会在纽约州法拉盛隆重举办妈祖秋祭大典暨妈祖文化被联合国教科文组织列为人类非物质文化遗产（信俗类）九周年座谈会。众多妈祖信众参加了祭典仪式。活动由美国妈祖基金会董事长朱荣斌主持。

● 11 月 3 日，全台祀典大天后宫举行秋祭妈祖释奠典礼，由代市长李孟谚担任正献官，大天后宫主委曾吉连、民代及友宫庙代表、顾问等担任陪祭官。祭典依孔庙礼仪进行，但不同的是，牛羊猪的太牢以素食面粉制作取代真实动物，乐生也以国乐团取代，有别于祭孔的三十六佾舞，六名佾生由台南大学现代舞蹈社同学扮演。

习俗活动

【分灵开光】

● 2 月 12 日，台湾板桥府中三角公园的湄洲妈祖金身，由鸿海集团郭台铭总裁出资，12 日举行开光仪式。新北市朱立伦市长、郭台铭总裁、板桥慈惠宫江清秀主委等剪彩。慈惠宫主委江清秀透露，郭董父亲郭瑞龄早期在附近派出所担任警员，一家人挤在庙内厢房（当年起居处现在成为五路财神殿），直到父亲调职到中永和才搬离。

● 2 月 12 日，广大妈祖信众齐聚莆田东皋妈祖文化广场举行妈祖开光仪式，共赴庆典，同祈平安。东皋妈祖公园的建成，也将成为北高桥东文化中轴线新标志、旅游观光的新去处。

● 2 月 14 日，台湾新港奉天宫妈祖分灵至广东珠海横琴巨星汇妈祖文化园区。应新港奉天宫邀请，湄洲妈祖祖庙监事长朱瑞荣、董事林玉美出席在广东珠海举行的“珠海横琴巨星汇——妈祖文化园区恭迎新港奉天宫妈祖分灵安座仪式”。

● 3 月 6 日，台湾苗栗县台湾影城妈祖村的艺人李罗、郑平君、陈博正、钟瑶、林小楼（林文婷）、吴佳勋、金燕玲、刘沛醍、赖慧如、詹玉琴、赖炳宏、简四海等一行，在导演冯兴华、高琮凯等人的带领下，专程前往湄洲妈祖祖庙恭请分灵妈祖至台湾苗栗县台湾影城妈祖村。湄洲妈祖祖庙以庄严的分灵仪式为其送行。

● 3 月 23 日，福建莆田湄洲妈祖祖庙举行庄严肃穆的割香鞠火礼。菲律宾马尼拉慈航禅寺董事长洪庄严、住持杨端贞率信众一行 38 人沐手拈香，遵循古制，在通赞的主持下，举行妈祖、千里眼、顺风耳和侍女等神尊分灵仪式。随后，在湄洲妈祖祖庙十音八乐阵头开路下，菲律宾慈航禅寺一行恭抬着分灵妈祖，踏上回国的行程。

● 4 月 20 日上午，印度尼西亚华侨陈荣儒、陈新强率团赴湄洲妈祖祖庙，恭请湄洲妈祖分灵印度尼西亚妈祖分会锦兴宫、三保公庙。

● 4 月 23 日，南太平洋瓦努阿图共和国驻中国首任大使罗治伟和瓦努阿图福建同乡会会长郑玉鹏等一行 8 人，前往湄洲妈祖祖庙恭请分灵妈祖。湄洲妈祖祖庙董事长林金赞等前往湄洲码头迎接并陪同在正殿举行庄严的“湄洲妈祖分灵大洋洲瓦努阿图福建同乡会分灵仪式”。

● 6 月 19 日，湄洲妈祖分灵广东揭阳惠来妈祖文化园进凤天后宫。仪式在湄洲妈祖祖庙庄严举行。湄洲妈祖祖庙董事长林金赞为分灵妈祖行割香鞠火仪式。惠来进凤天后宫理事长许贞婵代表迎驾团 80 人接受分灵证书，并恭请分灵妈祖起驾，前往惠来进行绕境巡安活动。

● 7 月 9 日，台湾鹿港天后宫妈祖分灵至海南临高天后宫。仪式在福建莆田湄洲妈祖祖庙举行。在湄洲祖庙妈祖金身的慈祥注视下，湄洲妈祖祖庙董事长林金赞代表祖庙，见证了临高天后宫主委方萍从鹿港天后宫主委张伟东手上接过鹿港分灵妈祖和分灵证书。

● 8 月 12 日，福建省莆田文峰天后宫陈鹭玲董事长率团分灵妈祖到江西省庐山天后宫，并结为姐妹宫。由南京妈祖文化交流协会顾问吴柏蓉女士按照妈祖科仪最高标准程序全程主持妈祖分灵、菩萨上墩仪式。

● 8 月 27 日，越南珠洋市天后宫会长赖进兴一行前来湄洲妈祖祖庙恭请分灵妈祖。在湄洲妈祖祖庙副董事长吴国春的陪同下，众人沐手拈香，敬备鲜花、青果等供品，于祖庙天后宫举行了庄严的三献之礼及割香掬火仪式。赖进兴表示，越南妈祖信众分布较广，珠洋市天后宫已经有 200 多年的历史。

● 9 月 2 日，台湾台中大庄浩天宫妈祖分灵至青岛市妈祖文化联谊会。青岛市妈祖文化联谊会顾问萧汉臣、会员王进一行赴台湾台中大庄浩天宫举行妈祖分灵仪式。浩天宫主委陈起贺、兴建委员会主委王经绽对此行表示热烈欢迎。妈祖分灵仪式共分为三项，首先分灵献祀科仪，其次分拨香火，最后交由萧汉臣顾问“合炉”完成。

● 10 月 2 日，台湾北港朝天宫妈祖分灵至广东和平下宫天后古庙。上午台湾北港朝天宫乌面妈祖金身起驾，在台湾北港朝天宫蔡辅雄副董事长等一行 4 人的护送下，从台湾坐飞机分灵，前往潮汕和平。中华妈祖文化交流协会蔡承武秘书长一行 4 人赶到揭阳机场，时至中午 12 时 37 分，妈祖顺利移驾揭阳机场。为了恭迎妈祖安座，和平下宫天后古庙理事会全面周密部署做好准备。

● 10 月 3 日，台湾北港朝天宫妈祖分灵至广东华阳珠珍祖庙。上午 8 时整，往潮阳酒店恭请黑脸妈祖金身。9 时整妈祖金身上轿往华阳珠珍祖庙安座。这次分灵二庙，是继去年湄洲妈祖金身巡安潮汕之后又一盛事，旨在发挥妈祖文化积极作用，推动两岸民间文化交流，共同谱写两岸和平发展的美好愿景。

● 10 月 7 日，由湄洲妈祖祖庙在 9 月 29 日举行开光及分灵典礼，暂居于祖庙的分灵妈祖，抵达澳大利亚悉尼，安座于悉尼天后宫，供香客朝拜。

● 10 月 31 日，湄洲妈祖分灵南美洲国家智利的伊基克，仪式在湄洲妈祖祖庙寝殿庄严举行。至此，湄洲妈祖分灵版图达 45 个国家和地区。祖庙董事长林金赞为智利中华妈祖文化交流协会行割香掬火礼，颁发分灵证书，赠妈祖巡安服饰及器具 85 件。

● 11 月 1 日，湄洲妈祖分灵越南妈祖文化董事会仪式在祖庙天后宫内举行。湄洲妈祖祖庙董事长林金赞偕越南妈祖文化董事会创会会长汤志强及分灵随香团一行 67 人在天后宫依次举行诵经祈福、妈祖开光、割香掬火和颁发分灵证书仪式。

● 12 月 15 日，台湾竹南后厝龙凤宫香信护送妈祖回贤良港天后祖祠谒祖进香，祖祠副董事长黄金象偕常务董事恭迎妈祖圣像及诸神明，欢迎该宫香信组团回妈祖娘家谒祖及举行圣父母圣像开光庆典。在天后圣殿，众香信沐手拈香，行三拜礼，谒疏文，行五献礼。之后举行妈祖圣父母开光点眼仪式，这是祖祠又一分灵到台湾的妈祖圣父母。

● 12 月 17 日，台湾北港朝天宫妈祖分灵至广东圣云宫。在中华妈祖文化交流协会和湄洲妈祖祖庙董事会的指导下，为进一步加强海峡两岸民间民俗文化的交流，台湾北港朝天宫蔡辅雄副董事长率领团队护驾分灵妈祖安座圣云宫。台湾圣昭妈祖还与其缔结姐妹宫庙，并循古制举行了祭祀大典和互赠纪念品仪式。

【江西庐山天后宫举行妈祖祈福点灯撞钟 2018 年跨年活动】

1 月 1 日凌晨，江西庐山天后宫张灯结彩，灯火通明。在庐山天后宫主供的福建湄洲祖庙分灵妈祖、台湾北港朝天宫分灵妈祖、庐山天后宫自立妈祖三大妈祖神像前，子时，庐山天后宫董事长曹俊平主持了“妈祖祈福，点亮神州，2018年海内外妈祖宫庙连动祈福撞钟点灯”活动。

【海南省成立临高县妈祖文化交流协会】

1月20日，为了传承妈祖文化，弘扬妈祖“立德、行善、大爱”的精神，海南省临高县召开成立大会，方萍当选为临高县妈祖文化交流协会会长。协会是挂靠在县文联的民间文化组织。当天，来自临高的调楼天后宫、皇龙天后宫、新盈天后宫、临高天后宫和文潭妈祖庙等宫庙共100多人参加会议。

【厦门闽南朝天宫送春联】

2月3日上午10时至11时30分，闽南朝天宫与福建省艺术培训协会、万山书画院，共同主办海峡两岸“迎新春　送春联”活动，由万峰老师率师生当场挥毫，免费赠送予社区民众，丰富新春佳节的节日气氛。

【台湾嘉义新港奉天宫国际妈祖文化节开锣】

2月10日，国际妈祖文化节晚间在新港奉天宫举办开锣典礼，嘉义县县长张花冠，民意代表叶孟龙、林秀琴，新港乡乡长林茂盛，奉天宫董事长何达煌等至会场。开锣典礼含演出，有嘉义在地知名团体等。同时也奖励莘莘学子，颁发“千里育才·顺风飞翔”奖助学金，共计有33名学生受惠。此年国际妈祖文化节从2月10日开始至5月31日，举办抢头香、分送妈祖祈福红包、元宵节上元绕境、大甲妈祖绕境驻驾新港、妈祖圣诞六佾舞祝寿等活动。

【台湾灯会“玻璃妈祖庙琉璃光塔”人潮旺】

2月11日，“2018台湾灯会”在嘉义举办，台湾玻璃妈祖庙护圣宫之琉璃光塔试灯成功，人潮涌动。光塔高13.7米，分5层。第一层墙面是八仙过海、四大天王彩雕。第二层是玻璃妈祖庙日夜景观，外加仁慈天后琉璃金身。第三层是五母（瑶池金母、骊山老母、虚空地母、准提佛母、九天玄母）。第四层刻画三清道祖、三官大帝、西方三圣。第五层顶盖十天干、一炁化万千、天盘收圆。整体设计希望借由众神汇集的能量保佑百姓合家平安，事事顺心。

【河北省“平安妈祖，快乐新春”民俗展演活动】

2 月 13 日，河北省以“平安妈祖，快乐新春”为主题的民俗展演活动于曹妃甸柳赞镇蚕沙口村展开。今日渤海湾像蚕沙口天妃宫这样专门供奉妈祖的庙宇不多，或只有天津大直沽妈祖庙能与之齐名。著名的古戏楼、神龟潭、天妃宫、元代古码头、妈祖文化广场基本上都在柳赞镇蚕沙口村天妃宫景区内。

【台湾奉天宫头香得主可获交趾陶】

2 月 15 日，除夕夜 11 时 15 分，奉天宫“开庙门，抢头香”，头香得主将获赠薪传奖得主交趾陶大师林洸沂的作品，极具收藏价值。庙方还准备 16000 个狗年吉祥红包送给信众。即日起至三月三十一日到奉天宫点灯、安太岁可参加摸彩，首奖是价值 57 万元新台币的轿车。

【台湾春节北港朝天宫拜拜，数万香客涌入】

2 月 16 日，农历正月初一日，北港朝天宫妈祖庙、武德宫财神庙开始涌入香客，至初五共有数万名。北港警方针对朝天宫周边道路，初一至初五日每天早上 8 时到下午 6 时实施交通管制，提醒路人提早改道。

【台海两岸妈祖宫庙连线新春祈福，郭台铭同拜年】

2 月 16 日，福建莆田湄洲妈祖祖庙与台湾新北市板桥慈惠宫，跨越海峡两岸连线，共同举行新年诵经祈福仪式。其间台湾鸿海集团董事长郭台铭到板桥慈惠宫新春祈福，湄洲妈祖祖庙董事长林金榜偕祖庙董监事成员视频连线，与郭台铭、慈惠宫主委江清秀等互拜早年。2017 年湄洲妈祖金身时隔 20 年再次赴台巡游，郭台铭是发起人之一。郭台铭的集团在全球有 120 万名员工，是世界员工最多的制造业企业。

【台湾台中乐成宫春节期间举办新春嘉年华会，并捐公益】

2 月 16 日，台中市乐成宫配合“2018 台中妈祖国际观光文化节”，举行 15 天的旱溪妈祖 107 年贺新春嘉年华会，希望借此盛会增添庙会新春节庆热闹气氛。另外，乐成宫也捐出 100 万元新台币，供花莲大地震灾民急难之用。

【墨尔本妈祖祈福欢度中国春节】

2 月 16 日，为了更好地弘扬妈祖文化，传承中华优秀传统，澳大利亚妈祖文化协会携手墨尔本天后宫，举行了精心准备的妈祖祈福春节系列活动。大年初一至初二两天，妈祖信众共赴天后宫祈福。天后宫前人声鼎沸，舞龙舞狮也前来助兴。大年初三上午 11 时整，“2018 妈祖祈福新春联欢会”在天后宫御膳堂上演。澳大利亚妈祖文化协会会长林亦瀚博士、墨尔本天后宫理事会曾耀荣会长等向全体与会朋友以及世界各地的妈祖信众送上新年祝福。

【台湾嘉义县朴子配天宫春节演出丰富】

2 月 16 日至 3 月 11 日，台湾嘉义县朴子配天宫举办灯花装置艺术展；并有灯花装置艺术比赛及元宵灯花妈踩街嘉年华，各分冠军、亚军、季军、佳作，皆有奖金及奖牌。另有新春祈福系列活动，表演地点在配天宫前广场，除夕（2 月 15 日）有一小时节目，初一至初五日，每天上午、下午各有两小时节目，还有朴子电音三太子、格瑞斯乐团、明星演唱、特技表演等。

【台湾台中妈祖国际观光文化节】

2月19日，由台中市政府文化局举办“2018台中妈祖国际观光文化节——百年宫庙风华”系列活动，自2月19日起至6月9日陆续于全市12座百年宫庙热闹登场，元宵节前后将有5场表演会演陪市民共度新年。文化局表示，今年有超过40组优质团队带来12场会演，与民同乐，分享宗教之美。

【美国妈祖基金会一行参访湄洲妈祖祖庙莆田会馆】

2月21日，美国妈祖基金会董事长朱荣斌等一行11人参访湄洲妈祖祖庙莆田会馆。该会馆馆长陈金森详细介绍会馆的建设情况和妈祖文创产品展示，向他们推介祖庙宣传妈祖文化的新平台和新载体。

【台湾台东天后宫博筊大赛，幸运男决赛三圣筊赢得轿车】

2月21日，台东天后宫今年春节首度举办博筊活动，从大年初一到初六日共吸引1850人次参赛，21日下午进行决赛。台东市民吴晟玮在决赛顺利博出三圣筊，开心赢得轿车。

【新加坡万天府中华妈祖行】

2月28日，新加坡万天府参访团抵达厦门。新加坡万天府宫主蔡亚桦率领的妈祖信众一行33人，恭请万天将军、天上圣母、城隍爷、大爷伯、二爷伯五尊神像金身随行来厦门，受到厦门市两岸妈祖文化交流协会的诚挚接待。

【各地宫庙往湄洲妈祖祖庙谒祖进香】

● 2月28日，台湾嘉义溪北六兴宫一行280人，在主委江筱芃的带领下，统一头戴庙帽、身着庙服，安排信众手执谒祖进香横幅，并以绣旗队、大锣、哨角队、电音三太子、千里眼顺风耳神偶团、随香团为阵头，护驾分灵妈祖，200多年来首次回湄洲妈祖祖庙谒祖进香。主委江筱芃表示，溪北六兴宫有200多年历史；六兴宫的妈祖是清康熙年间，闽浙水陆提督、太子太保王得禄将军从福建恭请过来的。

● 3月1日，由新加坡万天府宫主蔡亚桦率领的妈祖信众一行42人，在厦门市两岸妈祖文化交流协会会长蔡马勇的陪同下，连续第三年回湄洲妈祖祖庙谒祖进香。

● 3月17日，马来西亚柔佛州大马天后宫、柔佛州新山市林氏宗亲会和柔佛州笨珍县林氏公会一行93人，在大马天后宫主席林辉汉、新山林氏宗亲会会长林亚力和笨珍县林氏公会会长林莱弗的带领下，身着正装，手执妈祖令旗，恭抬分灵妈祖像，3年后再次回湄洲妈祖祖庙谒祖进香。湄洲妈祖祖庙以十音八乐为阵头欢迎马来西亚林氏宗亲妈祖信众，并赠送湄洲林氏族谱及妈祖交流纪念品。

● 4月4日，马来西亚马六甲兴安会馆天后宫一行50人，在天后宫主席拿督斯里吴金华、兴安会馆会长吴添福局绅的率领下，由莆田市外侨办主任张宗贤陪同，前往湄洲妈祖祖庙参访进香，并向妈祖行庄严的三献礼仪式。马六甲兴安会馆天后宫于1945年建立，并从湄洲妈祖祖庙分灵妈祖。

● 4月18—22日，台湾台南安平开台天后宫连续3年前往福建湄洲岛谒祖参香。按照传统古制，队伍依序是头旗、头灯、开路鼓、哨角队、千里眼、顺风耳、轿前锣、娘伞、圣母銮轿、安平天后宫主委张省吾及委员，最后是信徒大众，总计近400人，一路浩浩荡荡，绵延上百米。

● 5月7日，新加坡正华村金福宫一行60人，在主席吴亚才的率领下，恭抬分灵妈祖，首次回妈祖故里湄洲岛，开展为期5天4夜的谒祖进香之旅。金福宫主席吴亚才介绍："天福宫是新加坡妈祖宫庙的总庙，金福宫是数十年前从天福宫再分香的。"

● 5月23日，台湾台北观圣宫宫主刘华贞、台北圣凤宫主委薛枝增、台北三重拱天宫主委邵正圣、桃园镇德宫主委林国贤等人联合率领4家宫庙一行140人，恭捧分灵妈祖、千里眼、顺风耳及中坛元帅等列位神尊，赴湄洲妈祖祖庙谒祖进香。

● 6月3日，台湾台中市大雅永兴宫主委朱宗敏率云林斗六新兴宫、台中跃进圣母会、南非开普敦朝天宫台湾办事处、新北市镇北宫等23家妈祖宫庙组成的联合进香团一行240人，到福建湄洲妈祖祖庙谒祖进香。

●6月27日，台湾新北市板桥慈惠宫进香团一行91人，在新一届主任委员许三郎率领下，恭捧分灵妈祖，再次回到湄洲妈祖祖庙谒祖进香。

●7月31日，广东汕头华阳妈祖珠珍祖庙董事长吴宝明率领华阳天懿莺歌表演队104人，恭抬分灵妈祖、珠珍娘娘等神尊，至湄洲妈祖祖庙谒祖进香，同时向祖庙捐赠奖教助学金10万元。湄洲妈祖祖庙副董事长庄美华率队前往湄洲码头迎接。华阳妈祖珠珍祖庙在华阳当地，已经连续8年以妈祖的名义平均每年向社会扶贫资助超过400万元。

●8月8日，来自日本国际妈祖会一行11人在曾凤兰会长的率领下，赴妈祖故里湄洲岛谒祖进香。据曾凤兰介绍，日本的妈祖文化已有600多年的发展历程，日本是妈祖信仰在海外传播较早的地方之一，妈祖文化在日本源远流长，在日本共有长崎、神户、鹿儿岛、冲绳、茨城、青森、千叶、神奈川、大阪、兵库等1府8县17所传播妈祖文化，妈祖庙有100多座。

●9月4日，越南妈祖文化交流协会赴湄洲妈祖祖庙参访进香。湄洲妈祖祖庙副董事长庄美华陪同并在祖庙天后宫内举行庄严的三献礼仪式。今年越南国庆节（9月2日），越南妈祖文化交流协会、越南福建莆田同乡会、越南福建莆田华人华侨工商联合总会，在越南各侨界朋友的支持下成立。

●10月11日上午7时，台湾云林西螺广福宫董事长林胜雄率领信众600多名，护送妈祖回贤良港天后祖祠谒祖进香，并在天后祖祠奉请妈祖圣父母牌位回台湾供奉。同天，林胜雄率台湾中华道教总会、西螺广兴宫、苗栗白沙屯拱天宫、二仑赐福宫等21家台湾宫庙代表及妈祖信众650多人，至湄洲妈祖祖庙谒祖进香。

●10月12日，广东东莞朝安宫一行400余人，在朝安宫宫主张文辉、董事长魏宪章率领下，身着统一庙服，恭抬分灵妈祖，以千里眼、顺风耳、电音三太子、和诵经团为阵头，浩浩荡荡地赴湄洲妈祖祖庙谒祖进香。东莞有很多的台商，他们4年前到湄洲妈祖祖庙恭请分灵妈祖到东莞朝安宫，朝安宫妈祖便成为东莞当地台商的信仰家园和精神寄托。但朝安宫里的信徒不单单是台商，还有很多都是大陆同胞，此次前来进香的400多人中就有1/3为大陆同胞。

●12月15日，台湾竹南龙凤宫300人进香团抵达湄洲妈祖祖庙，受到董事长林金赞等热烈欢迎。竹南海滨地区先民来自于惠安（惠邑）头北地区，在清代即多次往返祖居地而前往湄洲岛进香，日据大正三年（1914年），光复后民国三十五年（1946年）、三十六年（1947年）及1989年、1990年均见载相关文献。

● 12月15日，台湾彰化县县长王惠美、员林市市长游振雄、彰化县民意代表刘惠娟及员林福宁宫一行125人，在进香团团长黄明海、主委赖坤甲的率领下，身着统一庙服，恭捧分灵妈祖，连续3年赴湄洲妈祖祖庙谒祖进香。

● 12月22日，台湾中华道教中坛元帅弘道协会理事长郑铭坤偕台湾23家宫、庙、寺的主任委员及妈祖信徒168人，赴湄洲妈祖祖庙谒祖进香。

【台湾云林顺天宫庆元宵重现射火马】

3月2日，元宵节，云林县水林乡番薯厝顺天宫妈祖庙"夜巡庆元宵文化祭"起炮夜巡3天，并结合3月4日的"水林番薯文化节"，重现50多年前"射火马"仪式，邀请民众来拜妈祖、射火马、吃番薯。"射火马"是用竹子与纸做成纸马，将冲天炮置于马身，于妈祖出巡前点燃施放，代表酬谢神恩、消灾解厄。

【八闽英才代表团参访湄洲妈祖祖庙莆田会馆】

3月13日，由知名院校学子组成的八闽英才代表团，走进湄洲妈祖祖庙莆田会馆，领略妈祖"立德、行善、大爱"精神。代表团一行在会馆讲解员带领下，先后参观了妈祖文创产品展销区、妈祖文化展示区、著名画家周秀廷"妈祖传"画展区等。

【福建泉州霞洲妈祖宫和台湾澎湖天后宫联合举办"乞龟"活动】

3月15日，泉州市鲤城区霞洲妈祖宫、台湾澎湖天后宫联合在霞洲妈祖宫举行"乞龟"暨水果龙开光点睛祈福仪式。市宣传部副部长许旭明，鲤城区领导陈伟群、王瑞强等出席活动。妈祖宫前，舞龙队、刣狮队、武术队、腰鼓队、舞蹈队、太极拳队、南音、十音等热闹非凡。

【福建莆田文峰天后宫喜闹元宵】

3月16日（农历正月二十九日），莆田文峰天后宫喜闹妈祖“尾暝灯”元宵，海峡两岸信众前来纳五福、赏龙灯、观供品、点烛山、祈平安。应邀参加的有台湾新港奉天宫、台湾台中浩天宫、台湾台中万兴宫、台湾默珑居国际文化联谊会、澳门神州妈祖文化交流协会、广东省妈祖文化交流协会、海南省妈祖文化交流协会、三明天后宫、宁德天后宫等。9时50分许，莆仙戏剧院献演文峰宫市级非物质文化遗产“大五福”。晚7时，民俗踩街开始。全市40多支民间文艺队、10余部彩车从文峰宫新殿门口出发，沿途数万名市民驻足观看。

【海南省海口市中山路天后宫行符巡游】

3月16日，海南省海口市中山路天后宫行符巡游。海口、澄迈、临高8个天后宫队伍参加活动。中山路天后宫位于海口市骑楼老街中山路87号，始建于元代，至今有700多年历史。2009年，中山路天后宫入选海南省级文物保护单位。2014年，“海口天后祀奉”入选国家级非物质文化遗产。

【广东潮阳西胪内輋十年一度迎妈祖】

3月19日，广东省汕头市潮阳区西胪镇内輋村，举办“西胪内輋十年一度迎妈祖”活动，游神队伍浩浩荡荡，绕境巡安。

【马来西亚马六甲福建会馆迎来福建湄洲妈祖分灵金身】

3月21日，湄洲妈祖分灵金身在福建省侨联主席陈式海一行护送下抵达马来西亚。24日，陈式海一行与马六甲州对华商务特使颜天禄等人将妈祖金身安座于有217年历史的马六甲福建会馆天福宫。这是中国福建省侨联赠送给海外华人的首尊湄洲妈祖金身。

【金门进香团到龙海文化交流】

3 月 25 日，台湾金门县 42 座宫庙 2300 名信众组成的进香团抵达龙海，在港尾镇普照寺、海澄镇天后宫开展宗教文化交流活动。率团的金门县县长陈福海说道：“两岸有着共同的信仰，希望借助类似的文化交流活动，把两岸紧密连接在一起，让两岸人民的感情越来越亲。”

【两岸妈祖宫庙在福建湄洲岛同植友谊林】

3 月 27 日，两岸妈祖宫庙代表在“妈祖故里”福建莆田湄洲岛湖石溧生态湿地公园种下一片友谊林。在湿地公园，湄洲妈祖祖庙董事长林金赞偕台湾妈祖联谊会会长、大甲镇澜宫副董事长郑铭坤，台湾麦寮拱范宫主委张克中，台湾丰原镇清宫主委王凉州，台湾桃园慈恩宫创办人萧春达以及厦门市台商协会的台商代表等一行数十人，一同种下台湾特有的树葡萄、牛樟树和福建常见的小叶榕、杧果树。

【南非开普敦朝天宫妈祖绕境非洲南部 4000 公里】

3 月 28 日，北港朝天宫常董苏慧敏率领董事王一郎、苏荣泉、许珍娜等于 27 日抵达南非开普敦机场。驻南非台北联络代表处处长王海龙、南非“侨务委员”阮宏仁、开普敦朝天宫董事长苏振隆迎接。28 日清晨 3 时展开出巡绕境，当天下午 3 时抵达淑女镇。4 月 3 日清晨 6 时出发，约晚上 8 时回到开普敦朝天宫。

【台胞赴福建湄洲拜妈祖，享免票入岛游览】

3 月 31 日起，凡持有效证件的台胞到妈祖故里福建湄洲岛朝拜妈祖、旅游观光，享受与当地居民同等的门票全免待遇。

【美国旧金山朝圣宫回北港朝天宫谒祖进香】

2018年4月7日，美国旧金山朝圣宫妈祖庙返台回北港朝天宫谒祖进香，进香团36人，在董事长高可达、朝圣宫驻台代表高墀宏带领下，同样由报马仔（妈祖出巡先锋官）开路，此为北港妈祖绕境活动一大特色。北港祖庙法师亲临主持乞火、诵经、祈福等仪式。朝圣宫是美国加州政府正式批准的非营利性宗教慈善团体，每年均获邀参加旧金山农历新年大游行，2014年起成为旧金山市政府指定的观光景点之一。

【厦门参访团赴台湾参加大甲妈祖观光文化节】

4月12日，受台湾大甲镇澜宫邀请，福建省妈祖文化促进会、厦门市两岸妈祖文化交流协会会长蔡马勇带领近百人的参访团，赴台湾参加“2018大甲妈祖观光文化节”。协会并借助新媒体，全程记录和直播9天8夜340公里的徒步活动。

【台湾大甲镇澜宫“2018‘妈祖之光’大型电视演唱会”】

4月12日19时30分至22时，在大甲体育场举行。

【台湾大甲妈祖九天八夜绕境进香】

4月13—22日，台湾大甲妈祖九天八夜绕境进香。元宵节当天，大甲妈已圣杯筶定4月13日晚间11时5分起驾。大甲妈祖绕境进香活动每年有来自各界的信徒与民众、游客热情参与。一路上有报马仔、头旗组、绣旗队、福德弥勒团、弥勒团、太子团、神童团、哨角队、三十六执士、凉伞、神轿班与来自各地与大甲本地的阵头，传递一份文化的延续与内涵。

【台湾“百变容颜——妈祖手绘图像面面观”特展】

4 月 13—30 日，台湾知名的手绘妈祖画家黄朱平（笔名朱朱）应邀在明道大学图书馆举办“百变容颜——妈祖手绘画像面面观”特展。她走访全台湾各地 500 多间妈祖宫庙，手绘创作画出各地妈祖神像。

【台湾苗栗天后宫之单车进香团】

4 月 14 日，苗栗市公所结合苗栗天后宫策划，重现一甲子前单车进香团。14 日从天后宫出发，有 54 个车队 350 名信众骑单车南下北港朝天宫进香，成员从 12 岁到 82 岁高龄，将以 2 天 1 夜挑战往返 345 公里路程，缔造朝天宫最庞大单车进香团的纪录。

【台湾大甲妈祝寿大典，新港乡街头万头攒动】

4 月 17 日，大甲镇澜宫妈祖到新港奉天宫绕境进香迈入第 31 年，17 日上午 8 时举行祝寿大典，奉天宫前庙街数万名信众挤得水泄不通。由大甲镇澜宫董事长颜清标，嘉义县县长张花冠，民意代表颜宽恒、陈明文，前民意代表吴育仁，国民党前主席洪秀柱，新港奉天宫董事长何达煌等人担任主祭，过程庄严隆重，场面盛大。

【台湾宫庙至福建莆田文峰天后宫进香】

4 月 19 日，台南安平天后宫主委张省吾先生组织妈祖信众 320 名护驾 6 尊妈祖神像、1 尊千里眼神像及 1 顶神轿至文峰天后宫谒祖进香，神像当晚驻跸文峰宫。同天，屏东里港慈后宫进香团由黄树福理事长带队，恭请天上圣母来文峰宫进香；新北市汐止区五堵福德祠保兴宫苏文进主委率 60 名妈祖信众，护驾 2 尊妈祖神像来文峰宫进香。

【台湾台中市沙鹿朝兴宫妈祖往大陆湄洲进香】

2018年4月23—28日，朝兴宫沙鹿妈往大陆普陀山参香再往湄洲妈祖祖庙进香。4月28日，沙鹿妈进香回銮绕境。

【台湾竹南后厝龙凤宫万尊妈祖踩街活动】

4月28日，早上7时至下午6时，苗栗县龙凤神轿文化协会及后厝龙凤宫联合举办“2018竹南后厝龙凤宫妈祖文化节万尊妈祖踩街祈福活动”。苗栗县县长徐耀昌及地方士绅共同参拜献礼后，由徐耀昌点燃起马炮，象征活动正式展开。

【台湾台中梧栖浩天宫办起马宴】

4月28日，为慰劳各宫庙及浩天宫志工等辛劳，庙方今年首次举办大庄妈祖祈福文化祭“中堡五十三庄起马宴”。因台中市梧栖区浩天宫妈祖将于5月5日前往北港朝天宫进香。席开约300桌，并请来艺人表演，台湾地区民意机构副主任蔡其昌，台中市副市长张光瑶，民意代表卢秀燕、颜莉敏，台中市民意机构副主任张清照及大甲镇澜宫董事长颜清标等皆到场，十分热闹。

【台湾“万丹迓妈祖”】

4月28—29日，台湾屏东县万丹万惠宫迓妈祖是万丹地区三年一次的宗教盛典，是万丹地方盛事。万惠宫孙主委率执事人员，恭奉真武大帝、观音佛祖及列位尊神参加本次绕境大典，在36个庄头绕境，巡行万丹、竹田地区扫灾赐福。很多人家摆设香案，虔心迎接妈祖銮驾，上百顶神轿及各式民俗艺团穿梭在大街小巷，沿途锣鼓喧天，宛如一场嘉年华。

【福建厦门闽南朝天宫天上圣母回台谒祖】

5 月 2—6 日，厦门闽南朝天宫天上圣母回台湾谒祖进香。诵经祈福起驾仪式后，前往五通码头，到金门，再到嘉义机场，最后抵达北港朝天宫。5 月 6 日抵达后，妈祖回銮安座，法师诵经祈福。

【泰国南瑶妈祖宫庆妈祖圣诞】

5 月 4 日，泰国南瑶妈祖宫举行 2018 戊戌年庆祝天上圣母诞辰祝寿暨花灯博览会。5 月 4 日开灯仪式后展开一系列活动，至 5 月 13 日晚间 11 时关灯圆满落幕，为地方宗教文化之盛事。花灯博览会期间，整个泰国南瑶妈祖宫园区灯火辉煌，估计每日约有上千人次泰国信众进入妈祖宫园区，参观精美的花灯，并祭拜神明，踊跃情况为泰国南瑶妈祖宫分灵来泰 12 年来之最。泰国南瑶妈祖宫主祀妈祖，2006 年自台湾彰化南瑶妈祖宫分灵至泰国，自购土地，面积广阔。

【台湾云林县“北港迓妈祖”】

5 月 4—5 日（农历三月十九日至二十日），“北港迓妈祖”（北港迎妈祖）是每年云林北港镇的重要盛事，北港朝天宫这两天绕境整个北港镇，如同小过年般的热闹。云林县政府并举办“2018 云林县北港艺镇文化季”，将代表北港风华的艺阁车之美与民众共享。这次活动特别邀请了北港知名工艺师颜三泰、黄志伟，携手创作“天上圣母福佑北港”艺阁车，以及县内 10 余位工艺师共同创作 12 组水车堵，重现早期传统人力车艺阁。另邀请日本弘前市绘师三浦吞龙，带来在弘前“睡魔祭”扮演重要角色的扇形灯笼花车，与台湾的艺师进行交流。每年农历三月十九日、二十日这两天，北港家家户户都会办桌请远方来的亲友共同享用美食。五光十色的艺阁游行持续至农历三月二十三日妈祖生日当天。

【广西桂林平乐妈祖文化旅游节】

5月4—7日，广西桂林平乐妈祖文化旅游节举行。文化旅游节期间，将举办妈祖祭典、妈祖巡安、美食展、摄影展、农产品展、工业产品展、水上表演、机车秀、歌舞表演、平乐地方风味美食大赛等活动，还有皮艇球邀请赛、龙舟争霸赛两项体育赛事以及经贸交流会、妈祖文化论坛等。

【台湾浩天宫妈祖至北港进香】

5月5日，台中市浩天宫举行两天一夜的进香活动，神轿阵头等前往北港朝天宫进香，回程再于彰化县大村乡及大肚、龙井、沙鹿、清水、梧栖等五十三庄徒步绕境。每年回程时，信众为迎接妈祖，举行跑大轿活动，持续数百年。

【台湾屏东东港迎妈祖】

5月5日，屏东县东港镇朝隆宫举行两年一次“妈祖护境文化祭”，5日起展开两天的巡安绕境活动。镇上供奉天上圣母的宫庙也全力参与。屏东县县长潘孟安，东港镇镇长徐志雄，县民意代表林蔡凤梅、许展维，恭请妈祖登上专属的龙车凤辇，在龙虎旗、仪仗队、大汉乐团、如意队、千里眼、顺风耳及十五家宫庙神轿簇拥下，展开两天的巡安护境活动，首日赴南平里绕境，次日则在东港市区。地方信众称朝隆宫妈祖为“虾米妈”。

【新加坡天福宫4天文化节】

5月5—8日，新加坡天福宫为配合178周年庆和妈祖诞，举行4天的“传承与信念”文化节，推广中华文化传统与习俗。5日晚天福宫举办慈善晚宴，邀请超过200名各族年长者共进晚餐，并欣赏歌舞表演。6日有参与《黄金年华》歌唱节目的歌手到场献唱，7日则有歌台表演。8日是妈祖诞辰，天福宫晚上有传统木偶戏表演、28头舞狮助兴，迎接妈祖出宫。

【新加坡三巴旺天后宫 2018 年妈祖千秋活动】

5 月 5—7 日，福建新美伦歌仔戏早晚各一场。8 日，向天后圣母祝寿，颁发奖助学金，设宴庆祝及举行标福物活动。9 日，新加坡歌台旅者舞台秀助兴表演一晚。

【台湾新北市三元宫天上圣母圣诞绕境】

5 月 6 日，台湾新北市三元宫天上圣母圣诞绕境，这是土城区一年一度的宗教盛事，每年皆吸引大批虔诚信众共同参与。新北市市长朱立伦 6 日一早参加三元宫妈祖绕境活动，参拜祈求市政推动顺利、市境平安、市民身体健康，并为妈祖銮轿扶驾，感谢庇佑。

【台湾桃园中坜仁海宫邀唐美云歌仔戏团庆妈祖圣诞】

5 月 6 日，桃园中坜仁海宫恭祝天上圣母圣诞千秋暨千年沉香妈祖镇座周年纪念，特别邀请唐美云歌仔戏团至庙前广场演出精彩的《花田错》。

【近千名台商信众到广州南沙祭拜妈祖】

5 月 7 日，第十届广州南沙妈祖文化旅游节开幕，来自中山胜母宫、东莞朝安宫的近千名台商组成的拜祭团在广州南沙天后宫展开巡游活动，并以台湾传统仪式祭拜妈祖。该巡游队伍长达数百米，由醒狮、舞龙等表演牵头，黑白无常、千里眼、顺风耳等神将以及一众台商信众紧随其后，极具台湾特色。

【旅客前往广州南沙天后宫祭拜妈祖】

5 月 7 日，2018 年第十届广州南沙妈祖文化旅游节开幕，持续 3 天。5—6 月，广之旅等旅行社组织 1000 名邮轮旅客前来广州南沙天后宫祭拜妈祖，再从南沙登上“世界梦号”邮轮出发香港等地。

【台湾大甲镇澜宫诣湄洲妈祖祖庙进香】

5月7日，妈祖诞前一晚，台湾大甲镇澜宫多名信众特地前来祖庙进香。他们说，世界妈祖同一人，天下信众共一家。湄洲妈祖去年时隔20年再度巡游台湾，大甲镇澜宫全程参与活动，感到无比荣幸，这次特地过来参加妈祖诞生1058周年纪念活动，感恩妈祖给他们带来吉祥平安。妈祖是真善美的化身，妈祖文化是架起海峡两岸的心桥，希望妈祖保佑两岸和平发展。

【广东汕尾妈祖文化旅游节】

5月7—8日，2018年妈祖文化旅游节暨纪念妈祖诞生1058周年系列活动，在汕尾凤山妈祖文化广场隆重举行。活动有“妈祖大爱 · 海丝情缘”书画展、纪念妈祖诞生1058周年春祭典礼、“人杰地灵　凤山骄子——黄天戈钢琴独奏音乐会”、民间文化艺术展演巡游、妈祖文化旅游节开幕式、《凤山妈祖颂》歌曲光盘首发式、2018年凤山祖庙炮会、汕尾旅游推介活动、文艺晚会等。炮会彩炮竞标金额最高达388888元。凤山祖庙炮会活动至2018年已成功举办了22年。

【澳门妈阁庙祈福贺天后诞】

5月8日，妈阁庙值理会举行戊戌年澳门妈祖阁恭贺天后元君宝诞法会，祈求妈祖恩泽四海、厚德归民、百业兴旺、社会和谐。该会负责人希望通过活动，推动澳门旅游业发展，将贺诞打造成澳门知名节庆品牌。

【2018年霞浦妈祖文化节暨纪念妈祖诞生1058周年活动】

5月8日，福建霞浦松山天后行宫主办以“延续千年香火·传颂妈祖懿德”为主题的2018年霞浦妈祖文化节暨纪念妈祖诞生1058周年活动。4月25日至5月8日为分灵宫庙回銮谒祖，5月7—10日为安徽黄梅戏公演，5月8日上午举行祭祀大典，5月8日晚上为“妈祖之光”文艺晚会。

【“弘扬妈祖文化　促进心灵契合”直播活动】

5月8日，由人民网承办的“弘扬妈祖文化　促进心灵契合——两岸学者畅谈发挥妈祖文化的心灵纽带作用”直播活动在北京人民日报社新媒体大厦一号演播厅举行。

【香港元朗天后诞巡游】

5月8日，香港元朗举行十八乡天后诞会景大巡游。来自当地乡镇的近30支花炮队伍大张旗鼓，在舞龙、舞狮和“英歌舞”等表演团队的助阵下，浩浩荡荡向大树下天后庙行进，沿途大批市民和游客争睹巡游盛况。元朗天后诞巡游是香港四大传统节庆活动之一。

【广东珠海：中华白海豚保护宣传日也是妈祖诞日】

5月8日，珠海长隆中华白海豚科普教育基地举行首届“中华白海豚保护宣传日”活动。当日是农历三月二十三日，即妈祖诞日。中华白海豚是国家一级保护动物，有着“海上大熊猫”“妈祖鱼”等美称。粤港澳大湾区所处的珠江口，现存有全世界最多的中华白海豚群体。

【福建霞浦县竹江村“妈祖走水”文化旅游节】

5月10日，2018年霞浦县沙江镇竹江村（岛）第三届妈祖文化旅游节拉开序幕。竹江村的信俗活动“妈祖走水”已延续数百年。2017年，这项活动被列入福建省非物质文化遗产名录。当天活动内容以竹江前澳天后宫为主。

【广东举办惠州巽寮湾妈祖文化旅游节】

5月11—13日，每逢妈祖圣诞（农历三月二十三日）前后，巽寮度假区就会举办“惠州巽寮湾妈祖文化旅游节”，至今已成功举办了六届。今年节目有灯光秀、舞台剧《妈祖传说之结缘巽寮湾》、舞龙舞狮表演、海祭大典。且有盛大的妈祖金身游街仪式，巽寮众多企业合力捧场。本届旅游节邀请了惠州市县领导、惠州相关旅游企业负责人及海峡两岸暨香港、澳门的妈祖文化信众参加。5 月 11 日上午 9 时 30 分，旅游节开幕式和妈祖祭典仪式在天后宫景区隆重举行。

【台湾 2018 年北海岸传奇妈祖文化祭——金包里二妈回娘家】

5 月 15 日开始，持续到 30 日，共 16 天。2018 年首度结合“金山蹦火季及妈祖文化行脚”游程，又特别打造一艘路上蹦火仔船，在 5 月 30 日绕境沿途发送金山区渔会，特制青鳞鱼小鱼干，伴随绕境队伍护送妈祖銮驾。金包里慈护宫 200 多年以来，每年在农历四月十六日最大退潮时举办绕境祭典。

【台湾白沙屯妈祖徒步北港进香】

5 月 16 日，开始徒步进香之旅，历经 8 天 7 夜在 24 日圆满落幕。苗栗通霄拱天宫白沙屯妈祖，每年徒步绕境进香到北港，已成为台湾重要的宗教盛事。白沙屯拱天宫的妈祖，每年是通过掷杯确认徒步的时间。没有固定的绕境路线，而是在妈祖的旨意下而行。

【台湾白沙屯妈圆满回銮，万人吃饭担呷平安】

5 月 24 日，苗栗通霄白沙屯妈祖回銮返抵白沙屯，人潮挤爆拱天宫周边巷道。中午銮轿停驾在白沙屯火车站前，沿街居民及来自台湾各地的善士免费提供各式餐点、饮料，端出面包、饼干、麻油鸡、油饭、麻辣烫、仙草冰等，招呼随行香灯脚及工作人员，慰劳多日辛劳、呷平安，重现古早吃饭担场景，洋溢欢喜气氛。

【山东烟台举行“2018 海峡两岸妈祖文化交流活动”】

5 月 30 日至 6 月 3 日，烟台市“2018 海峡两岸妈祖文化交流活动”成功举办。由台湾北港朝天宫、桃园慈护宫、台中乐成宫等 8 家妈祖宫庙 41 名代表组成的妈祖文化交流参访团来烟台参加。

【山东烟台与台湾共祭妈祖】

5 月 31 日，台湾北港朝天宫副董事长蔡辅雄带队参访长岛显应宫，其始建于北宋宣和四年（1122 年），距今有 896 年，是中国北方重要的妈祖庙。“长岛显应宫妈祖祭典”已申报为省级非物质文化遗产。蔡辅雄一行人在观看民俗、舞傩表演后，还参加了两岸宫庙会香暨公祭妈祖典礼，向妈祖敬献花篮、恭诵祭文、行鞠躬礼，并参加了朝天殿重光典礼等一系列活动。

【台湾信众至古雷镇港口村天后宫进香】

5 月 31 日，由台湾台中大雅永兴宫、台湾新北市板桥三圣太子坛、台湾中和跃进圣母会、南非朝天宫台湾办事处等组成的进香团 200 多名信众，到古雷镇港口村天后宫朝圣进香。

【广东桂山天后诞庆典】

6 月 6 日，桂山天后诞庆典在风雨中盛大举行，来自万山区各海岛以及港澳地区的渔民、各界嘉宾、游客等上千人欢聚海岛，醒狮祈福、焚香祭拜、夜宴席开 200 围。农历四月二十三日，是桂山天后诞祭奠的日子，这一民俗文化传统已有 200 多年的历史。每年这个时节，粤港澳地区的渔民都会齐聚桂山岛祭拜天后诞，祈求风调雨顺、万事平安。

【两岸信众共庆黑脸妈祖文化节】

6月19日，福建同安锣鼓喧天，来自海峡两岸各宫庙、社团代表约500人迎来“银同天后宫戊戌年两岸黑脸妈祖民俗文化节”。活动由银同天后宫主办，台湾圣母三妈文化交流协会、台湾云林虎尾慈龙宫、广东惠阳三太子宫协办。银同天后宫1995年恢复供奉妈祖。2007年厦门市人民政府立碑，确定银同天后宫为台湾黑面妈祖祖庙，属市级涉台文物古迹。台湾各地妈祖从湄洲分香者称湄洲妈，从同安分香者称银同妈，从泉州分香者称温陵妈。

【福建莆台青年妈祖文化研习夏令营】

6月19—23日，湄洲湾职业技术学院承办第十届海峡论坛·妈祖文化活动周中的“青春缘·中华情——2018年莆台青年妈祖文化研习夏令营活动”。来自海峡两岸的近百名青年朋友相聚莆田，在5天内共同开启妈祖文化体验之旅。

【福建湄洲岛第十届海峡论坛·妈祖文化活动周】

6月20日，第十届海峡论坛·妈祖文化活动周在湄洲岛开幕。21日上午，妈祖祭典活动在莆田湄洲岛天后宫举行，两岸嘉宾共聚天后宫朝圣妈祖。上午9时许，妈祖祭典在礼炮声中拉开帷幕，鸣金锣十三响、进香，向妈祖行三跪九叩诸礼；礼毕，宣读祭文。整个仪程庄严隆重。

【台湾台中顺济宫创建150周年庆】

7月6日，台中顺济宫创建150周年，由台中市神冈区区公所及神冈区农会协助举办弘扬妈祖慈悲、答谢圣恩之活动，敬邀各方大德谢恩祈福宁。

【莆仙戏《海神妈祖》新加坡首秀】

7 月 8 日，国家艺术基金传播交流推广资助项目莆仙戏《海神妈祖》东南亚巡演首场演出在新加坡国家图书馆戏剧中心剧场拉开帷幕。场内座无虚席，掌声不断。宋元南戏活化石的千年莆仙戏融合妈祖文化，名角荟萃，让新加坡观众惊叹不已。

【台湾金枝演社剧团于神冈新和宫演出】

7 月 14 日，台湾文化事务主管部门扶植的优良演艺团队——金枝演社剧团，晚 7 时在台中市神冈新和宫妈祖庙埕进行全台第 191 场公演。是日还有经典台味歌舞剧团演出。

【2018 跟着妈祖游台湾夏季文化体验营】

7 月 21 日，台湾明道大学妈祖文化学院与台湾妈祖联谊会共同举办“2018 跟着妈祖游台湾夏季文化体验营——大甲妈祖绕境进香真有趣”。第一梯次于 7 月 21—22 日展开，期许通过妈祖文化体验营让社会各界对于妈祖进香文化与各地乡土风情能有更深入的了解与体验。

【台湾白沙屯妈祖南投绕境祈福，信众争相钻轿脚】

7 月 21—28 日，白沙屯妈祖首度到南投市、中寮乡等地区绕境祈福，来自台湾各地的香客信众跟随参香，队伍绵延数公里长，沿途民众置香案备鲜花素果，恭迎妈祖銮驾。林明溱县长与宋怀琳市长及多位民意代表也于傍晚到山上受命宫上香，祈祝合境平安。

【台湾比干、妈祖文化祭在花博争艳馆登场】

7 月 21 日，台北市林姓宗亲总会在花博争艳馆举办比干、妈祖文化祭，同时举办一系列嘉年华庆祝活动。台北市林姓宗亲总会理事长林坤谟说，有重机车队、花车队、锣鼓等，一路往承德路经大度路到关渡宫，再请慈悲为怀的妈祖来加持活动，最后到达大会地点中山北路花博争艳馆。

【台湾西螺太平妈百年首度往大甲会香】

7月26日，台湾云林西螺福兴宫太平妈首次前往台中大甲镇澜宫会香驻驾，祈求天上圣母保佑所有信徒平安，也祈祝两宫友谊长存。

【澳门妈祖文化旅游节推介团访越南】

7月26—30日，由澳门中华妈祖基金会组织的第十六届澳门妈祖文化旅游节推介团访问越南。团长为澳门中华妈祖基金会董事兼秘书长吴联盟。推介团拜访越南岘港市中华会馆天后宫、树人华文学校，会安天后宫、会安中华会馆。其后从岘港至胡志明市，参访胡志明市二府庙、天后宫、广穗会馆天后庙、玉皇庙、浸石天后宫。

【福建莆田中华妈祖文化交流协会总部安座世界最高景泰蓝妈祖像】

7月30日，在中华妈祖文化交流协会常务副会长俞建忠等的积极推动下，世界上最高的珐琅面无拼接景泰蓝妈祖像安座于福建莆田中华妈祖文化交流协会总部懿明楼。

【台湾台中沙鹿埔子里庆安宫首赴贤良港进香】

8月2日，台湾台中沙鹿埔子里庆安宫主委吴水定率进香团一行80余人，恭捧分灵妈祖、五府千岁等神尊，冒着酷暑至贤良港天后祖祠进香。

【浙江宁波东门岛渔民谢海洋祭妈祖海上巡游活动】

8月8日，浙江东门岛渔民谢海洋祭妈祖海上巡游活动在中国渔文化艺术村举行。澳门神州妈祖文化交流协会关金花会长，文金桂、吴泓泰副会长，潘志明名誉会长等人员一同前去。宁波象山神州妈祖分会吴合元会长、石浦分会韩会长、渔山岛分会柯位萍会长，瑞龙寺住持释提觉法师，宁波天安集团蒋董事长，当地有关部门领导及渔民信众1000余人参加了祭祀巡游活动。

【台湾彰化县和美镇糖圣宫迎湄洲祖庙天上圣母】

8月15日，和美糖圣宫恭迎湄洲祖庙天上圣母莅临驻驾，场面热烈。糖圣宫地址为彰化县和美镇糖友里糖友一街67-1号。1945年台湾光复后，台糖彰化糖厂为配合工厂作业，定国际劳动节（5月1日）为天上圣母之祭典吉日，当日恭请彰化南瑶宫一尊妈祖神尊绕境全里，这是糖圣宫“五一”迎妈祖的由来。

【福建厦门闽南朝天宫办庆赞中元节法会】

8月23—25日，厦门闽南朝天宫举办为期3天的“2018庆赞中元节法会”。高僧奉诵圣恩，点光明灯、太岁灯，为信众消灾祈福，各善信大德、公司行号共襄盛举。众善信跟随6名佛教高僧巡走588桌供桌，诵经祈福，超荐亡灵，消灾延寿。法会持续近3个小时。

【台湾竹南镇龙凤宫中元物资发放，发挥妈祖慈悲大爱精神】

8月31日，龙凤宫进行中元物资发放，2018年有16个团体及个别低收入户共计320个家庭受惠。

【台湾新港奉天宫妈祖文化馨传东瀛】

9月1日，为纪念新港奉天宫与京都妙心寺两宫寺结缘届90载（1928—2018年），及新港开台妈祖圣像分灵传香妙心7周年（2011—2018年），日本嘉宾于1日上午恭请天上圣母圣像返回奉天宫谒祖。新港奉天宫在正殿举行世界和平祈福法会。在嘉义县副县长吴芳铭的见证下，新港奉天宫与日本妙心寺签订一份友好备忘录，期待两宫的宫谊永固。

【台湾淡水福佑宫之救护车捐赠仪式】

9月3日，淡水福佑宫秉持妈祖慈悲为怀、济世救人的精神，购置淡水妈祖2号救护车1辆，捐赠给新北市消防局，拨交给淡水分队作为救护、救灾使用。特邀新北市朱立伦市长莅会代表接受，祈求淡水妈保佑淡水境内四时无灾、平安吉祥。

【山东长岛千年妈祖金身赴台湾结缘会亲】

9月8日，山东省长岛县显应宫隆重举行“2018长岛千年妈祖因缘金身赴台结缘会亲活动”起驾仪式。此次长岛显应宫千年妈祖赴台省亲期间，将前往台北、新北、桃园、台中、云林、高雄等县市妈祖宫庙驻跸，供众多虔诚信众礼拜。显应宫距今近900年历史。台湾北港朝天宫赠送的黑面妈祖像也供奉在显应宫朝天殿。

【台湾桃园妈祖从山东烟台回娘家】

9月13日，显应宫千年妈祖金身到台湾绕境，此日抵达桃园慈护宫，此行还包括“桃园妈”分灵到山东的妈祖神像也跟着千年妈祖“回娘家”。北港朝天宫在2002年分灵至长岛显应宫，朝天宫后来邀请桃园慈护宫一起到大陆庇佑台商台胞。2015年，“桃园妈”也分灵到长岛显应宫，看顾在大陆的桃园乡亲。

【台湾新竹县全县运动会于竹北天后宫传承圣火】

9月15日，新竹县全县运动会于新竹县体育场举行，天后宫主委暨竹北市民代表会主席林启贤，偕同新竹县政府蔡荣光秘书长与郑美琴民意代表一早在天后宫点燃圣火，祈祝竹北妈庇佑运动会圆满吉祥，选手们平安顺利缔造佳绩。

【台湾高雄内门顺贤宫欢迎山东长岛显应宫妈祖】

9月21日，高雄内门顺贤宫欢迎山东长岛显应宫千年妈祖莅临。此为“2018长岛显应宫千年妈祖因缘金身赴台结缘会亲活动”的一部分。顺贤宫前有宁静之圣母湖，是参香朝圣祈福、观光休闲、旅游住宿之胜地。

【台湾鹿港天后宫入榜2018年“台湾十大地标”】

9月25日，台湾鹿港天后宫在全球旅游网站猫途鹰（TripAdvisor）公布的2018年“台湾十大地标”经票选蝉联入榜。在这纯朴古意的小镇，屹立着妈祖庙，从白天到夜晚都有不一样的意象，有进香期的热闹非凡，也有傍晚信仰带来的平静祥和，还有深厚的文化涵养、雕工精美的美丽殿堂，值得造访。

【台湾2018年彰化县妈祖联合绕境祈福在芳苑普天宫起驾】

9月30日，彰化县政府举行第11届妈祖联合绕境活动。彰化县妈祖庙密集、香火鼎盛，芳苑乡普天宫是今年炉主，来自全县10尊妈祖神尊集合于芳苑普天宫做客，经置天台、起马宴、起驾晚会后，9月30日上午起驾，展开7天6夜绕境，队伍10月1日行经鹿港、伸港，晚上驻驾彰化南瑶宫。

【福建莆田北高妈祖文化交流协会到贤良港天后祖祠进香】

10月3日，莆田北高妈祖文化交流协会会长陈风耀率领协会成员赴贤良港天后祖祠进香。

【2018年台湾彰化妈祖联合绕境祈福活动暨优良演艺团队成果】

10月4日，彰化县埤头乡合兴宫天上妈祖广场（彰化县埤头乡斗苑西路329号）演出庙会传统戏曲——歌仔戏《意楼情深》。指导单位：台湾文化事务主管部门、彰化县政府。主办单位：彰化县文化局。演出单位：陈丽香歌仔戏团。

【2018年北台湾妈祖文化节——天后相逢桃花源】

10月6日早上8时30分，桃园绕境盛典在桃园市政府三炮启程。全台11县市、30间宫庙汇聚桃花源，恭迎妈祖圣驾。下午3时为天后会香大典，地点在桃园市立田径场。

【台湾桃园“妈祖圣光　慈护万芳”大型演唱会】

10月6日晚上7时，大型演唱会“妈祖圣光　慈护万芳”在桃园市立田径场举行，由桃园市政府民政局和桃园慈护宫共同主办。

【台湾竹北天后宫“妈祖杯”歌唱比赛】

10月10日，天后宫广场举行盛大的歌唱比赛，在林启贤主任委员简短致辞后，比赛正式展开。现场座无虚席，民众报名踊跃。经过激烈的竞争，由专业老师公平公正的评审，终于产生冠、亚、季、殿军各 1 名，以及 6 名优胜奖。

【台湾云林县麦寮拱范宫回湄洲妈祖祖庙谒祖进香】

10 月 13—18 日，台湾云林县麦寮拱范宫回湄洲妈祖祖庙谒祖进香。搭乘“海峡号”，行程有 3 种方式：武夷山—福州—湄洲岛，16800 元新台币；莆田文峰宫—岩溪天妃宫—枋洋潮水宫—上街天妃宫—海澄天后宫—桂溪宫—泉州天后宫—晋江金井下丙霞里宫—贤良港天后祖祠—湄洲岛，15800 元新台币；漳州土楼—泉州—湄洲岛，16500 元新台币。

【台湾西螺妈祖太平妈祈福马拉松】

10 月 14 日，举行西螺妈祖太平妈祈福马拉松及健走活动。指导单位为云林县政府，主办单位为云林县西螺福兴宫。活动分 42 km 全马组（限时 6 小时 30 分完赛）、21 km 半马组（限时 3 小时 30 分完赛）、6 km 欢乐组（限时 1 小时 30 分完赛）、3 km 健走组（限时 2 小时 30 分完赛）。

【台湾云林县麦寮拱范宫至泉州天后宫进香】

10 月 15 日，台湾云林县麦寮拱范宫率领 45 个宫庙、600 余名信众，组成庞大的进香团，前来福建泉州天后宫、富美宫举行进香谒祖仪式。云林县麦寮拱范宫主任委员张克中介绍，这是拱范宫第三次组织信众回祖庙泉州天后宫进香，信众跟着妈祖回故乡，展开文化交流。

【湄洲岛举行《妈祖文化志》首发仪式】

10 月 17 日，《妈祖文化志》首发仪式在湄洲岛举行。《妈祖文化志》是首部由两岸合编的妈祖文化专志，于 2009 年启动编纂，由福建省方志委与台湾妈祖联谊会联合组织两岸专家学者历时 8 年编成，包括《妈祖宫庙与文物史迹》《妈祖祭典、活动与民俗》《妈祖文学艺术与学术研究》《妈祖信仰组织》4 卷，357 万字。

【江苏太仓浏河海峡两岸妈祖文化旅游节】

10 月 17 日，“2018 太仓浏河海峡两岸妈祖文化旅游节暨重阳慈善周活动”在太仓浏河古镇天妃宫启动。启动仪式分重阳敬老礼、最美孝善家庭颁奖礼、“妈祖大爱、善行天下”捐赠礼、“妈祖大爱、善行天下”表彰礼、“苏州市对台交流基地”揭牌礼等 5 个环节。苏州市级非物质文化遗产《渔民号子》《情系江海》主题舞蹈、舞蹈《中华太极神韵》、歌伴舞《丝绸之路》等节目穿插在各个环节中进行。

【澳门妈祖文化旅游节之绕境巡游】

10 月 17 日，第 16 届澳门妈祖文化旅游节之“澳门天后宫妈祖绕境巡游”有逾 30 支表演队伍参与。下午 3 时，绕境巡游队伍浩浩荡荡从俾若翰街出发，澳门多个团体、宫庙派出队伍同行，绵延数百米，舞龙、醒狮、铜乐队、扇舞、铜锣队、礼鼓队、车鼓队等沿途轮番表演。街坊民众驻足观看并拍照。晚上 11 时，天后宫妈祖回銮路环妈祖文化村天后宫，结束绕境巡游活动。

【海南临高天后宫赴菲律宾开展文化友好交流】

10 月 20 日，国际游轮“歌诗达号”载有约 3000 名妈祖信俗，从福建省厦门市出发，这标志着“2018 妈祖下南洋 · 重走海丝路暨湄洲妈祖巡安菲律宾”起航。临高县妈祖文化交流协会受主办方邀请参加盛会。

【台湾“当东方圣母遇见西方圣母”活动】

10月20日，屏东县万金圣母圣殿李汉民神父与屏东万峦宗天宫创办人王崇礼博士共同发起台湾地区首创“当东方圣母遇见西方圣母”活动。下午2时30分，西方圣母玛利亚由万金圣母圣殿出发，东方圣母妈祖由万峦宗天宫出发，双方信众及在地民众徒步游行踩街，下午4时前护送双方圣母至万峦乡客庄绿核心公园大会师。在潘孟安县长及林碧干乡长的迎接下，带领东西方圣母一同进到活动会场。

【台湾妈祖升天祭暨民俗艺文系列活动】

10月21日，在台湾桃园市八德区举行“2018妈祖升天祭暨民俗艺文系列活动”，早上举办升天祭祭祀大典；晚上享受传统美食和青春歌手的演出，同时举办“千人食福宴”，席开315桌，由6位五星级酒店主厨主理。

【台湾松山慈祐宫建宫265周年，六大妈祖欢庆】

10月21日，松山慈祐宫举办建宫265周年绕境，特别迎请台湾知名的六大妈祖——北港妈、大甲妈、新港妈、彰化妈、西螺妈和慈善妈（南投妈）共襄盛举，一同巡安绕境为台北祈福。当天分北、中、南3个路线同时进行。

【菲律宾马尼拉举行妈祖祭祀大典】

10月23日，由湄洲妈祖庙组织2300多名妈祖信众开展的“妈祖下南洋·重走海丝路”暨中菲妈祖文化交流活动在菲律宾马尼拉黎刹公园广场继续举行，湄洲妈祖祭祀大典惊艳亮相，展现人类非物质文化遗产“妈祖信俗”的魅力。

当天，来自“妈祖故里”中国福建湄洲岛的妈祖金身圣驾及千里眼、顺风耳等神尊从马尼拉临时行宫起驾，安座马尼拉黎刹广场，举行盛大的妈祖祭祀大典及《瓣香湄洲》的文艺演出。

【新加坡兴安天后宫进香团访湄洲妈祖祖庙】

10 月 26 日，新加坡兴安天后宫一行进香团到访湄洲妈祖祖庙。祖庙副董事长吴国春偕董事会成员前往圣旨门广场迎接并合照。随后，众人沐手拈香，于祖庙天后宫内举行庄严的三献礼仪式。新加坡兴安天后宫主席林子英介绍，兴安天后宫至今已有 98 年历史。

【台湾云林麦寮王船祭扩大举行，结合妈祖绕境祈福】

10 月 26—28 日，台湾云林县举办麦寮镇安宫王船祭暨拱范宫开山妈祖祈福绕境，有 21 间宫庙共襄盛举。妈祖驻驾于拱范宫、三盛福安宫，最后一晚回驾中山镇安宫。当晚还举行联欢晚会。

【日本东京妈祖庙信众至湄洲岛进香】

10 月 27 日，东京妈祖庙代表连昭惠女士率队一行 15 人，在前北港朝天宫董事长曾蔡美佐的引荐下，至福建省莆田市湄洲妈祖祖庙参访进香。参访团先后到祖庙寝殿朝拜妈祖并参观祖庙建筑群、天妃故里等景点。

【海峡两岸网络新媒体大陆行访昆山天后宫】

10 月 28 日，举办首届海峡两岸网络新媒体大陆行联合采访活动，两岸 50 家网络新媒体 100 多名记者走进昆山慧聚寺天后宫妈祖庙，从经济、科技、文化、民生等多角度立体报道大陆改革开放 40 年的发展成就，展示两岸同胞融合发展的硕果和美好前景。

【福建福州连江县妈祖文化研究会组团参加新加坡天后宫活动】

11 月 7 日，福州连江县妈祖文化研究会以杨文健为团长的一行 30 人离开福州前往新加坡。这是应新加坡琼州天后宫的邀请，组团参加琼州天后宫成立 165 周年、琼州乐善居成立 116 年、新加坡宗教和谐暨首届世界妈祖文化节活动。

【新加坡举行首届世界妈祖文化节】

11 月 8—10 日，首届世界妈祖文化节在新加坡圣淘沙名胜世界举行。此次文化节由新加坡琼州天后宫主办，来自中国、马来西亚、菲律宾、越南、泰国、美国、印度尼西亚、澳大利亚等 40 多个国家和地区的 80 余间妈祖宫庙、会馆、文化机构、华人社团等代表参加了此次妈祖文化节。福建莆田贤良港天后祖祠林自弟董事长率队参加。

【台湾关渡宫公益祈福健走】

11 月 10 日，“关渡宫公益祈福 Go”活动举行。7 时 30 分在关渡水岸公园停车场开始，经中港码头、淡水河堤防下方柏油路，转贵子坑溪往北，再循原路回出发点，全长 7.6 公里。关渡宫陈玉坤董事长、台北市陈景峻副市长与民政局吴坤宏局长莅临并鸣枪，为参赛者加油。完成健走后，现场还有精彩表演及丰富摸彩品。

【台湾虎尾农工 90 周年喜迎妈祖宫圣火】

11 月 10 日，台湾云林县虎尾镇的虎尾农工举行创校 90 周年校庆活动，李重毅校长率领全校师生代表至虎尾“持法妈祖宫”恭迎圣火，祈求学校昌隆大会圆满成功。

【台湾竹北市天后宫欢迎公职参选人进香】

11 月 14 日，竹北市天后宫主任委员、市民代表参选人林启贤先生率领本宫全体委员、干部，欢迎马英九、杨文科县长参选人、杨敬赐市长参选人等莅临本宫参访进香。

【台湾天显宫 115 名信众赴福建贤良港天后祖祠进香】

11 月 15 日，台湾基隆、雾峰、大林天显宫妈祖信众一行 115 人，护送妈祖系列神尊赴贤良港天后祖祠进香。

【欢庆溪州后天宫脸书官方粉丝团成立抽奖活动】

11 月 16 日，台湾溪州乡后天宫经溪州妈掷杯圣示，为欢庆脸书粉丝团成立，举办限量版溪州后天宫 Q 版妈祖吊饰免费送活动。从符合活动资格名单中抽出得奖者，并于溪州后天宫—天上圣母粉丝团中公布得奖者名单。

【竹北市天后宫欢迎青岛市妈祖文化联谊会莅临参香】

11 月 17 日，竹北天后宫主任委员林启贤率领全体委员、干部，欢迎青岛市妈祖文化联谊会副会长曹立峰先生暨贵宾、干部，莅临竹北天后宫参香。

【湄洲岛第三届世界妈祖文化论坛暨第二十届中国·湄洲妈祖文化旅游节】

11 月 18 日，第三届世界妈祖文化论坛暨第二十届中国·湄洲妈祖文化旅游节在妈祖故里福建湄洲岛举行。海内外信众共同祭拜海上女神妈祖，缅怀妈祖“立德、行善、大爱”的精神，同祈天下和平。

【新加坡琼州天后宫主席率团至莆田贤良港天后祖祠进香】

11 月 19 日，新加坡琼州天后宫董事会主席符永平先生率团到莆田贤良港天后祖祠朝圣进香。

【莆田“妈祖杯”海上丝绸之路国际羽毛球挑战赛】

11 月 23—25 日，莆田市举办“妈祖杯”海上丝绸之路国际羽毛球挑战赛，有“海丝”沿线 22 个国家和地区近 1500 人参赛。世界各地妈祖宫庙也受邀组成代表队参加比赛，还邀请世界冠军林丹、谌龙参赛，提升赛事知名度。

【万丹甘蔗祭好吃好玩，3 米高的稻草妈祖坐镇】

12 月 1—2 日，台湾屏东县第 21 届万丹采风甘蔗祭文化活动在万丹甘蔗育种场举行。相传万丹乡万惠宫妈祖曾接下炸弹庇佑百姓免于灾难，采风社特别打造 1 尊 3 米高的稻草妈祖，供参观民众瞻仰。

【广东碣石乌坭天后宫落成 10 周年暨两岸妈祖文化交流活动】

12 月 2—4 日，广东汕尾市陆丰碣石乌坭天后宫举行重建落成 10 周年暨两岸妈祖文化交流活动。中华妈祖文化交流协会副会长、台湾中华妈祖联谊会会长、鹿港天后宫主任委员张伟东率领台湾 12 个妈祖宫庙代表 91 人前来参加。

【台中乐成宫举办“万众骑 Bike”活动宣传记者会】

12 月 4 日，“万众骑 Bike”活动宣传记者会于上午 10 时在乐成宫庙前广场举行，竭诚欢迎大家来逗热闹。

【湄洲妈祖祖庙代表参访台湾高雄道德院和台南正统鹿耳门圣母庙】

12 月 5 日，湄洲妈祖祖庙秘书长李少霞率队参访台湾高雄道德院和台南正统鹿耳门圣母庙。双方拜谒妈祖、座谈交流，增进友谊。

【台湾花莲港天宫办“花莲祈愿成真马拉松”】

12 月 7 日，港天宫是花莲最大的妈祖庙，占地面积约 2 万平方米，邻近花莲火车站、德兴棒球场。本次路跑除了推广体育运动，还结合妈祖文化特色，借马拉松路跑活动促进花莲观光发展并活化在地特产销售商机。结合运动与传统庙宇活动，展现港天宫的特色、热情与活力。

【台湾龙凤宫恭塑圣像湄洲开光，回台安座】

12 月 12 日，台湾竹南龙凤宫由台北港启程往湄洲谒祖进香。龙凤宫为彰显人伦之孝道，因此恭塑圣父积庆公、圣母积庆夫人圣像。岁次戊戌年十一月初九日上午吉时，于贤良港天后祖祠正殿举行开光大典。再渡海，300 人进香团抵达湄洲妈祖祖庙，受到董事长林金赞及众执事委员热烈欢迎。12 月 16 日，返抵台中港回宫安座。

【台北市政府观光传播局至北投慈后宫拍摄】

12 月 19 日，台北市政府观光传播局至北投慈后宫拍摄，感谢主持人王俊杰及摄影团队的辛劳，让更多民众认识老北投地区的在地信仰及文化。

【闽浙交界 6 家妈祖宫 2018 年首次赴台叙缘】

12 月 24 日，受台湾中华传统宗教总会总会长王金平、台湾佛光山开山长老星云大和尚、高雄道德院三清太乙大宗师翁太明的邀请，福建霞浦县松山天后行宫、福鼎市点头妈祖天后宫、福鼎市大岚头妈祖天后宫，浙江苍南县坑尾妈祖天后宫、苍南马站妈祖天后宫、苍南盐甫妈祖宫，携妈祖金身赴台湾参加“2018 世界神明联谊会”，并开展为期 7 天的友宫叙缘联谊活动。2018 年在佛光山举办的世界神明联谊会，共有 3500 家宫庙聚集，5 万多人参加。

【江苏昆山慧聚广场获批海峡两岸交流基地】

12 月 26 日，国务院台湾事务办公室新闻发布会上，新批准了 5 个海峡两岸交流基地，江苏昆山慧聚广场便是其中之一，这也是苏州市首个获批的海峡两岸交流基地。昆山的慧聚寺始建于南朝梁，已毁坏多年。2005 年，台商宝成集团董事长蔡其建和昆山台商协会决定募捐重建慧聚寺，并引进妈祖文化的概念。2008 年 5 月，慧聚寺项目动土。2010 年 9 月，台湾鹿港天后宫妈祖分灵被恭请到昆山，安座于慧聚寺妈祖庙。

【台北市松山慈祐宫受理 2019 年点灯安太岁祭解服务】

12 月 26 日，台北市松山慈祐宫受理 2019 年点灯安太岁祭解服务，为因应信众登记参加点灯安太岁消灾祭解法会之踊跃人潮，提前于本年 12 月 26 日（农历十一月二十日）起开始受理相关登记。

宫庙修建

【福建贤良港天后祖祠观音阁完工仪式】

2月4日，两岸妈祖文化交流暨贤良港天后祖祠观音阁告竣仪式在贤良港天后祖祠朝圣广场举行。中华妈祖文化交流协会常务副会长俞建忠，中华妈祖文化交流协会副会长、台湾大甲镇澜宫董事长颜清标，中华妈祖文化交流协会副会长、台湾云林北港朝天宫董事长蔡咏锝，中华妈祖文化交流协会副会长、台湾嘉义新港奉天宫董事长何达煌，台湾金兰会会长、台湾台南正统鹿耳门圣母庙董事长王明义，莆田市佛教协会会长、南少林寺方丈空性法师，莆田广化寺监院贤立法师，台湾佛光寺及500多家海内外妈祖宫庙代表参加仪式，其中台湾妈祖宫庙200多家。观音像高11.38米，其中底座高2.19米，寓意观音诞辰；像高9.19米，寓意观音出道日。

【福建莆田北高妈祖交流协会成立，并新增妈祖铜像】

6月16日，福建莆田的北高妈祖文化交流协会成立大会在北高镇隆重举行，区、镇领导，中华妈祖文化交流协会常务副会长俞建忠，商会领导，以及广大北高妈祖信众及北高各妈祖宫庙负责人共同出席成立大会。当天北高镇埕山村也新立了一尊高达5.6米的妈祖铜像。

【台湾麦寮拱范宫修建完成，办安座法会】

7月23日，台湾云林古迹麦寮拱范宫开山妈祖庙费时7年修建完成，举办重修安座消灾补库祈安三献道场大法会。数千桌供品摆满庙前中正路，场面壮观。

【台湾新竹市香山天后宫周边景观工程开工】

10月4日，为重现百年历史古迹香山天后宫风华，新竹市政府启动香山天后宫周边景观工程开工典礼，将重铺石板铺面及电杆地下化，连接庙埕广场、海堤、港口意象，塑造符合在地居民需求的空间。

【新加坡星洲金榜山亭天后宫新庙开光】

10月14日，农历九月初六日，新加坡星洲金榜山亭天后宫庆祝天后娘娘晋宫新庙，举行开光仪式。

【福建漳州市平和县山格镇山格村妈祖庙落成】

11月27日，福建省漳州市平和县山格镇山格村内街妈祖庙举行新庙落成庆典暨金身开光点眼坐殿仪式，并请山格村山边帝君、本社土地公等前去看戏、朝拜，欢迎广大信士前去斗热闹、吃卤面。

【台湾桃园龙德宫隆重举办兴工建庙上梁大典】

12月2日，桃园市市长郑文灿前往芦竹区龙德宫，出席桃园龙德宫兴工建庙上梁大典。郑市长表示，龙德宫兴工建庙上梁大典不仅是地方的盛事，龙德宫是妈祖信仰中心，市政府支持龙德宫重建工程。民意代表王金平、许清顺、陈美梅、黄婉如、苏家明，市民政局局长汤蕙祯，芦竹区区长褚春来，龙德宫主任委员詹朱淮均一同出席活动。

【山东青岛妈祖文化周开幕式暨青岛妈祖宫圆满告竣】

12月15日，青岛妈祖文化周开幕式暨青岛妈祖宫告竣典礼在世纪大厦举行，中华妈祖文化交流协会、湄洲妈祖祖庙、马来西亚雪隆海南会馆、新港奉天宫、板桥接云寺、台东天后宫、台中乐成宫、淡水福佑宫、新竹长和宫、八德天后宫、台湾寺庙金兰会、土城五谷先帝庙、新北调解会等妈祖宫庙及文化机构近 300 位嘉宾现场观礼。

【第十届全国政协副主席张克辉为古雷港口天后宫题字】

12 月 31 日，港口天后宫在古雷民俗文化园重建，于 2019 年 1 月 4 日举行落成庆典。中华妈祖文化交流协会 91 岁的张克辉会长很关注弘扬妈祖文化的各种活动，宫名由他题写，并刻在山门上。

第三部分
文创与慈善

媒体传播

微信公众号

- 广东妈祖文化：guangdongmazu。
- 天下妈祖网：mazuworld。
- 天津滨海妈祖文化圈：TJBHMAZU。
- 中华妈祖：chinamazu。
- 中华妈祖：cnmazu。
- 石狮妈祖文化：ssmzwh。
- 龙岗妈祖文化：lgthgm。
- 北京妈祖文化交流协会：bjmazu。
- 印象莆仙：okptxy。
- 妈祖文化：mazutianhou。
- 妈祖文化快递团：nkumzwh。
- 昆山妈祖文化交流协会：ksmazu。
- 泗阳妈祖文化圈：symzwhy。
- 显卫妈祖公众号：xwmazu。
- 莆田红团：pthttv。
- 湄洲发布：meizhoufb。
- 湄洲妈祖祖庙：mzmazu。
- 湄洲妈祖祖庙莆田会馆：mzzmpthg。

- 福建霞浦妈祖文化研究会：FJXPMZWHYJH。
- 潮阳珠珍妈祖文化：HYZZMZWH。
- 默娘文创：MNWHCY。
- 天津天后宫。
- 中华妈祖杂志。
- 宁波寺莆田妈祖文化交流中心。
- 妈祖文化研究院。
- 苍南妈祖。
- 连江文化。
- 陆丰市妈祖文化研究会。
- 青岛妈祖文化联谊会。
- 神州妈祖文化交流总会。
- 崇州市妈祖文化研究会。
- 滨海妈祖文化圈。

妈祖网站

●马来西亚雪隆海南会馆（天后宫）：http：//www.hainannet.com.my/v2/index.php，The Selangor & Federal Territory Hainan Association 版权所有。

●天下妈祖网：http：//www.mazuworld.com/，主办单位：福建电子音像出版社、中华妈祖文化交流会。天下妈祖网密切关注世界各地多姿多彩的妈祖文化活动，注重妈祖文化的人文体验，充分发掘妈祖文化的丰富内涵，汇聚妈祖文化的原创内容，开设了新闻、妈祖文化、文化旅游、大爱无疆、海峡等主打栏目，并开通了官方微信公众号。

●中华妈祖：http：//www.mazu.org/，妈祖网站由个人创办。

●中华妈祖网：http：//www.chinamazu.cn/。指导单位：中华妈祖文化交流协会。主办单位：中华妈祖文化研究院、湄洲妈祖祖庙、台湾北港朝天宫、台湾鹿港天后宫、厦门博鼎智文传媒科技有限公司。

●中国林氏宗亲网—妈祖文化：http：//www.04138.com/，网站由个人创办。

●世界妈祖论坛：https：//www.mazuforum.org/home/。主办单位：中国社会科学院、国家海洋局国家旅游局、国家文物局和福建省人民政府。承办单位：中国文化遗产研究院、社会科学院历史研究所、中国国家海洋局减灾中心、澳门特别行政区文化局。

●东南网：http：//www.fjsen.com/。主办单位：中共福建省委宣传部主管、《福建日报》报业集团。

●台湾大甲妈祖国际观光文化节：http：//dajiamazu.mmhot.tw/，美美网网站制作。

●台湾大甲镇澜宫：http：//www.dajiamazu.org.tw/。主办单位：大甲镇澜宫董监事会。

●台湾山上天后宫：http：//www.tan-ho.org.tw/index.asp。主办单位：山上天后宫管理委员会。

●台湾北港朝天宫：http：//www.matsu.org.tw/。主办单位：北港朝天宫董监事会。

●台湾白沙屯妈祖婆网站：http：//www.baishatun.com.tw/，是一个公益性、义务性、自发性组织。

●台湾白沙屯拱天宫：http：//www.baishatun.org.tw/，拱天宫版本所有。

●台湾台中天后宫：http：//www.tcmazu.org/，台中天后宫管理委员会版权所有。

●台湾台东天后宫：http：//www.taitungmazu.org.tw/，台东天后宫版权所有。

●台湾台南安平开台天后宫：http：//www.anping-matsu.org.tw/，台南安平开台天后宫版权所有。

●台湾朴子配天宫：http：//www.peitiangung.org.tw/，财团法人朴子配天宫全球信息网版权所有。

●台湾西螺福兴宫：http：//www.taipingmatzu.org.tw/，西螺福兴宫版权所有。

●台湾竹南后厝龙凤宫：http：//www.chunan-great-mazu.org.tw/，全球信息网版权所有。

●台湾全台祀典大天后宫：http：//www.tainanmazu.org.tw/，全台祀典大天后宫版权所有。

●台湾妈祖联谊会：https：//www.taiwanmazu.org/，台湾妈祖联谊会版权所有。

●台湾虎尾持法妈祖宫：http：//www.chifa-mazu.org.tw/，虎尾持法妈祖宫版权所有。网页设计：宇迅科技。

●台湾明道大学妈祖文化学院：http：//www2.mci.mdu.edu.tw/，明道大学妈祖文化学院版权所有。

●台湾金包里慈护宫：http：//www.cihugong.com.tw/httpdocs/index.aspx，财团法人台湾省台北县金包里慈护宫版权所有。

●台湾高雄新庄天后宫：http：//www.ks-tienhou-temple.com.tw/，网站由个人创办。

●台湾鹿港天后宫：http：//www.lugangmazu.org/，鹿港天后宫管委会版权所有。

●台湾新港奉天宫：http：//www.hsinkangmazu.org.tw/，财团法人嘉义县新港奉天宫全球信息网版权所有。

●台湾彰化南瑶宫：http：//mazu.changhua.org.tw/，彰化南瑶宫版权所有。

●台湾旗津天后宫：http：//www.chijinmazu.org.tw/home/home.php，旗津天后宫版权所有。

●安溪善坛妈祖庙：http：//www.axstmz.com/，安溪善坛妈祖文化研究会版权所有。

●妈祖之光：http：//pt.fjsen.com/xw/mz.htm/，中共福建省委宣传部主管、福建日报报业集团主办、国务院新闻办核准登载新闻业务省级门户网站。

●妈祖文化：http：//whlyw.net/MZCul/。主办单位：莆田学院、莆田市湄洲妈祖祖庙董事会。协办单位：福建省妈祖文化传承与发展协同创新中心、福建省妈祖文化研究会、福建省社会科学基地莆田学院妈祖文化研究中心、福建省高校新型特色智库、莆田学院妈祖文化研究院。技术支持：福州林景行信息技术有限公司。

●妈祖文化网：http：//www.mazu.name/，中国林氏宗亲网旗下公益分站。

●妈祖文化经贸园：http：//tj.zhaoshang.net/yuanqu/detail/278，天津谷川科技有限公司（招商网络）版权所有。

●妈祖电视台：http：//www.tvmazu.com/，于 2017 年 4 月 28 日通过工信部审核批准，成为中国首家以电视台形式弘扬妈祖文化、宣传妈祖大爱的平台。

●妈祖城网：http：//www.mazucity.org/。主办单位：中共莆田市湄洲湾经济开发区工委宣传部。承办单位：湄洲湾北岸经济开发区报道组。

●妈祖娘娘：http：//www.mznn.com/，2006 年至今。

●青岛市妈祖文化联谊会：http：//www.qdmazu.com/，青岛市妈祖文化联谊会版权所有。

●贤良港天后祖祠：http：//www.mzdsd.org/index.html/，莆田市贤良港天后祖祠董事会版权所有。

●南沙天后宫：http：//www.gznsthg.com/，南沙天后宫版权所有。

●泉州天后宫：http：//www.qzthg.com/，泉州天后宫董事会版权所有。

●闽南网：http：//www.mnw.cn/wenhua/mazu/，福建日报报业集团版权所有。

●美国妈祖基金会：https：//usmazu.org/，美国妈祖基金会版权所有。

●莆田文化网：http：//www.ptwhw.com/，莆田文化网版权所有。

●莆田文峰天后宫：http：//www.wenfenggong.com/，LingYin Temple 版权所有。

●莆田市人民政府网—宗教文化 2018 年：http：//www.putian.gov.cn/zjpt/qhgk/zjwh/。主办单位：莆田市人民政府办公室。承办单位：莆田市数字莆田建设领导小组办公室。

●莆田市妈祖文化传播有限公司：http：//www.mazu323.com/，莆田市妈祖文化传播有限公司版权所有。

●莆田侨乡时报—妈祖文化：http：//www.0594xyw.com/。主办单位：政协福建省莆田市委员会。

●莆田学院妈祖文化研究院：https：//www.ptu.edu.cn/mazuwh/，福建省妈祖文化传承与发展协同创新中心—妈祖文化研究会版权所有。

●海洋财富网妈祖文化专栏：http：//www.hycfw.com/category/110，山东海洋网络科技有限公司版权所有。

●涂坑天后圣母庙：http：//www.pnmazu.com/index.html，广东普宁涂坑天后圣母庙版权所有。

●鹿耳门天后宫：https：//www.luerhmen.org.tw/。显宫与鹿耳两里居民素来信仰妈祖、崇拜郑成功，以鹿耳门天后宫为宗教、文化、政治、社教活动中心；民风淳朴、坚毅而团结，与台湾地区 1000 余尊妈祖神明结为“妈祖金兰姊妹会”，是台湾地区最重要的妈祖信仰圈之一，每年至鹿耳门天后宫朝圣的香客络绎不绝。

●湄洲在线：http：//www.mozoo.net/，湄洲在线版权所有。

●湄洲妈祖文化研究中心：http：//www.mzmzgl.com/home，湄洲妈祖文化研究中心版权所有。

●湄洲妈祖祖庙：http：//www.mzmz.org.cn/，福建莆田市湄洲妈祖祖庙董事会。

●新华网妈祖在线：http：//www.fj.xinhuanet.com/mazu/。主办单位：新华社网络中心、中华妈祖文化交流协会。承办单位：新华社福建分社。

●新浪网—莆田妈祖文化：http：//fj.sina.com.cn/pt/zt/mzwh/，SINA Corporation 版权所有。

●澳门中华妈祖基金会：http：//www.a-ma.org.mo/，澳门中华妈祖基金会版权所有。

报纸报道

● 1月1日《厦门日报》刊登《弘扬妈祖大爱精神　传承先贤家风家训》文章。

● 1月2日《湄洲日报》刊登《畅叙乡情乡谊　共话妈祖文化》文章。

● 1月2日《湄洲日报》刊登《湄洲妈祖赴台湾巡游上榜》文章。

● 1月2日《湄洲日报》刊登《推进两校妈祖文化合作事宜》文章。

● 1月2日《湄洲日报》刊登《妈祖文化与海丝精神中美民间交流会召开》文章。

● 1月2日《湄洲日报》刊登《面对面表达愿望　多维度学习经验》文章。

● 1月3日《仙游今报》刊登《湄洲妈祖巡安潮汕后回銮安座》文章。

● 1月3日《闽北日报》刊登《播洒大爱留下真情》文章。

● 1月4日《湄洲日报》刊登《灵光播洒耀五洲》文章。

● 1月4日《城市捷报》刊登《弘扬妈祖大爱》文章。

● 1月4日《湄洲日报》刊登《妈祖效应凸显“世界性”》文章。

● 1月4日《闽西日报》刊登《“妈祖杯”海上丝绸之路国际羽毛球挑战赛圆满闭幕》文章。

● 1月4日《海西晨报》刊登《弘扬妈祖精神　歌颂先贤家风》文章。

● 1月5日《市场星报》刊登《融合文化旅游，践行“一带一路”，相聚妈祖故乡，共享羽球精彩》文章。

● 1月5日《廊坊日报》刊登《国家博物馆馆藏〈天后圣母事迹图志〉授权出版》文章。

● 1月5日《湄洲日报》刊登《抒写把湄洲岛保护好新篇章》文章。

● 1月5日《湄洲日报》刊登《打造世界妈祖文化中心核心区》文章。

●1 月 6 日《湄洲日报》刊登《心怀感恩　加强交流》文章。

●1 月 6 日《湄洲日报》刊登《打响妈祖文化国际品牌》文章。

●1 月 6 日《汕尾日报》刊登《相聚妈祖故里　共创珠宝辉煌》文章。

●1 月 7 日《湄洲日报》刊登《弘扬妈祖文化　助力“海丝”倡议》文章。

●1 月 7 日《半岛都市报》刊登《传统文化绽放〈两会直播间〉》文章。

●1 月 7 日《湄洲日报》刊登《妈祖文化广传扬》文章。

●1 月 8 日《曹妃甸》刊登《曹妃甸举办“祈福妈祖　点亮神州”新年祈福活动》文章。

●1 月 8 日《联合时报》刊登《“北港妈祖回娘家”活动在台举行》文章。

●1 月 9 日《南方日报》刊登《“妈祖杯”国际羽毛球挑战赛落幕》文章。

●1 月 9 日《湄洲日报》刊登《新年妈祖祈福活动举行》文章。

●1 月 11 日《湄洲日报》刊登《挖掘文化内涵　弘扬妈祖精神》文章。

●1 月 11 日《湄洲日报》刊登《台湾北港与宁德妈祖宫庙缔结友好宫庙》文章。

●1 月 11 日《湄洲日报》刊登《员工自导自演展风采》文章。

●1 月 11 日《中国新闻》刊登《“平潭映象”首演　融合两岸民俗美学》文章。

●1 月 14 日《湄洲日报》刊登《从田野中来》文章。

●1 月 15 日《湄洲日报》刊登《“妈祖杯”门球　锦标赛开赛》文章。

●1 月 16 日《湄洲日报》刊登《打响妈祖文化国际品牌》文章。

●1 月 16 日《湄洲日报》刊登《手绘妈祖展传递圣母大悲心》文章。

●1 月 16 日《湄洲日报》刊登《台新港奉天宫打造妈祖花灯》文章。

●1 月 16 日《湄洲日报》刊登《市侨商会向法国福建同乡会捐赠妈祖服》文章。

●1 月 16 日《湄洲日报》刊登《灵光播洒魅力彰显》文章。

●1 月 18 日《湄洲日报》刊登《李洲为上海患者捐献造血干细胞——2 个月内 3 人捐献，展现美丽莆田文明之风和妈祖故乡大爱精神》文章。

●1 月 19 日《湄洲日报》刊登《妈祖杯开幕式小记》文章。

●1 月 19 日《北京青年报》刊登《跨界打造〈玛吉阿米〉〈妈祖〉》文章。

●1 月 21 日《湄洲日报》刊登《福建十大新闻评选揭晓　湄洲祖庙妈祖首次巡游东南亚入选》文章。

●1月22日《陆丰报》刊登《妈祖爱心义工送温暖》文章。

●1月22日《北京日报》刊登《〈玛吉阿米〉〈妈祖〉打造跨界IP》文章。

●1月22日《唐山劳动日报》刊登《蚕沙口天妃宫上的垂脊兽》文章。

●1月23日《中国文物报》刊登《由凡至圣　由圣至凡》文章。

●1月23日《湄洲日报》刊登《湄洲妈祖祖庙莆田会馆收藏免费对外展览》文章。

●1月23日《湄洲日报》刊登《梅峰小学举行莆仙戏〈妈祖颂〉比赛》文章。

●1月23日《湄洲日报》刊登《郑州市妈祖文化交流协会成立》文章。

●1月23日《湄洲日报》刊登《答谢湄洲妈祖巡安潮汕恩泽》文章。

●1月23日《靖江日报》刊登《天妃广场西侧有根"路中杆"》文章。

●1月24日《湄洲日报》刊登《推动妈祖文化在海内外传播》文章。

●1月25日《福建日报》刊登《打响妈祖文化品牌》文章。

●1月25日《福建日报》刊登《打造品牌，推动世界妈祖文化中心建设》文章。

●1月25日《湄洲日报》刊登《"妈祖杯"海上丝绸之路国际羽毛球——挑战赛赛况昨在央视播出，"妈祖杯"，赢口碑》文章。

●1月25日《鄂尔多斯日报》刊登《相聚妈祖故乡》文章。

●1月26日《湄洲日报》刊登《践行妈祖精神　建设美丽乡村》文章。

●1月26日《湄洲日报》刊登《省政府工作报告提及办好妈祖文化论坛、世界佛教论坛》文章。

●1月27日《山西工人报》刊登《打造〈玛吉阿米〉〈妈祖〉》文章。

●1月28日《湄洲日报》刊登《打造妈祖义工品牌》文章。

●1月29日《半岛都市报》刊登《打造北方妈祖文化交流中心》文章。

●1月30日《湄洲日报》刊登《尊妈祖圣像赠信众》文章。

●1月30日《湄洲日报》刊登《牵手海丝路　共绘妈祖情》文章。

●1月30日《民族时报》刊登《成立妈祖文化交流协会》文章。

●1月31日《北京晚报》刊登《〈玛吉阿米〉〈妈祖〉电影舞台剧同步启动》文章。

●1月31日《联合报》刊登《南瑶宫头香奖金加码到11111》文章。

● 2 月 1 日《联合报》刊登《白沙屯妈北港进香掷定 8 天》文章。

● 2 月 3 日《联合报》刊登《彰化南瑶宫除夕头香 8888》文章。

● 2 月 3 日《湄洲日报》刊登《践行妈祖“立德、行善、大爱”精神，发放 350 多万元善款物资，湄洲妈祖祖庙开展送温暖活动惠及近万名岛民》文章。

● 2 月 4 日《联合报》刊登《鹿港天后宫新春祈福　平安好运一整年》文章。

● 2 月 5 日《湄洲日报》刊登《妈祖文化与诚信精神传承方法探析》文章。

● 2 月 6 日《湄洲日报》刊登《妈祖文化走进婚礼》文章。

● 2 月 6 日《湄洲日报》刊登《让受助者感恩妈祖》文章。

● 2 月 6 日《湄洲日报》刊登《推动妈祖文化在岚传播》文章。

● 2 月 6 日《湄洲日报》刊登《打开妈祖文化研究新视角》文章。

● 2 月 6 日《湄洲日报》刊登《泉州霞洲妈祖宫春节将举行“乞龟”活动》文章。

● 2 月 6 日《湄洲日报》刊登《共同传承优秀传统文化》文章。

● 2 月 7 日《现代澳门日报》刊登《妈阁庙妈祖大殿修复开放》文章。

● 2 月 7 日《中国海洋报》刊登《美味“妈祖面”》文章。

● 2 月 7 日《湄洲日报》刊登《提升妈祖文化国际品牌》文章。

● 2 月 8 日《湄洲日报》刊登《修缮妈祖阁》文章。

● 2 月 8 日《澳门时报》刊登《妈阁庙妈祖大殿重开》文章。

● 2 月 8 日《民族时报》刊登《郑州市妈祖文化交流协会成立》文章。

● 2 月 8 日《湄洲日报》刊登《澳门妈阁庙妈祖大殿修复后重新开放》文章。

● 2 月 8 日《新乡日报》刊登《澳门妈阁庙妈祖大殿修复后重新开放》文章。

● 2 月 8 日《正报》刊登《妈阁庙妈祖大殿完成修复重光开放》文章。

● 2 月 8 日《泰州日报》刊登《澳门妈阁庙妈祖大殿修复后重新开放》文章。

● 2 月 8 日《澳门华侨报》刊登《焚毁后维修两年始竣工　妈阁庙妈祖大殿重新开放》文章。

● 2 月 8 日《湄洲日报》刊登《打造妈祖文化现代传播新高地》文章。

● 2 月 9 日《湄洲日报》刊登《电视剧〈妈祖〉昨起在央视回放》文章。

● 2 月 9 日《湄洲日报》刊登《大爱妈祖·美丽莆田——我市举办中国美术名家作品邀请展》文章。

● 2月9日《北海晚报》刊登《妈阁庙妈祖大殿修复后重新开放》文章。

● 2月10日《汕尾日报》刊登《陆丰正字戏〈妈祖〉亮相央视》文章。

● 2月11日《汕尾日报》刊登《田寮村建设妈祖信仰“民俗文化馆”》文章。

● 2月11日《湄洲日报》刊登《同谒妈祖　共祈平安》文章。

● 2月13日《湄洲日报》刊登《莆籍演员郑斯仁出新歌〈妈祖〉》文章。

● 2月13日《湄洲日报》刊登《台湾灯会纪念酒展现妈祖元素》文章。

● 2月13日《大公报》刊登《地震“头七”　湄洲妈祖祖庙祈安义捐》文章。

● 2月13日《中国新闻》刊登《湄洲妈祖祖庙为花莲地震灾区祈福义捐》文章。

● 2月13日《湄洲日报》刊登《送去妈祖故乡人的关爱》文章。

● 2月14日《正报》刊登《澳门妈祖文化村新春安排增免费穿梭巴及延长开放》文章。

● 2月14日《湄洲日报》刊登《新添一尊砗磲妈祖》文章。

● 2月15日《湄洲日报》刊登《首届“迪拜中国年”将展现妈祖风采》文章。

● 2月17日《澳门日报》刊登《妈祖文化村上头炷香祈福》文章。

● 2月20日《澳门华侨报》刊登《澳门中华妈祖基金会在天后宫举行上头香祈福典礼》文章。

● 2月20日《联合报》刊登《新港奉天宫国运签：别玩弄政治》文章。

● 2月21日《联合报》刊登《鹿耳门天后宫国运签渐入佳境》文章。

● 2月21日《联合报》刊登《朝天宫公签平平　凡事持平勿心急》文章。

● 2月21日《现代澳门日报》刊登《澳门妈祖文化村上头香祈福庆典》文章。

● 2月23日《湄洲日报》刊登《传承弘扬妈祖文化》文章。

● 2月23日《湄洲日报》刊登《同谒妈祖共享平安》文章。

● 2月23日《湄洲日报》刊登《欢乐中国年　妈祖保平安》文章。

● 2月24日《联合报》刊登《南瑶宫徒步百年古香路　今年路线略调整》文章。

● 2月24日《半岛都市报》刊登《青岛市妈祖文化联谊会新春首度访美》文章。

● 2月26日《福建日报》刊登《莆田妈祖大爱慈善协会成立　募捐善款近4000万元》文章。

● 2月26日《汕尾日报》刊登《凤山赛梨春民乐团在凤山妈祖公园表演》文章。

● 2 月 26 日《湄洲日报》刊登《巡安布福　传承非遗文化》文章。

● 2 月 27 日《联合报》刊登《6 年前被偷配天宫百年香炉找到了》文章。

● 2 月 27 日《Upaper》刊登《配天宫古香炉遭窃　6 年后失而复得》文章。

● 2 月 27 日《湄洲日报》刊登《广泛传播妈祖文化　大力弘扬妈祖精神》文章。

● 2 月 27 日《湄洲日报》刊登《东皋妈祖文化公园开园》文章。

● 2 月 27 日《湄洲日报》刊登《妈祖金身绕境巡安湄洲岛》文章。

● 2 月 27 日《湄洲日报》刊登《妈祖义工下乡给孤寡老人送温暖》文章。

● 2 月 27 日《湄洲日报》刊登《做“一带一路”践行者》文章。

● 2 月 27 日《湄洲日报》刊登《击鼓三响纳福迎祥》文章。

● 2 月 28 日《烟台晚报》刊登《海神娘娘与妈祖》文章。

● 3 月 1 日《联合报》刊登《湄洲妈来台　蓝绿参拜好神》文章。

● 3 月 1 日《Upaper》刊登《元宵新亮点　15 米高 Q 版妈祖亮相》文章。

● 3 月 2 日《Upaper》刊登《空拍西滨快速道路　妈祖銮轿造型桥抢先看》文章。

● 3 月 2 日《联合报》刊登《配天宫迎回失窃香炉　信众高喊“进喔”》文章。

● 3 月 2 日《湄洲日报》刊登《新歌〈妈祖〉首发　传扬妈祖精神》文章。

● 3 月 2 日《湄洲日报》刊登《“妈祖杯”元宵门球赛举行》文章。

● 3 月 2 日《宁波日报》刊登《妈祖文化是“海丝”申遗的宝贵资源》文章。

● 3 月 3 日《澳门日报》刊登《妈祖基金会元宵点灯祈福》文章。

● 3 月 4 日《今晨 6 点》刊登《“非遗八仙”穿越历史现身妈祖庙会》文章。

● 3 月 5 日《石狮侨报》刊登《东南亚妈祖宫庙重走“海丝路》文章。

● 3 月 5 日《湄洲日报》刊登《〈妈祖〉今晚起在央视戏曲频道回放》文章。

● 3 月 5 日《中国新闻》刊登《年轻人回流，妈祖故里湄洲岛文创产品焕发新生》文章。

● 3 月 5 日《东南早报》刊登《“乞龟”过“平安桥”　同祈新年福》文章。

● 3 月 6 日《湄洲日报》刊登《迎春绕境妈祖赐福》文章。

● 3 月 6 日《宿迁日报》刊登《绿海掩映里的妈祖文化园》文章。

● 3 月 6 日《湄洲日报》刊登《开展妈祖杯女子拔河比赛》文章。

● 3 月 6 日《湄洲日报》刊登《共同弘扬妈祖文化　共谋发展美好前景》文章。

● 3月6日《湄洲日报》刊登《湄洲妈祖祖庙总干事李少霞参评》文章。

● 3月6日《湄洲日报》刊登《陆丰举办妈祖家宴》文章。

● 3月11日《联合报》刊登《大甲妈嫁女儿　港、陆新人跨海来》文章。

● 3月12日《湄洲日报》刊登《创新形式弘扬妈祖文化》文章。

● 3月12日《汕尾日报》刊登《海丰县大湖镇五身妈祖石雕完成安装》文章。

● 3月13日《湄洲日报》刊登《湄洲妈祖分灵台湾影城妈祖村》文章。

● 3月13日《湄洲日报》刊登《湄洲妈祖“年轻态”》文章。

● 3月13日《湄洲日报》刊登《景泰蓝妈祖圣像运往台湾》文章。

● 3月13日《湄洲日报》刊登《展现妈祖文化魅力　突出国际社会影响》文章。

● 3月13日《湄洲日报》刊登《八闽英才代表团参访湄洲妈祖祖庙莆田会馆》文章。

● 3月16日《中国新闻》刊登《打造湄洲岛妈祖文化中心》文章。

● 3月16日《海丝商报》刊登《让妈祖文化发挥建设海上丝绸之路重要作用》文章。

● 3月16日《联合报》刊登《翁章梁配天宫宣誓：绝未电话干扰》文章。

● 3月17日《联合报》刊登《配天宫新四季兰　5圣杯中选》文章。

● 3月17日《湄洲日报》刊登《湄洲妈祖祖庙董事会换届　林金赞当选董事长》文章。

● 3月17日《澳门华侨报》刊登《闽南渔村举行妈祖巡香》文章。

● 3月17日《中国新闻》刊登《闽南古渔村妈祖巡香：好一片“移动花海”》文章。

● 3月19日《国家电网报》刊登《共同推动妈祖文化生态保护区建设》文章。

● 3月20日《联合报》刊登《电动花灯　北港创始》文章。

● 3月21日《联合报》刊登《彰化南瑶宫进香　依古例潦溪》文章。

● 3月21日《联合报》刊登《苗栗重温白衫铁马进香报名秒杀》文章。

● 3月21日《联合报》刊登《南瑶宫创进香团　妈会远播日、泰》文章。

● 3月22日《福建日报》刊登《让妈祖故里更美丽》文章。

● 3月23日《淮阴报》刊登《嘉庆皇帝拜妈祖》文章。

● 3 月 23 日《淮阴报》刊登《妈祖托梦建三闸》文章。

● 3 月 23 日《福建侨报》刊登《泉州蟳埔妈祖天香巡境　蟳埔女展闽南海丝风情》文章。

● 3 月 23 日《都市日报》刊登《美食旅客　曼谷最新文创区　妈祖也有少女味》文章。

● 3 月 24 日《湄洲日报》刊登《湄洲妈祖昨分灵菲律宾　安座在马尼拉慈航禅寺——弘扬妈祖精神　推动“一带一路”建设》文章。

● 3 月 25 日《莆田学院报》刊登《推进妈祖文化品牌提升行动计划》文章。

● 3 月 25 日《联合报》刊登《进香 300 公里　南瑶宫妈祖起驾》文章。

● 3 月 26 日《联合报》刊登《南瑶宫世袭“香担组”护香不灭》文章。

● 3 月 26 日《湄洲日报》刊登《加快妈祖文化特色小镇建设》文章。

● 3 月 26 日《湄洲日报》刊登《着力打造妈祖文化国际品牌》文章。

● 3 月 27 日《湄洲日报》刊登《妈祖诞辰纪念日将设为莆田平安节》文章。

● 3 月 27 日《湄洲日报》刊登《做好妈祖文化普查工作》文章。

● 3 月 27 日《湄洲日报》刊登《践行妈祖精神　保护海洋生态》文章。

● 3 月 27 日《湄洲日报》刊登《妈祖文化大学堂将开班》文章。

● 3 月 27 日《湄洲日报》刊登《让妈祖文化发挥建设海丝重要作用》文章。

● 3 月 28 日《联合报》刊登《彰、新妈祖会　南瑶宫进香今请火》文章。

● 3 月 28 日《联合报》刊登《两岸妈祖宫庙湄洲岛种友谊林》文章。

● 3 月 29 日《湄洲日报》刊登《妈祖大学堂开班》文章。

● 3 月 29 日《福建日报》刊登《妈祖文化普查员信息员培训班开班》文章。

● 3 月 30 日《联合报》刊登《白沙屯妈进香　4 月 1 日报名》文章。

● 3 月 31 日《澳门日报》刊登《台胞湄洲拜妈祖免票》文章。

● 3 月 31 日《大公报》刊登《台胞赴湄洲岛拜妈祖免门票》文章。

● 3 月 31 日《香港文汇报》刊登《台胞湄洲岛拜妈祖免门票　促两岸交流》文章。

● 3 月 31 日《澳门华侨报》刊登《台胞赴湄洲岛拜妈祖　享免票入岛和游览》文章。

● 3月31日《濠江日报》刊登《台胞赴湄洲岛拜妈祖　享免票入岛和游览》文章。

● 4月1日《联合报》刊登《南瑶三妈深夜回銮》文章。

● 4月1日《联合报》刊登《西滨通车　大甲妈銮轿巡礼》文章。

● 4月2日《联合报》刊登《台湾客访湄洲岛“免门票”》文章。

● 4月3日《湄洲日报》刊登《马来西亚大马天后宫暨柔佛州林氏宗亲会再回湄洲妈祖祖庙谒祖朝圣》文章。

● 4月3日《湄洲日报》刊登《打造地方特色文化品牌》文章。

● 4月3日《湄洲日报》刊登《同植一片绿林　见证两岸友谊》文章。

● 4月3日《湄洲日报》刊登《美国妈祖基金会一行参访妈祖研究院》文章。

● 4月3日《湄洲日报》刊登《加入妈祖志愿服务收获幸福》文章。

● 4月3日《湄洲日报》刊登《个性化邮票助力台湾大甲妈祖文化节》文章。

● 4月3日《湄洲日报》刊登《陆丰妈祖祭祀舞蹈团代言传统文化》文章。

● 4月4日《联合报》刊登《跟着妈祖玩台中　开6线专车》文章。

● 4月4日《联合报》刊登《随大甲妈绕境，这些禁忌别犯》文章。

● 4月7日《联合报》刊登《大甲妈祖绕境进香　4月13日起驾》文章。

● 4月10日《广西日报》刊登《古丝路守护神——妈祖》文章。

● 4月10日《湄洲日报》刊登《大学生考察乡村妈祖文化》文章。

● 4月10日《湄洲日报》刊登《妈祖精神始终激励海外华人打拼》文章。

● 4月10日《湄洲日报》刊登《赴日本开展妈祖文化交流》文章。

● 4月10日《湄洲日报》刊登《妈祖绕境巡安祈福南非》文章。

● 4月10日《湄洲日报》刊登《开启妈祖文化发展新篇章》文章。

● 4月10日《莆田学院报》刊登《力促社会学（妈祖文化）硕士点申报》文章。

● 4月10日《湄洲日报》刊登《画家鲁樵“大爱妈祖”邀请展筹备有序推进》文章。

● 4月12日《联合报》刊登《疯妈祖——商品Q萌　老少都爱》文章。

● 4月12日《联合报》刊登《大甲妈明晚起驾　跟轿App带路》文章。

● 4月12日《联合晚报》刊登《绿色绕境　中市送4000组不锈钢碗筷》文章。

● 4 月 12 日《中国县域经济报》刊登《福建莆田供电助力打造“高颜值”妈祖故里》文章。

● 4 月 13 日《联合报》刊登《中市彰化吁减塑　绕境更环保》文章。

● 4 月 13 日《联合报》刊登《台宇 +IVECO 赠车　陪大甲妈绕境》文章。

● 4 月 13 日《联合报》刊登《大甲妈绕境　半夜放炮彰化重罚》文章。

● 4 月 13 日《联合晚报》刊登《从妈祖视角　跟轿玩寻宝》文章。

● 4 月 13 日《联合晚报》刊登《电信、科技业抢进宗教商机》文章。

● 4 月 13 日《经济日报》刊登《报马仔——进香团开路先锋》文章。

● 4 月 13 日《经济日报》刊登《大甲妈祖绕境起驾　信徒爱相随》文章。

● 4 月 13 日《Upaper》刊登《大甲妈绕境今起驾　环保餐具随行》文章。

● 4 月 13 日《湄洲日报》刊登《推进妈祖国际健康城建设——市政府与爱丁堡大学签订战略合作协议　李建辉会见安德鲁·莫里斯》文章。

● 4 月 14 日《香港文汇报》刊登《台中大甲妈祖昨起驾绕境》文章。

● 4 月 14 日《正报》刊登《台湾大甲妈祖起驾绕境　过百万民众参与》文章。

● 4 月 14 日《濠江日报》刊登《台中大甲妈祖绕境启程　传统宗教盛事吹环保风》文章。

● 4 月 14 日《联合报》刊登《接待妈祖信众　新港免费供餐点 50 处》文章。

● 4 月 14 日《联合报》刊登《迎大甲妈　环保大军备战》文章。

● 4 月 14 日《联合晚报》刊登《昨夜起驾　12 万信徒挤爆庙埕》文章。

● 4 月 14 日《联合晚报》刊登《苗栗铁马进香　踩 345 公里》文章。

● 4 月 14 日《联合晚报》刊登《教授跟轿 26 年　1800 生同行》文章。

● 4 月 14 日《经济日报》刊登《明道大学办妈祖百变容颜特展》文章。

● 4 月 14 日《经济日报》刊登《台湾大抢攻宗教商机》文章。

● 4 月 14 日《联合报》刊登《大甲妈 9 天 8 夜绕境》文章。

● 4 月 14 日《联合报》刊登《抢轿变挟持　学者：妈祖会高兴吗？》文章。

● 4 月 14 日《联合报》刊登《大甲妈绕境彰化　600 警力护轿》文章。

● 4 月 15 日《联合报》刊登《教授疯妈祖　1800 学生到场上课》文章。

● 4 月 15 日《联合报》刊登《大甲妈到彰化》文章。

● 4 月 15 日《联合报》刊登《苗栗铁马进香出发》文章。

● 4 月 15 日《联合晚报》刊登《禁鞭炮奏效　历年来最静》文章。

● 4 月 15 日《联合晚报》刊登《大甲妈绕境　抢轿又打架》文章。

● 4 月 15 日《联合晚报》刊登《学者：像是挟持妈祖　警：自己人打自己人》文章。

● 4 月 15 日《澳门日报》刊登《迎妈祖炮竹爆炸台男危殆》文章。

● 4 月 15 日《湄洲日报》刊登《建设招商同步推进　北岸紧抓妈祖国际健康城项目进度》文章。

● 4 月 16 日《联合报》刊登《植物人躜轿脚　妈祖銮轿抬高高》文章。

● 4 月 16 日《联合报》刊登《他背妈祖徒步 600 公里》文章。

● 4 月 16 日《联合报》刊登《大甲妈绕境彰化　爆数波冲撞》文章。

● 4 月 16 日《福建日报》刊登《英国爱丁堡大学签约入驻妈祖国际健康城》文章。

● 4 月 16 日《澳门日报》刊登《孝子背“妈祖”徒步十七天》文章。

● 4 月 16 日《香港文汇报》刊登《背妈祖环岛　孝子为病母痊愈还愿》文章。

● 4 月 17 日《联合报》刊登《妈祖文化专车　千人抽签抢搭》文章。

● 4 月 17 日《联合报》刊登《奉天宫炉丹制陶杯奉茶　香客赞》文章。

● 4 月 17 日《联合报》刊登《大甲妈大军数十万人涌进新港》文章。

● 4 月 17 日《联合报》刊登《旱溪妈起驾　22 天绕中市 11 区》文章。

● 4 月 17 日《中国新闻》刊登《联袂爱丁堡大学　莆田创建“妈祖健康城”》文章。

● 4 月 17 日《澳门时报》刊登《澳门妈祖基金赴台　拜访宫庙绕境进香》文章。

● 4 月 17 日《中国民族报》刊登《台湾年度最大规模宗教活动——大甲妈祖绕境活动启幕》文章。

● 4 月 17 日《厦门晚报》刊登《厦门参访团赴台湾参加妈祖观光文化节》文章。

● 4 月 17 日《湄洲日报》刊登《两岸一家亲，越走越亲！》文章。

● 4 月 17 日《湄洲日报》刊登《深化多维交流　提升彼此情谊》文章。

● 4 月 17 日《湄洲日报》刊登《学习妈祖文化　了解妈祖故事》文章。

●4 月 17 日《湄洲日报》刊登《保护好妈祖宫庙　妈祖人责无旁贷》文章。

●4 月 17 日《湄洲日报》刊登《促进中马妈祖文化融合发展》文章。

●4 月 18 日《海峡导报》刊登《两岸交流妈祖文化》文章。

●4 月 18 日《湄洲日报》刊登《争当妈祖故乡好少年》文章。

●4 月 18 日《星报》刊登《妈祖基金赴台参与绕境进香》文章。

●4 月 18 日《福鼎周刊》刊登《马来西亚宫庙赴福建湄洲妈祖祖庙学祭典》文章。

●4 月 18 日《联合报》刊登《大甲妈来新港　鞭炮少了　垃圾增》文章。

●4 月 18 日《奉化日报》刊登《让天妃文化成为滨海旅游发展新引擎：电视剧〈天妃〉主创团队来奉研讨，预计明年上半年开拍》文章。

●4 月 19 日《联合报》刊登《妈祖能过虎尾溪　文史却“难过”》文章。

●4 月 19 日《联合报》刊登《无烟+限塑：埔里妈绕境更环保》文章。

●4 月 19 日《燕赵都市报》刊登《曹妃甸蚕沙口传统妈祖民俗庙会 25 日热闹开场》文章。

●4 月 19 日《正报》刊登《澳门妈祖基金赴台拜访宫庙绕境进香》文章。

●4 月 19 日《澳门华侨报》刊登《妈祖基金代表团赴台参与活动》文章。

●4 月 19 日《曹妃甸》刊登《第三届中国北方妈祖文化（曹妃甸）学术研讨会在我区召开》文章。

●4 月 19 日《湄洲日报》刊登《突出妈祖文化优势　促进两岸交流合作——全市对台工作会议召开》文章。

●4 月 20 日《经济日报》刊登《大甲妈祖加持　串起宗教社群》文章。

●4 月 20 日《联合报》刊登《大甲妈驻明道　水族来朝》文章。

●4 月 20 日《今日黄岩》刊登《妈祖迎会活动好热闹》文章。

●4 月 20 日《澳门华侨报》刊登《访台扩大妈祖文化朋友圈　湄洲祖庙掌门人收获满满》文章。

●4 月 20 日《湄洲日报》刊登《福建十大体育网络人气事件评选揭晓　“妈祖杯”海上丝绸之路国际羽毛球挑战赛上榜》文章。

●4 月 20 日《中国新闻》刊登《专家齐聚曹妃甸　探讨妈祖文化》文章。

● 4 月 20 日《福建侨报》刊登《妈祖文化圈粉两岸青年》文章。

● 4 月 20 日《今日云和》刊登《“海神” 林默娘》文章。

● 4 月 21 日《联合报》刊登《绕境起水泡　勿乱刺破以免感染》文章。

● 4 月 21 日《联合报》刊登《绕境鞭炮炸破臀　女深二度灼伤》文章。

● 4 月 21 日《联合报》刊登《冲绕境商机　表兄弟深夜车祸亡》文章。

● 4 月 21 日《联合报》刊登《AIT 抢搭妈祖热　送 1.5 万只鸡腿》文章。

● 4 月 22 日《联合报》刊登《大甲妈回銮彰化　爆冲突伤 2 警》文章。

● 4 月 22 日《联合报》刊登《大甲妈今回銮安座　镇澜宫交管》文章。

● 4 月 22 日《湄洲日报》刊登《湄洲妈祖分灵印度尼西亚　进一步扩大妈祖文化在世界的影响》文章。

● 4 月 23 日《联合报》刊登《9 天绕境告终　大甲妈回銮安座》文章。

● 4 月 23 日《联合晚报》刊登《妈祖回銮　马英九扶轿人气旺》文章。

● 4 月 23 日《Upaper》刊登《四庄妈祖回銮通宵　万人饭担吃免惊》文章。

● 4 月 23 日《湄洲日报》刊登《“大爱妈祖” 中国画邀请展举办　4 月 22 日至 6 月 22 日在湄洲祖庙莆田会馆展出》文章。

● 4 月 23 日《今日黄岩》刊登《传承 “非遗”，共享民俗 “文化餐”》文章。

● 4 月 24 日《湄洲日报》刊登《湄洲妈祖昨分灵瓦努阿图》文章。

● 4 月 24 日《中国民族报》刊登《台南进香团 “妈祖故里” 寻根谒祖》文章。

● 4 月 24 日《中国民族报》刊登《津冀两地纪念妈祖 1058 周年诞辰》文章。

● 4 月 24 日《湄洲日报》刊登《湄洲妈祖昨分灵瓦努阿图　妈祖足迹已遍布五大洲 43 个国家和地区——世界影响力不断扩大，助推 “一带一路” 建设》文章。

● 4 月 25 日《湄洲日报》刊登《保护妈祖文物　弘扬妈祖文化——刘玉珠来莆调研》文章。

● 4 月 25 日《福建日报》刊登《湄洲妈祖分灵瓦努阿图》文章。

● 4 月 25 日《湄洲日报》刊登《保护妈祖文物　弘扬妈祖文化》文章。

● 4 月 26 日《桂林晚报》刊登《平乐将举办妈祖文化旅游节》文章。

● 4 月 27 日《桂林日报》刊登《平乐将举办妈祖文化旅游节》文章。

● 4 月 27 日《湄洲日报》刊登《携一瓣心香　执一份敬仰》文章。

● 4 月 28 日《信息时报》刊登《南沙妈祖文化旅游节 5 月 7 日开幕》文章。

● 4 月 28 日《人民政协报》刊登《“两岸一家，越走越亲！”》文章。

● 4 月 28 日《联合报》刊登《妈祖绕境监所　收容人躜轿脚》文章。

● 4 月 29 日《联合报》刊登《同安寮十二庄迎鹿港妈赐福》文章。

● 4 月 29 日《联合报》刊登《埔里妈环保　不烧金纸不燃炮》文章。

● 4 月 29 日《联合报》刊登《老二妈省亲绕境　西屯热闹滚滚》文章。

● 4 月 29 日《联合报》刊登《3 轮车、3 神像　万尊妈祖出巡了》文章。

● 4 月 30 日《经济日报》刊登《携手岭东科大旱溪妈祖绕境直播》文章。

● 4 月 30 日《仙游今报》刊登《湄洲妈祖分灵瓦努阿图》文章。

● 5 月 1 日《湄洲日报》刊登《美丽湄洲妈祖魅力》文章。

● 5 月 1 日《湄洲日报》刊登《大力宣传弘扬妈祖文化》文章。

● 5 月 1 日《湄洲日报》刊登《全球妈祖文化普查推进汇报会召开》文章。

● 5 月 1 日《湄洲日报》刊登《首届妈祖平安成人礼筹备会举行》文章。

● 5 月 1 日《湄洲日报》刊登《广东正字戏〈妈祖〉在湄洲祖庙展演》文章。

● 5 月 1 日《湄洲日报》刊登《湄洲妈祖分灵印度尼西亚东爪哇受热捧》文章。

● 5 月 2 日《广州日报》刊登《正字戏〈妈祖〉亮相湄洲岛》文章。

● 5 月 2 日《中国新闻》刊登《两岸信众拜谒“妈祖行宫之尊”》文章。

● 5 月 2 日《中国新闻》刊登《正字戏〈妈祖〉首登湄洲岛》文章。

● 5 月 3 日《广西日报》刊登《平乐将办妈祖文化旅游节》文章。

● 5 月 3 日《羊城晚报》刊登《陆丰正字戏〈妈祖〉献演湄洲岛》文章。

● 5 月 4 日《洞头新闻》刊登《第九届中国·洞头妈祖平安节周末开幕共祈安康》文章。

● 5 月 4 日《湄洲日报》刊登《倾力弘扬妈祖文化》文章。

● 5 月 4 日《洞头新闻》刊登《霓屿街道举办南山妈祖节》文章。

● 5 月 4 日《寿光日报》刊登《邀您体验妈祖民俗风情》文章。

● 5 月 4 日《南方日报》刊登《巽寮下周举行妈祖文化旅游节》文章。

● 5 月 4 日《桂林晚报》刊登《平乐：全力护航妈祖文化旅游节》文章。

● 5 月 5 日《联合报》刊登《北港妈祖出巡炸轿一路炸不停》文章。

●5 月 5 日《珠江晚报》刊登《传承妈祖文化》文章。

●5 月 5 日《南国早报》刊登《妈祖文化旅游节开幕》文章。

●5 月 5 日《澳门华侨报》刊登《妈祖金身回銮湄洲祖庙》文章。

●5 月 5 日《现代澳门日报》刊登《天后宫妈祖金身回銮湄洲祖庙　顺道推介澳门妈祖文化旅游节》文章。

●5 月 5 日《正报》刊登《天后宫妈祖金身回銮湄洲祖庙　顺道推介澳门妈祖文化旅游节》文章。

●5 月 5 日《湄洲日报》刊登《桂林平乐推出大型巡游活动传承妈祖文化》文章。

●5 月 5 日《澳门华侨报》刊登《广西平乐举行妈祖文化旅游节》文章。

●5 月 5 日《北海日报》刊登《桂林平乐推出大型巡游活动传承妈祖文化》文章。

●5 月 5 日《澳门日报》刊登《天后宫妈祖金身回湄洲祖庙》文章。

●5 月 6 日《现代澳门日报》刊登《澳门天后宫妈祖金身回湄洲娘家　周二返澳驻驾佑汉供众善信参拜》文章。

●5 月 6 日《桂林晚报》刊登《迎“妈祖”》文章。

●5 月 6 日《广州日报》刊登《妈祖文化节明开幕》文章。

●5 月 6 日《海口日报》刊登《首届海口妈祖文化旅游节开幕》文章。

●5 月 6 日《南国都市报》刊登《首届妈祖文化旅游节海口开幕》文章。

●5 月 6 日《烟台日报》刊登《2018“妈祖文化节”8 日开幕》文章。

●5 月 6 日《厦门晚报》刊登《妈祖文化“脉相连”　厦门团赴台南参访》文章。

●5 月 6 日《海峡导报》刊登《鹿耳门妈祖绕境　厦门朝宗宫共襄盛举》文章。

●5 月 6 日《澳门日报》刊登《湄洲祖庙将参澳妈祖文化节》文章。

●5 月 6 日《桂林日报》刊登《广西桂林平乐妈祖文化旅游节开幕》文章。

●5 月 6 日《澳门华侨报》刊登《澳门天后宫妈祖金身驻驾湄洲祖庙　祖庙续参与澳妈祖文化旅游节》文章。

●5 月 7 日《联合报》刊登《东港妈祖绕境　首度横越大鹏湾》文章。

●5 月 7 日《正报》刊登《天后宫妈祖金身今驻驾佑汉供善信参拜》文章。

●5 月 7 日《鄞州日报》刊登《妈祖诞辰 1058 周年祭祀暨甬台两地文化交流活动举行》文章。

● 5 月 7 日《澳门华侨报》刊登《澳妈阁水陆演戏会邀金龙剧团演剧开锣　天后诞演戏酬神弘妈祖信仰》文章。

● 5 月 7 日《澳门华侨报》刊登《今驻驾佑汉第四街休憩区供善信参拜　澳天后宫妈祖金身回銮归澳》文章。

● 5 月 7 日《湛江晚报》刊登《举办“妈祖文化节”》文章。

● 5 月 7 日《现代金报》刊登《宁波举行妈祖祭祀大典》文章。

● 5 月 7 日《湄洲日报》刊登《首届妈祖平安成人礼昨举行》文章。

● 5 月 7 日《惠州日报》刊登《妈祖文化旅游节周五开幕》文章。

● 5 月 7 日《晋中晚报》刊登《桂林平乐推出大型巡游活动传承妈祖文化》文章。

● 5 月 7 日《市民日报》刊登《妈祖金身回銮湄洲祖庙活动结束》文章。

● 5 月 7 日《南方日报》刊登《惠东将办第七届妈祖文化旅游节》文章。

● 5 月 7 日《澳门日报》刊登《天后宫妈祖今驻佑汉休憩区》文章。

● 5 月 7 日《宁波日报》刊登《庆安会馆举行“两岸妈祖一家亲”活动》文章。

● 5 月 7 日《星报》刊登《澳天后宫见证湄洲妈祖诞辰庙会》文章。

● 5 月 7 日《南国都市报》刊登《首届妈祖文化旅游节在海口天后宫举办》文章。

● 5 月 7 日《现代澳门日报》刊登《澳门天后宫见证湄洲妈祖诞辰 1058 周年庙会》文章。

● 5 月 7 日《唐山劳动日报》刊登《渤海地区的天妃与天妃宫》文章。

● 5 月 8 日《中国新闻》刊登《共祈风调雨顺　两岸信众宁波同祭妈祖》文章。

● 5 月 8 日《湄洲日报》刊登《海内外信众冒雨拜谒妈祖》文章。

● 5 月 8 日《羊城晚报》刊登《南沙天后宫迎“妈祖诞”》文章。

● 5 月 8 日《南方日报》刊登《南沙妈祖文化旅游节昨日开幕》文章。

● 5 月 8 日《澳门日报》刊登《南沙妈祖节引港澳台信众》文章。

● 5 月 8 日《新快报》刊登《南沙妈祖文化旅游节开幕　千名台商巡游为妈祖“暖寿”》文章。

● 5 月 8 日《福建日报》刊登《台湾花莲县长傅昆萁赴湄洲妈祖祖庙进香》文章。

● 5 月 8 日《信息时报》刊登《惠州第七届妈祖文化旅游节周五开幕》文章。

● 5 月 8 日《湄洲日报》刊登《践行妈祖大爱精神　两岸青年携手同行》文章。

●5月8日《香港文汇报》刊登《千台商组团祭妈祖　聚南沙盛装大巡游》文章。

●5月8日《澳门华侨报》刊登《近千名台商信众到广州南沙祭拜妈祖》文章。

●5月8日《湄洲日报》刊登《凸显民俗文化特色　展现妈祖信仰力量》文章。

●5月8日《广东科技报健康养生周刊》刊登《第十届广州南沙妈祖文化旅游节开幕》文章。

●5月8日《湄洲日报》刊登《广西桂林平乐妈祖文化事业蓬勃发展》文章。

●5月8日《湄洲日报》刊登《第十届广州南沙妈祖文化旅游节举行》文章。

●5月8日《正报》刊登《近千名台商信众到广州南沙祭拜妈祖》文章。

●5月8日《中国新闻》刊登《台商广州祭拜妈祖》文章。

●5月8日《广州日报》刊登《南沙庆“妈祖诞”》文章。

●5月8日《澳门日报》刊登《澳道协赴台参妈祖活动》文章。

●5月8日《湛江日报》刊登《流沙村举行妈祖民俗文化巡游》文章。

●5月8日《海峡导报》刊登《南靖举办第五届妈祖文化节》文章。

●5月8日《中国新闻》刊登《近千台商南沙祭拜妈祖》文章。

●5月8日《信息时报》刊登《南沙天后宫迎“妈祖诞”》文章。

●5月9日《联合报》刊登《贺妈祖诞辰　彰投前后任县长到场》文章。

●5月9日《联合报》刊登《金酒联名大甲妈　5.8万瓶棱轿脚》文章。

●5月9日《联合报》刊登《妈祖生　慈佑宫乐捐》文章。

●5月9日《联合报》刊登《板桥妈绕境　义天宫捐巴士》文章。

●5月9日《湄洲日报》刊登《整理妈祖文献　扩大传播影响》文章。

●5月9日《湄洲日报》刊登《携手学术研究　建立紧密关系》文章。

●5月9日《西安商报》刊登《保护“海洋大熊猫”　妈祖诞日成中华白海豚保护宣传日》文章。

●5月9日《福建日报》刊登《弘扬妈祖精神　共建美好未来》文章。

●5月9日《湄洲日报》刊登《讲好妈祖故事　推动文化交流》文章。

●5月9日《江南晚报》刊登《初夏将至未至，遂昌王村口妈祖文化节火热来袭》文章。

●5月9日《现代澳门日报》刊登《妈阁庙值理会贺妈祖宝诞　冀活动能打造

成节庆品牌》文章。

● 5 月 9 日《湄洲日报》刊登《中国台湾云林县北港朝天宫副董事长蔡辅雄：遵循妈祖使命　做好传承工作》文章。

● 5 月 9 日《湄洲日报》刊登《弘扬妈祖文化　促进心灵契合——人民网在京直播两岸学者畅谈发挥妈祖文化的心灵纽带作用和湄洲岛春祭妈祖典礼》文章。

● 5 月 9 日《中国新闻》刊登《海内外信众湄洲岛共祭妈祖》文章。

● 5 月 9 日《中国新闻》刊登《妈祖诞日成中华白海豚保护宣传日》文章。

● 5 月 9 日《宝安日报》刊登《唱响渔歌迎妈祖　千年文化共传承》文章。

● 5 月 9 日《东江时报》刊登《山容海纳妈祖情　巽寮邀你赏民俗》文章。

● 5 月 9 日《南国都市报》刊登《妈祖诞辰 1058 周年蜈支洲岛举行祈福活动》文章。

● 5 月 9 日《闽南日报》刊登《施琅征台出师地纪念妈祖诞辰 1058 周年》文章。

● 5 月 9 日《湄洲日报》刊登《两岸信众在浙共祭妈祖祈福平安》文章。

● 5 月 9 日《湄洲日报》刊登《12 名妈祖信众获评“平安大使”》文章。

● 5 月 9 日《南方都市报》刊登《妈祖诞、杨包庙会……快去感受渔村文化》文章。

● 5 月 9 日《正报》刊登《天后宫妈祖金身回銮贺妈祖宝诞　风雨交加无阻大批信众冒雨前来朝拜》文章。

● 5 月 9 日《现代澳门日报》刊登《天后宫妈祖金身回銮贺妈祖宝诞　驻驾佑汉香火鼎盛活动圆满成功》文章。

● 5 月 9 日《湄洲日报》刊登《同谒妈祖　共享平安——妈祖诞辰 1058 周年纪念大会昨在湄洲岛举行，林宝金致辞，李建辉主持》文章。

● 5 月 9 日《桂林晚报》刊登《迎“妈祖”》文章。

● 5 月 9 日《烟台日报》刊登《妈祖文化架起“情谊之桥”：2018 烟台天后行宫妈祖文化节启幕》文章。

● 5 月 9 日《深圳都市报》刊登《大鹏渔民纪念妈祖诞辰》文章。

● 5 月 9 日《福建日报》刊登《弘扬妈祖文化　促进心灵契合》文章。

● 5 月 9 日《福建日报》刊登《整理妈祖故事　促进文化传播》文章。

● 5 月 9 日《三亚日报》刊登《蜈支洲岛举办妈祖诞辰祭典活动》文章。

● 5 月 9 日《羊城晚报》刊登《南沙妈祖文化正迈步走出去》文章。

● 5 月 9 日《烟台日报》刊登《妈祖文化架起“情谊之桥”》文章。

● 5 月 9 日《澳门日报》刊登《天后宫妈祖金身昨回銮》文章。

● 5 月 9 日《珠江晚报》刊登《大万山岛“妈祖诞”雨中祈福》文章。

● 5 月 9 日《福建日报》刊登《讲好“妈祖故事” 推动两岸交流》文章。

● 5 月 9 日《湄洲日报》刊登《〈湄洲妈祖祖庙志〉出版发行》文章。

● 5 月 9 日《湄洲日报》刊登《祖庙首次直播春祭妈祖典礼》文章。

● 5 月 9 日《福建日报》刊登《遵循妈祖使命 做好文化传承》文章。

● 5 月 9 日《福建日报》刊登《两岸万名信众纪念妈祖诞辰》文章。

● 5 月 9 日《福建日报》刊登《弘扬妈祖文化 服务两岸交流》文章。

● 5 月 9 日《金陵晚报》刊登《妈祖庙会》文章。

● 5 月 9 日《澳门日报》刊登《神州妈祖会庆妈祖诞》文章。

● 5 月 9 日《深圳特区报》刊登《“妈祖故乡”创新开发妈祖文创品》文章。

● 5 月 9 日《现代澳门日报》刊登《神州妈祖会庆妈祖诞》文章。

● 5 月 9 日《深圳侨报》刊登《妈祖圣诞举办祭典》文章。

● 5 月 9 日《中国海洋报》刊登《妈祖故里隆重纪念妈祖诞辰 1058 周年》文章。

● 5 月 9 日《澳门华侨报》刊登《“妈祖故里”湄洲岛春祭妈祖》文章。

● 5 月 9 日《南京日报》刊登《妈祖庙会文化大集》文章。

● 5 月 9 日《惠州日报》刊登《大亚湾渔民欢庆妈祖诞》文章。

● 5 月 10 日《海丝商报》刊登《3D 动作玄幻巨制〈海神妈祖〉成功启动》文章。

● 5 月 10 日《中国体育报》刊登《桂林平乐妈祖文化旅游节举行》文章。

● 5 月 10 日《闽北日报》刊登《顺昌洋口举办妈祖 1058 周年华诞庆典活动》文章。

● 5 月 10 日《洞头新闻》刊登《民间民俗多彩浙江》文章。

● 5 月 10 日《洞头新闻》刊登《妈祖庙会》文章。

● 5 月 10 日《洞头新闻》刊登《“妈祖”历史渊源》文章。

● 5 月 10 日《洞头新闻》刊登《以妈祖的名义朝觐天地》文章。

● 5 月 10 日《团结报》刊登《共祭妈祖祈愿和平》文章。

● 5 月 10 日《湄洲日报》刊登《举办活动纪念妈祖诞辰 1058 周年》文章。

● 5 月 10 日《中国产经新闻》刊登《首届妈祖平安成人礼在福建莆田举行》文章。

● 5 月 10 日《海峡时报》刊登《船政天后宫举办妈祖诞辰周年祭典》文章。

● 5 月 10 日《湄洲日报》刊登《不断扩大妈祖文化全球影响力》文章。

● 5 月 10 日《南京晨报》刊登《下关天妃宫祈福南京 600 年》文章。

● 5 月 11 日《南方都市报》刊登《到巽寮妈祖文化节观祭典看花车》文章。

● 5 月 11 日《惠州日报》刊登《巽寮第七届妈祖文化旅游节启幕》文章。

● 5 月 11 日《人民政协报》刊登《两岸信众在浙共祭妈祖祈福平安》文章。

● 5 月 11 日《陆丰报》刊登《陆丰正字戏〈妈祖〉闪亮登上福建湄洲岛“妈祖大学堂”舞台　演绎精彩　缔造品位》文章。

● 5 月 11 日《湄洲日报》刊登《妈祖圣地　工艺之都　梁建勇昨参观深圳文博会莆田馆》文章。

● 5 月 11 日《福鼎周刊》刊登《弘扬妈祖文化》文章。

● 5 月 11 日《福建侨报》刊登《7000 信众拜妈祖》文章。

● 5 月 11 日《陆丰报》刊登《市妈祖文化团赴广西演出》文章。

● 5 月 11 日《北京晚报》刊登《妈祖文化在台港澳》文章。

● 5 月 12 日《东江时报》刊登《英歌舞花车游　妈祖文化节好看好玩》文章。

● 5 月 12 日《平潭时报》刊登《省内信众齐聚东庠岛　纪念妈祖诞辰 1058 周年》文章。

● 5 月 12 日《中国产经新闻》刊登《国网莆田供电公司完成妈祖诞辰系列活动保电任务》文章。

● 5 月 13 日《联合报》刊登《172.36 小时走到北港　白沙屯妈送袖套》文章。

● 5 月 13 日《今晨 6 点》刊登《妈祖文化促粤港澳旅游发展》文章。

● 5 月 13 日《半岛都市报》刊登《妈祖文化国际大奖首落岛城》文章。

● 5 月 13 日《厦门日报》刊登《两门共仰妈祖连缘》文章。

● 5 月 13 日《中老年时报》刊登《道花会巡游　为妈祖庆生》文章。

● 5 月 13 日《惠州日报》刊登《妈祖文化促大湾区旅游发展》文章。

● 5 月 13 日《大公报》刊登《“妈祖文化节”吸客半亿促湾区旅游》文章。

● 5 月 13 日《中国旅游报》刊登《妈祖文化促粤港澳大湾区旅游发展》文章。

● 5 月 14 日《湄洲日报》刊登《妈祖颂》文章。

● 5 月 14 日《仙游今报》刊登《敬仰妈祖　虔诚朝圣》文章。

● 5 月 14 日《石狮侨报》刊登《两岸万名信众纪念妈祖诞辰》文章。

● 5 月 14 日《福建法治报》刊登《禁毒宣传与您相约妈祖文化节》文章。

● 5 月 14 日《湄洲日报》刊登《妈祖文化走进小学课堂》文章。

● 5 月 14 日《唐山劳动日报》刊登《5 月 14 日〈湄洲日报〉刊登〈妈祖文化走进小学课堂〉》文章。

● 5 月 15 日《联合时报》刊登《交流妈祖文化　增进两岸同胞情》文章。

● 5 月 15 日《湄洲日报》刊登《3D 玄幻电影〈海神妈祖〉启动》文章。

● 5 月 15 日《闽东日报》刊登《霞浦竹江:“妈祖走水”闹民俗》文章。

● 5 月 15 日《闽东日报》刊登《福安茜洋：喜乐妈祖文化节》文章。

● 5 月 15 日《中国民族报》刊登《汕尾陆丰正字戏〈妈祖〉登上福建湄洲岛》文章。

● 5 月 15 日《湄洲日报》刊登《沈阳天后宫：扩大妈祖在东北影响力》文章。

● 5 月 15 日《湄洲日报》刊登《上海天妃宫：祈愿妈祖庇佑风调雨顺》文章。

● 5 月 15 日《广西日报》刊登《一样的漓江　不一样的风光》文章。

● 5 月 15 日《民族时报》刊登《两岸信众在浙共祭妈祖祈福平安》文章。

● 5 月 15 日《联合报》刊登《白沙屯妈北港进香　明晚出发》文章。

● 5 月 16 日《联合报》刊登《金山二妈回娘家　看蹦火仔》文章。

● 5 月 16 日《香港文汇报》刊登《妈祖文化联谊会宴贺双亲节》文章。

● 5 月 16 日《太仓日报》刊登《太仓莆田祈福　共续妈祖缘》文章。

● 5 月 16 日《福建日报》刊登《第二届莆田贤良港妈祖文化论坛顺利闭幕》文章。

● 5 月 17 日《正报》刊登《澳门天后宫赴台绕境　推广妈祖文化旅游节》文章。

● 5 月 17 日《现代澳门日报》刊登《澳门天后宫赴台绕境　推广妈祖文化旅游

节》文章。

● 5月17日《澳门日报》刊登《天后宫赴台绕境　推妈祖文化节》文章。

● 5月17日《湄洲日报》刊登《心灵契合　力量聚合》文章。

● 5月17日《经济日报》刊登《黑松携金酒　妈祖联名酒上市》文章。

● 5月17日《靖江日报》刊登《朝花夕拾，天妃广场“戏码头”里忆青春》文章。

● 5月18日《湄洲日报》刊登《妈祖灵光耀南非》文章。

● 5月19日《濠江日报》刊登《冀官民合力传播妈祖文化》文章。

● 5月19日《唐山劳动日报》刊登《首届丝路妈祖文化国际学术交流大会将在曹妃甸举行》文章。

● 5月19日《中国文化报》刊登《纪念妈祖诞辰1058周年公益书画展举行》文章。

● 5月18日《联合报》刊登《白沙屯妈急行军36小时赴北港》文章。

● 5月19日《联合报》刊登《白沙屯妈抵朝天宫　10万人迎驾》文章。

● 5月20日《陆丰报》刊登《市妈祖文艺团参加巽寮妈祖文化节》文章。

● 5月21日《曹妃甸》刊登《首届丝路妈祖文化国际学术交流大会将在曹妃甸举行》文章。

● 5月21日《湄洲日报》刊登《整合资源提升产业发展水平　妈祖国际健康城将建设国际高端质子治疗中心》文章。

● 5月22日《湄洲日报》刊登《传承优秀传统文化　践行妈祖大爱精神》文章。

● 5月22日《湄洲日报》刊登《湄洲妈祖祖庙景区管理处成立党支部》文章。

● 5月22日《湄洲日报》刊登《第13届南京妈祖庙会举行》文章。

● 5月22日《湄洲日报》刊登《第二届贤良港妈祖文化论坛闭幕》文章。

● 5月22日《湄洲日报》刊登《弘扬妈祖文化　助力“一带一路”》文章。

● 5月22日《湄洲日报》刊登《表演“三献礼”　庆妈祖诞辰》文章。

● 5月24日《联合报》刊登《白沙屯妈回銮　“人情味超浓”》文章。

● 5月24日《中国海洋报》刊登《妈祖》文章。

● 5月24日《福建日报》刊登《莆田妈祖国际健康城将建质子中心》文章。

● 5月25日《湄洲日报》刊登《展示妈祖文化的新窗口》文章。

● 5 月 25 日《莆田学院报》刊登《陈祖芬讲述海洋视野中的妈祖文化》文章。

● 5 月 25 日《福建侨报》刊登《香港妈祖文化联谊会举办祈福大巡游》文章。

● 5 月 25 日《河北日报》刊登《首届丝路妈祖文化国际学术交流会 10 月在曹妃甸举行》文章。

● 5 月 25 日《湄洲日报》刊登《“妈祖杯”第七届海上丝绸之路业余围棋联赛将在湄洲岛举行》文章。

● 5 月 25 日《湄洲日报》刊登《千年信仰展现魅力》文章。

● 5 月 28 日《联合报》刊登《云林六房妈过炉　国家重要民俗授证》文章。

● 5 月 28 日《北京晨报》刊登《“立德”首开论坛讲妈祖》文章。

● 5 月 28 日《湄洲日报》刊登《“妈祖杯”业余围棋联赛举行》文章。

● 5 月 29 日《湄洲日报》刊登《莆籍演员郑斯仁与湄洲妈祖祖庙合作　拍摄首部〈妈祖〉音乐剧电影》文章。

● 5 月 29 日《湄洲日报》刊登《促进妈祖文化发展　弘扬海洋文化精神》文章。

● 5 月 29 日《汕尾日报》刊登《陆丰市妈祖文化研究会举行“珍爱生命，智慧护生”活动》文章。

● 5 月 29 日《湄洲日报》刊登《福莆仙东岳观捐建思懿亭》文章。

● 5 月 29 日《三秦都市报》刊登《“妈祖印象”落户西安》文章。

● 5 月 30 日《湄洲日报》刊登《感受妈祖文化魅力》文章。

● 5 月 31 日《中国旅游报》刊登《第七个故事：妈祖——洒向世界的大爱》文章。

● 5 月 31 日《东南快报》刊登《第十届海峡论坛·妈祖文化活动周下月在莆田举行》文章。

● 6 月 1 日《湄洲日报》刊登《妈祖关怀情暖人心》文章。

● 6 月 2 日《石狮日报》刊登《石湖妈祖宫与海丝文化的不解之缘》文章。

● 6 月 2 日《湄洲日报》刊登《精心谋划部署　讲究质量效益——第十届海峡论坛·妈祖文化活动周筹备工作汇报会召开，程强讲话》文章。

● 6 月 4 日《闽南日报》刊登《两岸妈祖宫庙缔结友好》文章。

● 6 月 4 日《人民日报海外版》刊登《烟台台湾共祭妈祖》文章。

● 6 月 4 日《濠江日报》刊登《台湾 23 家妈祖宫庙联合进香团首赴福建湄洲祖庙朝圣》文章。

● 6 月 4 日《唐山劳动日报》刊登《天妃宫及天妃称呼的演变（上）》文章。

● 6 月 5 日《联合报》刊登《白沙屯妈开炉　恢复传统敬香》文章。

● 6 月 5 日《中国海洋报》刊登《传播妈祖文化的使者》文章。

● 6 月 5 日《湄洲日报》刊登《湄洲妈祖祖庙举行妈祖祭典庆贺》文章。

● 6 月 5 日《湄洲日报》刊登《妈祖文化进警营》文章。

● 6 月 5 日《石狮日报》刊登《石湖"妈祖杯"篮球赛落幕》文章。

● 6 月 8 日《湄洲日报》刊登《台湾信众同谒妈祖》文章。

● 6 月 8 日《福建侨报》刊登《两门共仰妈祖连缘》文章。

● 6 月 11 日《中国石化报》刊登《妈祖传说》文章。

● 6 月 11 日《瓷都德化》刊登《妈祖故乡人对话德化瓷妈祖》文章。

● 6 月 11 日《闽西日报》刊登《天后宫妈祖庙会》文章。

● 6 月 11 日《福州日报》刊登《两岸"妈祖大学堂"在连江开课》文章。

● 6 月 11 日《福州晚报》刊登《海峡两岸"妈祖大学堂"开课》文章。

● 6 月 11 日《唐山劳动日报》刊登《天妃宫及天妃称呼的演变（下）》文章。

● 6 月 12 日《湄洲日报》刊登《共商妈祖文化发展大计》文章。

● 6 月 12 日《湄洲日报》刊登《学习先进管理经验　挖掘妈祖文化内涵》文章。

● 6 月 12 日《湄洲日报》刊登《了解妈祖文化　弘扬妈祖精神》文章。

● 6 月 12 日《湄洲日报》刊登《捐资修建妈祖文化公园》文章。

● 6 月 12 日《湄洲日报》刊登《妈祖情缘合作共赢》文章。

● 6 月 12 日《宁波日报》刊登《重置天妃宫遗址碑的背后》文章。

● 6 月 13 日《首钢日报》刊登《湄洲岛瞻妈祖》文章。

● 6 月 14 日《福建日报》刊登《妈祖文化一线牵　民间交流结情缘》文章。

● 6 月 15 日《贵州民族报》刊登《世界非遗之妈祖信俗》文章。

● 6 月 16 日《联合报》刊登《新埔妈祖今明海巡　乘胶筏出海》文章。

● 6 月 16 日《宁波晚报》刊登《南宋天妃宫遗址碑昨日揭碑》文章。

● 6 月 17 日《鄞州日报》刊登《宋·天妃宫遗址碑揭碑仪式举行》文章。

● 6月18日《福州晚报海外版》刊登《两岸“妈祖大学堂”在连江开课》文章。

● 6月19日《湄洲日报》刊登《将设立妈祖图书馆》文章。

● 6月19日《湄洲日报》刊登《以书法之名　传妈祖之情》文章。

● 6月19日《湄洲日报》刊登《妈祖是海上丝绸之路的文化使者》文章。

● 6月19日《湄洲日报》刊登《青岛市妈祖文化联谊会从祖庙分灵7尊妈祖像回青岛》文章。

● 6月19日《湄洲日报》刊登《“大爱妈祖”两岸书画精品大联展拉开帷幕》文章。

● 6月19日《湄洲日报》刊登《“世界宗教和谐与首届妈祖文化节”11月举办》文章。

● 6月20日《湄洲日报》刊登《共同传承弘扬妈祖文化　推进莆台医疗健康合作》文章。

● 6月20日《仙游今报》刊登《共商妈祖文化发展大计》文章。

● 6月20日《湄洲日报》刊登《共同传承弘扬妈祖文化　推进莆台医疗健康合作》文章。

● 6月20日《海曙新闻》刊登《宋·天妃宫遗址碑揭碑》文章。

● 6月21日《湄洲日报》刊登《打响医疗健康国际品牌》文章。

● 6月21日《湄洲日报》刊登《第十届海峡论坛·妈祖文化活动周暨海峡两岸“妈祖与健康”高峰论坛昨开幕》文章。

● 6月21日《湄洲日报》刊登《打造中国高端医疗健康第一镇》文章。

● 6月21日《福建日报》刊登《妈祖义工陈的锦的慈善情怀》文章。

● 6月21日《福建日报》刊登《妈祖文化活动周在莆田开幕》文章。

● 6月21日《福建日报》刊登《传承弘扬妈祖文化　推进莆台医疗健康合作》文章。

● 6月21日《福建日报》刊登《“大爱妈祖”两岸书画精品大联展开展》文章。

● 6月21日《福建日报》刊登《荔城北高妈祖文化交流协会成立》文章。

● 6月21日《澳门华侨报》刊登《两岸青年同谒妈祖　湄洲岛上共叙情》文章。

● 6月21日《石狮日报》刊登《两岸青年同谒妈祖共叙乡情》文章。

● 6 月 21 日《湄洲日报》刊登《第十届海峡论坛·妈祖文化活动周暨海峡两岸“妈祖与健康”高峰论坛昨开幕——刘献祥王立基林宝金等致辞，李建辉主持》文章。

● 6 月 21 日《湄洲日报》刊登《打造中国高端医疗健康第一镇——李建辉作“妈祖国际健康城展望”演讲》文章。

● 6 月 21 日《湄洲日报》刊登《打响医疗健康国际品牌》文章。

● 6 月 21 日《奉化日报》刊登《6 月 21 日〈湄洲日报〉刊登《打响医疗健康国际品牌》文章。

● 6 月 22 日《福建侨报》刊登《莆田建设妈祖国际健康城》文章。

● 6 月 22 日《福建日报》刊登《两岸妈祖大学堂在连江举办》文章。

● 6 月 22 日《联合晚报》刊登《丹东大孤山天后宫　大陆北方沿海妈祖文化发祥地》文章。

● 6 月 23 日《人民政协报》刊登《两岸青年同谒妈祖共叙乡情》文章。

● 6 月 23 日《湄洲日报》刊登《共叙妈祖情缘　共享幸福生活——莆台乡村基层代表“幸福家园”交流活动侧记》文章。

● 6 月 25 日《莆田学院报》刊登《我校举办妈祖海报设计大赛》文章。

● 6 月 26 日《湄洲日报》刊登《推进鹅山妈祖文化园建设》文章。

● 6 月 26 日《湄洲日报》刊登《加强合作相互交流　共同弘扬妈祖文化》文章。

● 6 月 26 日《湄洲日报》刊登《潮汕草屿岛妈祖文化园开工》文章。

● 6 月 26 日《湄洲日报》刊登《广东惠来首届妈祖文化旅游节举行》文章。

● 6 月 26 日《湄洲日报》刊登《福师大硕士生导师率队调研妈祖文化》文章。

● 6 月 26 日《湄洲日报》刊登《分灵湄洲妈祖绕境巡安》文章。

● 6 月 27 日《南方法治报》刊登《感受凤山妈祖心（节选）》文章。

● 6 月 27 日《湄洲日报》刊登《用妈祖精神“秉爱树人”》文章。

● 6 月 27 日《湄洲日报》刊登《组建义务消防队购置微型消防车》文章。

● 6 月 28 日《湄洲日报》刊登《在妈祖故乡收获“幸福时光”》文章。

● 6 月 28 日《福建日报》刊登《聚力集智书写健康中国的“莆田样本”——第十届海峡论坛·妈祖文化活动周暨 2018 海峡两岸“妈祖与健康”高峰论坛侧记》文章。

● 6 月 28 日《福建日报》刊登《妈祖文化架起两岸“情谊之桥”》文章。

● 6月28日《湄洲日报》刊登《在仙游台创园生活工作了15年的台湾青年管逸纬，事业有成、婚姻美满，他说“幸福大概就是这样子”——在妈祖故乡收获“幸福时光”》文章。

● 6月28日《联谊报》刊登《为“海上丝绸之路”建设添砖加瓦》文章。

● 6月28日《侨乡科技报》刊登《清代妈祖雕像》文章。

● 7月3日《湄洲日报》刊登《发挥妈祖文化优势》文章。

● 7月3日《湄洲日报》刊登《同谒妈祖共结友谊》文章。

● 7月3日《湄洲日报》刊登《妈祖供品展进大学校园》文章。

● 7月3日《湄洲日报》刊登《汕尾市妈祖文化旅游节开幕》文章。

● 7月3日《奉化日报》刊登《天妃湖海天一色》文章。

● 7月3日《湄洲日报》刊登《电影〈天妃宫词〉说明会在南京举行》文章。

● 7月4日《仙游今报》刊登《推动妈祖文化大发展》文章。

● 7月5日《中国县域经济报》刊登《湄洲岛供电服务妈祖文化活动周》文章。

● 7月5日《南京日报》刊登《天妃巷新增绿地游园》文章。

● 7月6日《湄洲日报》刊登《莆仙戏〈海神妈祖〉今起赴东南亚巡演　推动妈祖文化在海外的传播和弘扬　助力莆田申报国家历史文化名城》文章。

● 7月7日《团结报（北京）》刊登《苗栗信众赴“妈祖故里”谒祖》文章。

● 7月8日《湄洲日报》刊登《展示丰富多彩的妈祖文化》文章。

● 7月8日《联合报》刊登《福兴宫夏令营唱跳认识妈祖》文章。

● 7月9日《桂林晚报》刊登《平乐妈祖节：从海洋传到内陆的文化瑰宝》文章。

● 7月10日《湄洲日报》刊登《搭建交流合作平台　助力“一带一路”建设》文章。

● 7月10日《湄洲日报》刊登《加强互动　增进友谊》文章。

● 7月10日《湄洲日报》刊登《两岸缘　一家亲》文章。

● 7月10日《湄洲日报》刊登《妈祖缘　同胞情》文章。

● 7月10日《湄洲日报》刊登《共叙妈祖情谊》文章。

● 7月10日《湄洲日报》刊登《编妈祖大学堂教材　培养妈祖文化教师》文章。

● 7月10日《湄洲日报》刊登《莆仙戏〈海神妈祖〉新加坡首秀》文章。

●7月10日《楚天快报》刊登《自信孕妈祖晓拿下初赛最高分》文章。

●7月10日《湄洲日报》刊登《继去年成功下南洋巡游马来西亚、新加坡后 湄洲妈祖今年将乘坐邮轮赴菲律宾巡游 目前相关对接工作有条不紊推进》文章。

●7月11日《福州晚报》刊登《妈祖在马祖》文章。

●7月11日《仙游今报》刊登《莆仙戏〈海神妈祖〉赴东南亚巡演》文章。

●7月11日《亮报》刊登《绿电给力，妈祖故里更靓丽》文章。

●7月11日《湄洲日报》刊登《百名台湾妈祖信众来莆朝圣》文章。

●7月13日《湄洲日报》刊登《两岸大学生体验妈祖文化》文章。

●7月13日《福建侨报》刊登《湄洲妈祖10月将乘邮轮巡安菲律宾》文章。

●7月16日《联合报》刊登《包公、妈祖踩街 倡导反贿选》文章。

●7月17日《湄洲日报》刊登《省级文物保护单位拥有800多年历史 莲峰妈祖宫修缮完工》文章。

●7月17日《湄洲日报》刊登《上海天妃宫一行参访湄洲妈祖祖庙》文章。

●7月17日《湄洲日报》刊登《加强交流 增进互信》文章。

●7月17日《湄洲日报》刊登《两岸大学生共叙妈祖情》文章。

●7月18日《中国文化报》刊登《莆仙戏〈海神妈祖〉赴东南亚巡演》文章。

●7月18日《闽北日报》刊登《妈祖：从民间信仰到非物质文化遗产》文章。

●7月19日《福建日报》刊登《两岸学子体验妈祖文化》文章。

●7月19日《福建日报》刊登《“北海神乡”妈祖将首回湄洲岛谒祖》文章。

●7月22日《湄洲日报》刊登《入选国家社科基金特别委托项目“一带一路与妈祖文化传承发展研究”开题报告会举行》文章。

●7月22日《湄洲日报》刊登《莆仙戏〈海神妈祖〉赴东南亚巡演落幕 南戏遗响魅力绽放——助力莆田申报国家历史文化名城，加强与“一带一路”沿线文化交流》文章。

●7月23日《湄洲日报》刊登《绿意盎然展颜值——湄洲岛守住生态红线，加强综合治理，推进妈祖圣地生态建设》文章。

●7月24日《湄洲日报》刊登《学习妈祖文化 感受艺术熏陶》文章。

●7月24日《湄洲日报》刊登《整理祖庙档案　完善知识储备》文章。

●7月25日《湄洲日报》刊登《营造尊师重教氛围　弘扬妈祖大爱精神》文章。

●7月25日《联合报》刊登《背着玉山上妈祖　连佩贝直播出包》文章。

●7月25日《福建日报》刊登《人类命运共同体视角下的妈祖文化价值》文章。

●7月26日《福建日报》刊登《让妈祖文化实现全球信息共享》文章。

●7月26日《中国文化报》刊登《莆仙戏〈海神妈祖〉走出国门》文章。

●7月28日《海峡导报》刊登《台南妈祖300多年后回銮厦门》文章。

●7月28日《大公报》刊登《阔别三百余年　台南妈祖像回銮厦门》文章。

●7月28日《澳门华侨报》刊登《阔别三百多年后　台南妈祖像首度回銮厦门》文章。

●7月28日《湄洲日报》刊登《暖心事传递正能量　展现妈祖故乡文明新气象》文章。

●7月29日《澳门时报》刊登《澳妈祖基金会赴越推广妈祖文化节》文章。

●7月30日《湄洲日报》刊登《弘扬妈祖精神　热心捐资助学》文章。

●7月30日《湄洲日报》刊登《博士当妈祖文化普查员》文章。

●7月31日《湄洲日报》刊登《大学生社会实践学习妈祖文化》文章。

●7月31日《澳门日报》刊登《妈祖推介团访越南收获丰》文章。

●7月31日《现代澳门日报》刊登《中华妈祖基金会赴越推广妈祖文化旅游节》文章。

●7月31日《湄洲日报》刊登《〈妈祖全传〉连环画创作研讨会召开》文章。

●7月31日《湄洲日报》刊登《看望妈祖人林聪治》文章。

●7月31日《湄洲日报》刊登《一心一意弘扬妈祖精神》文章。

●7月31日《湄洲日报》刊登《“妈祖文化传播匈牙利是我们的心愿”》文章。

●8月1日《福州晚报》刊登《妈祖首次巡安菲律宾》文章。

●8月1日《湄洲日报》刊登《“妈祖下南洋·重走海丝路”暨中菲妈祖文化活动周将举行——湄洲妈祖10月20日乘坐邮轮赴菲律宾巡游，为期6天，开展绕境巡游马尼拉等系列文化活动》文章。

●8月2日《中国新闻》刊登《台湾“国姓妈祖”圣像返乡》文章。

●8 月 2 日《玉林晚报》刊登《挖掘妈祖文化　讲好玉林故事》文章。

●8 月 2 日《东南快报》刊登《串联海丝沿线，妈祖邮轮首次巡安菲律宾》文章。

●8 月 2 日《香港文汇报》刊登《阔别 300 余年　台南妈祖像回銮厦门》文章。

●8 月 2 日《福建日报》刊登《乘邮轮巡安菲律宾　湄洲妈祖将再下南洋》文章。

●8 月 6 日《南方日报》刊登《妈祖鱼“添丁”》文章。

●8 月 6 日《中国旅游报》刊登《妈祖文化护航海神》文章。

●8 月 7 日《中国民族报》刊登《清代妈祖文化在东北的传播与东北亚丝绸之路》文章。

●8 月 7 日《湄洲日报》刊登《助力慈善事业　弘扬妈祖精神》文章。

●8 月 7 日《湄洲日报》刊登《小义工向游客讲解妈祖文化》文章。

●8 月 7 日《中国旅游报》刊登《湄洲岛朝觐妈祖海神佑航》文章。

●8 月 9 日《中国县域经济报》刊登《福建漳浦农旅合作打造闽台妈祖田园综合体》文章。

●8 月 10 日《联合报》刊登《北港妈单车环岛绕境报名啰》文章。

●8 月 10 日《联合晚报》刊登《新港奉天宫封钟鼓今年首由女性主持》文章。

●8 月 10 日《中国旅游报》刊登《妈祖宴：宫廷佳肴十三品》文章。

●8 月 10 日《澳门日报》刊登《神州妈祖会参与东门岛活动》文章。

●8 月 10 日《现代澳门日报》刊登《神州妈祖文化交流协会》文章。

●8 月 10 日《中国新闻》刊登《两岸“妈祖孩子”献艺“湄洲之夏”》文章。

●8 月 12 日《淮周刊》刊登《嘉庆皇帝拜妈祖》文章。

●8 月 13 日《湄洲日报》刊登《抓紧修编妈祖经籍》文章。

●8 月 14 日《湄洲日报》刊登《日本国际妈祖会一行前往湄洲岛谒祖》文章。

●8 月 14 日《湄洲日报》刊登《国学启童心　急救秒如金》文章。

●8 月 14 日《湄洲日报》刊登《践行妈祖精神　助力精准扶贫》文章。

●8 月 15 日《湄洲日报》刊登《凸显新价值　扩大新影响——程强主持召开妈祖文化品牌工作专题会议》文章。

●8 月 16 日《烟台晚报》刊登《长岛渔家笃信妈祖》文章。

●8 月 16 日《湄洲日报》刊登《支持教育事业　践行妈祖精神》文章。

●8月17日《联合报》刊登《白沙屯妈雕像迁移　农历八月动工》文章。

●8月17日《湄洲日报》刊登《湄洲妈祖祖庙　少儿队获第5名》文章。

●8月19日《玉林晚报》刊登《看“大咖”们说玉林妈祖文化》文章。

●8月19日《联合报》刊登《三重义天宫妈祖杯篮球赛》文章。

●8月20日《宁波日报》刊登《湄洲妈祖祖庙：妈祖文化是“海丝”重要遗产》文章。

●8月21日《湄洲日报》刊登《妈祖架金桥　墨香飘两岸》文章。

●8月21日《湄洲日报》刊登《推动内蒙古设立妈祖文化机构》文章。

●8月21日《湄洲日报》刊登《台湾中华妈祖联谊会成立》文章。

●8月21日《湄洲日报》刊登《妈祖惠福祉　沁水沐灵光》文章。

●8月21日《湄洲日报》刊登《莆田文峰宫分灵妈祖到庐山天后宫》文章。

●8月21日《湄洲日报》刊登《莆田少儿微电影〈海神〉 在湄洲岛妈祖文化影视园开拍》文章。

●8月21日《湄洲日报》刊登《常怀感恩之心　践行妈祖精神》文章。

●8月23日《海丝商报》刊登《湄洲妈祖祖庙：妈祖文化是“海丝”重要遗产》文章。

●8月23日《福建法治报》刊登《莆田市公安局湄洲派出所：传承妈祖精神守岛为民》文章。

●8月24日《联合报》刊登《芷江天后宫：大陆内陆最大妈祖庙》文章。

●8月24日《澳门日报》刊登《妈祖文化论坛书画展昨举行》文章。

●8月24日《湄洲日报》刊登《争当妈祖人　勤做公益事》文章。

●8月24日《湄洲日报》刊登《大爱无声　大善无形》文章。

●8月28日《湄洲日报》刊登《做一辈子妈祖人》文章。

●8月28日《湄洲日报》刊登《传承弘扬妈祖文化　助力“一带一路”建设》文章。

●8月28日《湄洲日报》刊登《“海上丝路文化之旅”将融入妈祖元素》文章。

●8月28日《湄洲日报》刊登《湄洲祖庙一行赴澳门参加妈祖文化交流活动》文章。

● 8 月 28 日《湄洲日报》刊登《树立文明新风》文章。

● 8 月 29 日《湄洲日报》刊登《弘扬妈祖精神　助贫困生圆梦：2018 年度妈祖助学善款发放仪式昨举行》文章。

● 8 月 29 日《湄洲日报》刊登《湄洲妈祖分灵越南珠洋市天后宫——进一步弘扬妈祖文化，助推“一带一路”建设》文章。

● 8 月 29 日《海峡都市报》刊登《茶帮拜妈祖见证福州海丝枢纽文化》文章。

● 8 月 30 日《福建日报》刊登《妈祖文化传承借力文创》文章。

● 9 月 4 日《湄洲日报》刊登《妈祖文创品受青睐》文章。

● 9 月 4 日《湄洲日报》刊登《湄洲妈祖将分灵智利》文章。

● 9 月 4 日《湄洲日报》刊登《中华妈祖十音八乐团将申报扛旗世界纪录》文章。

● 9 月 4 日《湄洲日报》刊登《莆田学院学者首登“东南周末讲坛”》文章。

● 9 月 4 日《湄洲日报》刊登《上海天妃宫免费派送豆浆油条》文章。

● 9 月 5 日《仙游今报》刊登《情牵海丝　大爱妈祖》文章。

● 9 月 6 日《福建日报》刊登《中华妈祖十音八乐团将申报扛旗世界纪录》文章。

● 9 月 6 日《湄洲日报》刊登《转变理念担当作为　明确责任加快进度——李建辉主持召开妈祖国际健康城现场推进会》文章。

● 9 月 9 日《湄洲日报》刊登《受邀参加西部文博会　莆田展区突出“妈祖圣地、工艺之都”主题》文章。

● 9 月 10 日《湄洲日报》刊登《妈祖文化品牌彰显“国际范”》文章。

● 9 月 11 日《湄洲日报》刊登《为灾民“送温暖”　践行妈祖精神》文章。

● 9 月 11 日《湄洲日报》刊登《妈祖文创品亮相西博会》文章。

● 9 月 11 日《湄洲日报》刊登《“中华妈祖杂志”微信公众号开通》文章。

● 9 月 11 日《湄洲日报》刊登《全球妈祖文化儿童画作品巡展福州开展》文章。

● 9 月 11 日《湄洲日报》刊登《越南妈祖文化交流协会成立》文章。

● 9 月 13 日《大众日报》刊登《长岛举行妈祖文化交流活动》文章。

● 9 月 14 日《团结报（北京）》刊登《长岛妈祖赴台结亲》文章。

● 9 月 14 日《联合报》刊登《长岛千年妈祖分身访台 13 天》文章。

● 9 月 14 日《联合报》刊登《李进勇扛轿迎妈祖　张丽善踏勘堤岸》文章。

● 9 月 15 日《人民政协报》刊登《首届沈阳妈祖文化旅游节启幕》文章。

● 9 月 16 日《今日象山》刊登《妈祖巡安祈福平安丰收》文章。

● 9 月 16 日《宁波日报》刊登《象山石浦港举行妈祖巡安仪式》文章。

● 9 月 17 日《今晚报》刊登《妈祖信仰与“非遗”保护》文章。

● 9 月 17 日《烟台日报》刊登《长岛千年妈祖赴台结缘会亲》文章。

● 9 月 18 日《湄洲日报》刊登《首届沈阳妈祖文化旅游节开幕》文章。

● 9 月 18 日《湄洲日报》刊登《〈中华妈祖志〉编纂工作启动》文章。

● 9 月 18 日《湄洲日报》刊登《推动妈祖文化在中菲两国民间交流》文章。

● 9 月 18 日《湄洲日报》刊登《台湾大庄浩天宫妈祖分灵青岛》文章。

● 9 月 18 日《湄洲日报》刊登《湄洲祖庙在陆丰交流妈祖文化》文章。

● 9 月 18 日《湄洲日报》刊登《台湾彰化妈祖信众参访天后祖祠》文章。

● 9 月 18 日《湄洲日报》刊登《中国烹饪协会首次向世界发布“中国菜” 妈祖筵席入选主题名宴 “竹香南日鲍”上榜经典名菜》文章。

● 9 月 18 日《今晚报》刊登《妈祖文化的本原价值》文章。

● 9 月 19 日《人民日报海外版》刊登《海外华侨华人的“妈祖”情结》文章。

● 9 月 19 日《今晚报》刊登《新时代妈祖》文章。

● 9 月 19 日《人民日报海外版》刊登《海外华侨华人的“妈祖”情结（侨界关注）》文章。

● 9 月 19 日《今晚报》刊登《妈祖文化与天津方言》文章。

● 9 月 20 日《兰州晚报》刊登《“妈祖圣地 美丽莆田”向兰州人发出旅游邀请》文章。

● 9 月 20 日《天津日报》刊登《弘扬妈祖精神 讲好天津故事 坚定文化自信》文章。

● 9 月 21 日《今晚报》刊登《妈祖文化在天津》文章。

● 9 月 21 日《湄洲日报》刊登《让每个孩子享有高质量教育》文章。

● 9 月 21 日《今晚报》刊登《妈祖文化与方志》文章。

● 9 月 21 日《湄洲日报》刊登《让每个孩子享有高质量教育》文章。

● 9 月 22 日《联合报》刊登《白沙屯妈雕像移位 选定方位》文章。

● 9月22日《天津日报》刊登《妈祖文化旅游节26日晚上开幕》文章。

● 9月22日《今晚报》刊登《妈祖文化旅游节26日至28日举行》文章。

● 9月23日《大公报》刊登《〈妈祖回家〉将开拍　述两岸交流》文章。

● 9月24日《湄洲日报》刊登《电影〈妈祖回家〉30日开机》文章。

● 9月25日《湄洲日报》刊登《赴湄洲了解妈祖巡游菲律宾筹备事宜》文章。

● 9月25日《湄洲日报》刊登《山东长岛显应宫妈祖　首回湄洲祖庙谒祖》文章。

● 9月25日《每日新报》刊登《妈祖文化节明开幕　光影秀点亮海河》文章。

● 9月25日《莆田学院报》刊登《电影〈妈祖回家〉将于9月30日在莆田开机》文章。

● 9月25日《联合报》刊登《奉天宫妈祖过中秋　契子女团圆》文章。

● 9月26日《联合报》刊登《慈护宫北台妈祖节邀巨星献唱》文章。

● 9月27日《福建日报》刊登《〈妈祖回家〉将开机》文章。

● 9月27日《福建日报》刊登《妈祖供品又添新花样》文章。

● 9月27日《天津日报》刊登《第九届中国·天津妈祖文化旅游节开幕》文章。

● 9月28日《中国新闻》刊登《天津妈祖文化旅游节》文章。

● 9月28日《每日新报》刊登《光影秀点亮海河　妈祖情联通世界》文章。

● 9月28日《天津日报》刊登《妈祖节看皇会　过足民俗瘾(图)》文章。

● 9月28日《每日新报》刊登《第九届中国·天津妈祖文化旅游节开幕(图)》文章。

● 9月29日《人民日报海外版》刊登《第九届天津妈祖文化旅游节举行》文章。

● 9月29日《汕尾日报》刊登《“凤山妈祖艺术馆杯”象棋、围棋友谊赛在市区凤山妈祖广场举行》文章。

● 9月29日《今晚报》刊登《弘扬妈祖精神　讲好天津故事　坚定文化自信》文章。

● 9月30日《青岛日报》刊登《两岸妈祖文化交流座谈会召开》文章。

● 9月30日《青岛早报》刊登《两岸妈祖文化交流会昨天举行》文章。

● 10月1日《联合报》刊登《彰化独创的妈祖联合绕境　魏明谷宣布明年续

办》文章。

● 10月1日《澳门华侨报》刊登《〈妈祖回家〉在莆田开机》文章。

● 10月1日《澳门日报》刊登《电影〈妈祖回家〉开拍》文章。

● 10月2日《汕头日报》刊登《群众艺术节首场潮剧〈妈祖〉上演》文章。

● 10月2日《湄洲日报》刊登《电影〈妈祖回家〉在莆开机》文章。

● 10月2日《湄洲日报》刊登《开拓创新积极作为》文章。

● 10月3日《湄洲日报》刊登《湄洲妈祖祖庙10月1日起向信众推出仪式　晨拜妈祖　礼行三献》文章。

● 10月4日《经济日报》刊登《妈祖入津门》文章。

● 10月6日《联合报》刊登《新港婆姐阵赴日同庆》文章。

● 10月8日《湄洲日报》刊登《湄洲妈祖分灵澳大利亚——昨安座悉尼天后宫，计划明年妈祖诞辰日巡游悉尼》文章。

● 10月9日《湄洲日报》刊登《争当妈祖人　勤做公益事》文章。

● 10月9日《湄洲日报》刊登《弘扬妈祖精神　坚定文化自信》文章。

● 10月9日《湄洲日报》刊登《北高妈祖文化交流协会赴湄洲朝圣》文章。

● 10月9日《湄洲日报》刊登《马来西亚妈祖国际文化旅游节举行》文章。

● 10月9日《湄洲日报》刊登《中华妈祖十音八乐团国庆假期排练通过验收》文章。

● 10月10日《仙游今报》刊登《湄洲妈祖分灵澳大利亚》文章。

● 10月10日《莆田学院报》刊登《我校迎来2018级社会工作（妈祖文化）联培研究生》文章。

● 10月10日《湄洲日报》刊登《从小听爷爷说是“兴化人”，此次借来莆参演〈妈祖回家〉机缘，希望也能圆多年“回家”夙愿——马来西亚籍演员关德辉莆田寻亲》文章。

● 10月11日《天津日报》刊登《华彩天津光映南开》文章。

● 10月12日《福建侨报》刊登《了解妈祖巡安菲律宾准备事宜》文章。

● 10月12日《湖北日报》刊登《第十六届澳门妈祖文化旅游节15日至18日举行》文章。

● 10 月 12 日《湄洲日报》刊登《知名相声演员方清平来湄洲朝拜妈祖》文章。

● 10 月 12 日《每日新报》刊登《妈祖文化旅游节重头戏　主题论坛共议“国际化”》文章。

● 10 月 14 日《濠江日报》刊登《妈祖文化旅游节明起举行》文章。

● 10 月 14 日《湄洲日报》刊登《本报及微信公众号“莆田新闻”报道后引发众多热心读者关注转发——“因为〈妈祖回家〉，我也回家啦！”马来西亚籍演员关德辉莆田寻亲成功，在江口镇园顶村见到爷爷兄弟的亲人》文章。

● 10 月 14 日《海峡导报》刊登《默林获评四星乡村旅游集镇》文章。

● 10 月 15 日《澳门日报》刊登《妈祖走水》文章。

● 10 月 15 日《澳门时报》刊登《妈祖文化旅游节今启幕》文章。

● 10 月 15 日《现代澳门日报》刊登《澳门妈祖文化旅游节明展开》文章。

● 10 月 15 日《澳门日报》刊登《妈祖文化旅游节重阳开幕》文章。

● 10 月 15 日《濠江日报》刊登《妈祖文化旅游节今起隆重举行》文章。

● 10 月 15 日《福建日报》刊登《妈祖文化交流活动在京举行》文章。

● 10 月 15 日《澳门时报》刊登《贺天后元君羽化升仙　妈阁庙拜祭妈祖祈福》文章。

● 10 月 15 日《澳门华侨报》刊登《鄂省协办使荆楚文化丰富内涵并借澳平台走出去　妈祖文化节今至 18 日举行》文章。

● 10 月 15 日《检察日报》刊登《妈祖文化的传播使者》文章。

● 10 月 15 日《湄洲日报》刊登《妈祖文化交流活动在京举行》文章。

● 10 月 15 日《自由时报》刊登《东方妈祖与西方玛利亚共乘热气球　两圣母让爱起飞》文章。

● 10 月 16 日《中国时报》刊登《王爷妈祖联合祈福绕境》文章。

● 10 月 16 日《联合报》刊登《湄洲妈祖下南洋金身乘邮轮》文章。

● 10 月 16 日《湄洲日报》刊登《举办妈祖祭祀典礼》文章。

● 10 月 16 日《湄洲日报》刊登《结缘妈祖　喝彩莆田》文章。

● 10 月 16 日《力报》刊登《妈祖文化旅游节昨起航》文章。

● 10 月 16 日《十堰晚报》刊登《武当武术将亮相澳门妈祖文旅节》文章。

● 10 月 16 日《中国新闻》刊登《福建妈祖第一行宫启程赴澳》文章。

● 10 月 16 日《澳门华侨报》刊登《台六百妈祖信众赴闽进香》文章。

● 10 月 16 日《湄洲日报》刊登《参与“莆商在行动” 践行妈祖大爱精神》文章。

● 10 月 16 日《中国民族报》刊登《台湾 650 人进香团在福建湄洲妈祖祖庙举行祭典》文章。

● 10 月 16 日《湄洲日报》刊登《以品牌赛事添彩 抒写美丽中国生动范本——第二届“妈祖杯”在京启动，海上丝绸之路国际羽毛球挑战赛 11 月 22 日至 25 日在莆举行，14 位羽坛世界冠军通过视频表示祝福》文章。

● 10 月 17 日《现代澳门日报》刊登《澳门妈祖文化旅游节圆满举行 鄂澳交流更加广泛合作更紧密》文章。

● 10 月 17 日《澳门华侨报》刊登《妈祖文化节之灵秀湖北旅游推介会在澳举行 澳鄂互补强可深化经文合作》文章。

● 10 月 17 日《力报》刊登《弘扬中华文化 发挥桥梁作用》文章。

● 10 月 17 日《澳门日报》刊登《妈祖文化旅游节今响锣》文章。

● 10 月 17 日《濠江日报》刊登《第 16 届妈祖文化旅游节今开幕》文章。

● 10 月 17 日《现代澳门日报》刊登《妈祖文化旅游节推介灵秀湖北》文章。

● 10 月 17 日《濠江日报》刊登《天后宫妈祖绕境巡游》文章。

● 10 月 17 日《湄洲日报》刊登《纪念妈祖羽化升天 1031 周年 3.23 米高景泰蓝妈祖像昨安座懿明楼》文章。

● 10 月 17 日《澳门时报》刊登《妈祖文化旅游节系列活动 灵秀湖北旅游推介会举行》文章。

● 10 月 18 日《联合报》刊登《〈妈祖文化志〉——两岸首部合编完成》文章。

● 10 月 18 日《联合报》刊登《澳门妈祖节开幕祭典祈福》文章。

● 10 月 18 日《濠江日报》刊登《妈祖文化旅游节开幕 向世界弘扬中华文化》文章。

● 10 月 18 日《中国新闻》刊登《首部两岸合编妈祖文化专志编纂告竣》文章。

● 10 月 18 日《澳门日报》刊登《天后宫妈祖绕境巡游信众参拜》文章。

● 10 月 18 日《福建日报》刊登《两岸专家学者合作〈妈祖文化志〉编纂完成》

文章。

- 10 月 18 日《湄洲日报》刊登《纪念妈祖羽化升天 1031 周年海祭举行》文章。
- 10 月 18 日《澳门华侨报》刊登《主办方及合办方料妈祖文化在一带一路建设起桥梁纽带作用　澳门妈祖文化旅游节揭幕》文章。
- 10 月 18 日《星报》刊登《湖北艺术团表现助兴　绕境巡游祈福等　妈祖文化旅游节隆重揭幕》文章。
- 10 月 18 日《澳门华侨报》刊登《妈祖绕境巡游驻驾佑汉公园　市民信众上香祈福》文章。
- 10 月 18 日《澳门华侨报》刊登《颜延龄称妈祖文化村维修已近完成　非凡航空贷款事与其无关》文章。
- 10 月 18 日《太仓日报》刊登《两岸妈祖文化旅游节启动》文章。
- 10 月 18 日《拉萨日报》刊登《两岸合编的〈妈祖文化志〉编纂告竣》文章。
- 10 月 18 日《市民日报》刊登《妈祖巡游 6000 信众冒雨参拜》文章。
- 10 月 18 日《闽西日报》刊登《两岸合编的〈妈祖文化志〉编纂告竣》文章。
- 10 月 18 日《中国新闻》刊登《澳门妈祖祭典　各界人士祈福》文章。
- 10 月 18 日《石狮日报》刊登《两岸合编的〈妈祖文化志〉编纂告竣》文章。
- 10 月 18 日《湖北日报》刊登《第十六届澳门妈祖文化旅游节开幕》文章。
- 10 月 18 日《福州日报》刊登《两岸合编的〈妈祖文化志〉编纂告竣》文章。
- 10 月 18 日《人民日报海外版》刊登《〈妈祖文化志〉两岸合编告竣》文章。
- 10 月 18 日《澳门日报》刊登《妈祖文化节发挥带路桥梁作用》文章。
- 10 月 18 日《福建日报》刊登《两岸信众共同海祭妈祖》文章。
- 10 月 18 日《湄洲日报》刊登《妈祖城加油站地块拍卖》文章。
- 10 月 18 日《濠江日报》刊登《天后宫妈祖绕境巡游》文章。
- 10 月 18 日《海峡都市报》刊登《传承妈祖文化　永铸两岸同心》文章。
- 10 月 18 日《市民日报》刊登《妈祖文化旅游节暨祭典仪式揭幕》文章。
- 10 月 18 日《中国新闻》刊登《海祭妈祖》文章。
- 10 月 18 日《深圳晚报》刊登《妈祖封赐与路允迪航船》文章。
- 10 月 18 日《澳门日报》刊登《两岸“妈祖志”编纂告竣》文章。

● 10 月 18 日《澳门时报》刊登《同祭妈祖通民心》文章。

● 10 月 19 日《仙游今报》刊登《服务海祭妈祖大典》文章。

● 10 月 19 日《海南农垦报》刊登《湄洲岛拜谒妈祖》文章。

● 10 月 19 日《湄洲日报》刊登《传承民俗文化　点亮妈祖之光》文章。

● 10 月 19 日《福鼎周刊》刊登《妈祖下南洋　重走海丝路》文章。

● 10 月 19 日《中国新闻出版广电报》刊登《两岸合编的〈妈祖文化志〉编纂告竣》文章。

● 10 月 19 日《湄洲日报》刊登《赞歌颂党恩　礼乐献妈祖——十音八乐大汇奏纪念妈祖羽化升天 1031 周年》文章。

● 10 月 19 日《湄洲日报》刊登《展现妈祖故乡文明热情　我市 2810 名志愿者精心培训服务论坛》文章。

● 10 月 20 日《团结报（北京）》刊登《全面展现妈祖文化》文章。

● 10 月 20 日《北京日报》刊登《“妈祖杯”羽球赛邀名将挥拍》文章。

● 10 月 21 日《湄洲日报》刊登《〈妈祖千秋〉增订本序》文章。

● 10 月 21 日《福建日报》刊登《湄洲妈祖再下南洋》文章。

● 10 月 21 日《湄洲日报》刊登《妈祖下南洋·重走海丝路　湄洲妈祖昨起赴菲律宾巡游》文章。

● 10 月 21 日《厦门日报》刊登《两艘大型邮轮同日靠泊厦门》文章。

● 10 月 22 日《经济日报》刊登《莆田（福建）湄洲妈祖下南洋　展开巡安菲律宾之旅》文章。

● 10 月 22 日《人民日报海外版》刊登《湄洲妈祖起驾巡安菲律宾》文章。

● 10 月 22 日《文山日报》刊登《两岸合编的〈妈祖文化志〉编纂告竣》文章。

● 10 月 22 日《东南早报》刊登《妈祖下南洋巡安菲律宾》文章。

● 10 月 22 日《湄洲日报》刊登《市美术馆 27 日开馆迎客》文章。

● 10 月 22 日《湖北日报》刊登《荆风楚韵耀濠江》文章。

● 10 月 22 日《昆山日报》刊登《垒球为媒促进交流》文章。

● 10 月 23 日《福建日报》刊登《“妈祖下南洋”邮轮航次厦门母港启航》文章。

● 10 月 23 日《海峡导报》刊登《“妈祖下南洋”邮轮航次在厦启航》文章。

● 10月23日《福建日报》刊登《湄洲妈祖神像在马尼拉巡安》文章。

● 10月23日《湄洲日报》刊登《湄洲妈祖昨抵达马尼拉展开巡游　沿着城区主要街道巡游受到当地民众热烈欢迎》文章。

● 10月23日《中国民族报》刊登《两岸合编〈妈祖文化志〉》文章。

● 10月23日《人民日报海外版》刊登《妈祖文化历千年而愈兴》文章。

● 10月23日《湄洲日报》刊登《弘扬妈祖精神　开展健康扶贫》文章。

● 10月23日《湄洲日报》刊登《同谒妈祖共祈平安》文章。

● 10月24日《人民日报海外版》刊登《湄洲妈祖巡安菲律宾》文章。

● 10月24日《福州晚报》刊登《"妈祖下南洋" 邮轮航次在厦启航》文章。

● 10月24日《民族时报》刊登《全国首部两岸合编〈妈祖文化志〉编纂告竣》文章。

● 10月24日《海西晨报》刊登《湄洲妈祖金身乘邮轮巡安菲律宾》文章。

● 10月24日《湄洲日报》刊登《湄洲妈祖祭祀大典昨亮相马尼拉，绽放"非遗"魅力，促进中菲文化交流》文章。

● 10月24日《澳门日报》刊登《妈祖巡安》文章。

● 10月25日《福建日报》刊登《北岸妈祖城加油站地块成交》文章。

● 10月25日《湄洲日报》刊登《牢记嘱托，保护好湄洲岛》文章。

● 10月26日《湄洲日报》刊登《结束菲律宾巡游湄洲妈祖昨回銮安座》文章。

● 10月26日《福建侨报》刊登《湄洲妈祖莅菲巡安数千人追随》文章。

● 10月26日《濠江日报》刊登《文化局对路环妈祖雕像进行修复》文章。

● 10月26日《湄洲日报》刊登《同心谒妈祖　牵手护海丝》文章。

● 10月26日《福建侨报》刊登《第16届澳门妈祖文化旅游节开幕》文章。

● 10月27日《澳门华侨报》刊登《文化局维修妈祖像》文章。

● 10月27日《人民政协报》刊登《纪念妈祖羽化升天1031周年》文章。

● 10月27日《濠江日报》刊登《文化局下周起对路环妈祖像修复》文章。

● 10月29日《人民日报海外版》刊登《千年等一回：湄洲妈祖跨海巡安》文章。

● 10月29日《国际旅游岛商报》刊登《"妈祖下南洋　重走海丝路"》文章。

● 10月30日《澳门华侨报》刊登《高顶妈祖像维修祈福》文章。

● 10 月 30 日《澳门时报》刊登《妈祖雕像修葺　料明年初竣工》文章。

● 10 月 30 日《澳门日报》刊登《妈祖像修葺　贺回归廿周年》文章。

● 10 月 30 日《澳门日报》刊登《讲妈祖故事　弘中华传统文化》文章。

● 10 月 30 日《力报》刊登《梁晚年预计工程需时 70 日》文章。

● 11 月 1 日《湄洲日报》刊登《电影〈妈祖回家〉在我市火热拍摄》文章。

● 11 月 1 日《湄洲日报》刊登《妈祖文化国际学术研讨会在马来西亚举行》文章。

● 11 月 1 日《福建日报》刊登《千年走一回》文章。

● 11 月 1 日《湄洲日报》刊登《传承妈祖文化　永铸两岸同心》文章。

● 11 月 1 日《福建日报》刊登《开创妈祖文化交流新模式》文章。

● 11 月 2 日《湄洲日报》刊登《湄洲妈祖分灵智利　目前妈祖分布达 45 个国家和地区》文章。

● 11 月 3 日《湄洲日报》刊登《第二届“妈祖杯”羽毛球挑战赛火热报名中　时间截至 9 日　全球 60 岁以下羽毛球爱好者均可报名》文章。

● 11 月 4 日《湄洲日报》刊登《一鼓作气全力以赴　确保论坛圆满成功——林宝金调研第三届世界妈祖文化论坛筹备工作》文章。

● 11 月 5 日《湄洲日报》刊登《持续完善推进机制　北岸加快建设妈祖国际健康城》文章。

● 11 月 5 日《湄洲日报》刊登《添彩第三届世界妈祖文化论坛　唐卡〈妈祖〉亮相美术馆　妈祖文化以艺术形式传播至西藏》文章。

● 11 月 5 日《石狮侨报》刊登《妈祖下南洋　重走海丝路》文章。

● 11 月 6 日《湄洲日报》刊登《电影〈妈祖回家〉在湄洲岛取景》文章。

● 11 月 6 日《湄洲日报》刊登《东京妈祖庙邀请湄洲妈祖巡游日本》文章。

● 11 月 6 日《湄洲日报》刊登《湄洲妈祖分灵越南》文章。

● 11 月 6 日《湄洲日报》刊登《优化展陈内容　讲好妈祖故事》文章。

● 11 月 6 日《湄洲日报》刊登《妈祖文创馆亮相厦门文博会》文章。

● 11 月 7 日《湄洲日报》刊登《保持良好势头　精心组织筹备——第三届世界妈祖文化论坛推进会召开》文章。

● 11 月 7 日《湄洲日报》刊登《林丹加盟“妈祖杯”羽毛球挑战赛》文章。

● 11 月 7 日《仙游今报》刊登《湄洲妈祖分灵智利》文章。

● 11 月 7 日《中国新闻》刊登《福建霞浦妈祖金身巡安新加坡》文章。

● 11 月 8 日《福建日报》刊登《第三届世界妈祖文化论坛 18 日举行》文章。

● 11 月 8 日《福建日报》刊登《电影〈妈祖回家〉在湄洲岛取景拍摄》文章。

● 11 月 9 日《湄洲日报》刊登《"平安号"扬帆起航》文章。

● 11 月 9 日《湄洲日报》刊登《文化搭台经济唱戏　全面提升论坛实效》文章。

● 11 月 9 日《湄洲日报》刊登《第二届"妈祖杯"羽毛球挑战赛报名今日截止　林丹谌龙领衔巅峰对决》文章。

● 11 月 9 日《福建侨报》刊登《湄洲妈祖分灵越南智利两国》文章。

● 11 月 9 日《福建侨报》刊登《妈祖文创的古韵与创新》文章。

● 11 月 9 日《湄洲日报》刊登《林宝金调研第三届世界妈祖文化论坛筹备工作强调文化搭台经济唱戏全面提升论坛实效》文章。

● 11 月 9 日《湄洲日报》刊登《"平安号"扬帆起航》文章。

● 11 月 10 日《湄洲日报》刊登《第三届世界妈祖文化论坛 11 月 18 日举行　新闻发布会昨在榕召开》文章。

● 11 月 10 日《福州日报》刊登《世界妈祖文化论坛 18 日在湄洲岛启幕》文章。

● 11 月 10 日《莆田学院报》刊登《筹备召开第四届国际妈祖文化学术研讨会》文章。

● 11 月 12 日《福建日报》刊登《第三届世界妈祖文化论坛十八日举行》文章。

● 11 月 12 日《平潭时报》刊登《电影〈妈祖回家〉来岚取景拍摄》文章。

● 11 月 12 日《福建法治报》刊登《第三届世界妈祖文化论坛 11 月 18 日在莆田市湄洲岛开幕》文章。

● 11 月 12 日《湄洲日报》刊登《践行妈祖大爱　献我青春热血》文章。

● 11 月 13 日《湄洲日报》刊登《妙笔绘灵光　无声显大爱》文章。

● 11 月 13 日《中国民族报》刊登《莆田将举行第三届世界妈祖文化论坛》文章。

● 11 月 13 日《湄洲日报》刊登《促进海丝沿线国家和地区民间交流》文章。

● 11 月 14 日《收藏快报》刊登《全国首部两岸合编〈妈祖文化志〉编纂告竣》文章。

● 11 月 14 日《民族时报》刊登《第三届世界妈祖文化论坛 18 日举行》文章。

● 11 月 15 日《湄洲日报》刊登《精益求精　打造精品——陈立华来莆指导电影〈妈祖回家〉拍摄工作》文章。

● 11 月 15 日《福州晚报》刊登《第二届“妈祖杯”22 日开赛　林丹谌龙将参与双打比赛》文章。

● 11 月 15 日《福建日报》刊登《践行妈祖精神　培育美德少年》文章。

● 11 月 16 日《福建侨报》刊登《世界妈祖文化论坛即将举办》文章。

● 11 月 16 日《仙游今报》刊登《第二届“妈祖杯”羽毛球挑战赛报名截止》文章。

● 11 月 16 日《海丝商报》刊登《第二届“妈祖杯”海丝国际羽毛球挑战赛 22 日至 25 日在莆田举办》文章。

● 11 月 16 日《湄洲日报》刊登《妈祖杯浓情添彩美丽莆田》文章。

● 11 月 16 日《湄洲日报》刊登《盛事连连来　后效应凸显》文章。

● 11 月 18 日《濠江日报》刊登《两岸题材电影〈妈祖回家〉杀青》文章。

● 11 月 18 日《澳门华侨报》刊登《两岸题材电影〈妈祖回家〉杀青》文章。

● 11 月 18 日《湄洲日报》刊登《电影〈妈祖回家〉在湄洲岛杀青》文章。

● 11 月 18 日《湄洲日报》刊登《传承与发展妈祖文化　促进东西方文化交流——第四届国际妈祖文化学术研讨会昨开幕》文章。

● 11 月 19 日《联合报》刊登《湄洲妈祖节促一带一路心相通》文章。

● 11 月 19 日《经济日报》刊登《莆田（福建）湄洲妈祖文化旅游节 3D 水幕秀演绎传奇故事》文章。

● 11 月 19 日《湄洲日报》刊登《用好“后效应”打响国际品牌》文章。

● 11 月 19 日《湄洲日报》刊登《第二十届中国·湄洲妈祖文化旅游节开幕》文章。

● 11 月 19 日《湄洲日报》刊登《第三届世界妈祖文化论坛主旨演讲昨举行》文章。

● 11 月 19 日《福建日报》刊登《第三届世界妈祖文化论坛开幕》文章。

● 11 月 19 日《澳门华侨报》刊登《妈祖故里湄洲岛举行秋祭妈祖大典》文章。

● 11 月 19 日《湄洲日报》刊登《推动妈祖文化传承发展》文章。

● 11 月 19 日《中国新闻》刊登《世界妈祖文化论坛聚焦人文交流》文章。

● 11 月 19 日《大公报》刊登《台逾 60 宫庙朝圣湄洲妈祖》文章。

● 11 月 19 日《中国海洋报》刊登《第三届世界妈祖文化论坛开幕》文章。

● 11 月 19 日《湄洲日报》刊登《巨型 3D 水幕秀〈妈祖〉首映》文章。

● 11 月 19 日《濠江日报》刊登《湄洲妈祖文化旅游节莆田启幕》文章。

● 11 月 19 日《香港文汇报》刊登《逾百台湾信众赴闽共祭妈祖》文章。

● 11 月 19 日《湄洲日报》刊登《第三届世界妈祖文化论坛湄洲倡议》文章。

● 11 月 19 日《石狮侨报》刊登《世界妈祖文化论坛在莆田湄洲岛举办》文章。

● 11 月 19 日《湄洲日报》刊登《创新形式载体广泛传播》文章。

● 11 月 19 日《湄洲日报》刊登《促进海洋经济人文交流》文章。

● 11 月 19 日《海口日报》刊登《海口骑楼老街文化之旅启幕》文章。

● 11 月 19 日《湄洲日报》刊登《丰富旅游内容扩大影响》文章。

● 11 月 19 日《湄洲日报》刊登《共同构建世界海洋文明》文章。

● 11 月 20 日《中国民族报》刊登《第三届世界妈祖文化论坛在“妈祖故里”福建湄洲岛举行》文章。

● 11 月 20 日《湄洲日报》刊登《湄洲翡翠妈祖将择期安座贵州》文章。

● 11 月 20 日《泉州晚报》刊登《“妈祖杯”羽毛球挑战赛即将开赛》文章。

● 11 月 20 日《湄洲日报》刊登《研讨交流　献智献力——第四届国际妈祖文化学术研讨会闭幕》文章。

● 11 月 20 日《湄洲日报》刊登《广东东莞朝安宫进香团赴湄洲妈祖祖庙谒祖》文章。

● 11 月 20 日《湄洲日报》刊登《共同致力于构建人类命运共同体》文章。

● 11 月 20 日《湄洲日报》刊登《妈祖故乡尽显“国际范”》文章。

● 11 月 20 日《湄洲日报》刊登《借鉴新形式　弘扬妈祖文化》文章。

● 11 月 20 日《湄洲日报》刊登《推进妈祖文化在全球广泛传播》文章。

● 11 月 20 日《湄洲日报》刊登《践行妈祖精神　创新服务模式》文章。

● 11 月 20 日《中国新闻》刊登《海外华媒共探妈祖文化传播之道》文章。

● 11 月 20 日《光明日报》刊登《第三届世界妈祖文化论坛举行》文章。

● 11 月 20 日《中国文化报》刊登《第三届世界妈祖文化论坛举行》文章。

● 11 月 21 日《湄洲日报》刊登《推动妈祖文化与海洋精神紧密结合》文章。

● 11 月 21 日《湄洲日报》刊登《践行妈祖精神　培育美德少年》文章。

● 11 月 22 日《湄洲日报》刊登《汇聚力量资源　弘扬妈祖文化》文章。

● 11 月 22 日《福建日报》刊登《聚焦共同文化价值　打响妈祖文化国际品牌》文章。

● 11 月 22 日《中国产经新闻》刊登《第三届世界妈祖文化论坛在福建举行》文章。

● 11 月 22 日《濠江日报》刊登《叶炳权率团赴湄洲岛　出席世界妈祖文化论坛》文章。

● 11 月 22 日《湄洲日报》刊登《文化相融人心相通》文章。

● 11 月 22 日《湄洲日报》刊登《超越族群向外传播》文章。

● 11 月 22 日《福建日报》刊登《来吧，湄洲岛欢迎您》文章。

● 11 月 22 日《福建日报》刊登《扩大妈祖文化交流“朋友圈”》文章。

● 11 月 22 日《福建日报》刊登《弘扬妈祖文化　讲好中国故事》文章。

● 11 月 22 日《福建日报》刊登《全力打响妈祖文化国际品牌》文章。

● 11 月 22 日《福建日报》刊登《推动妈祖文化交流向更高层次发展》文章。

● 11 月 22 日《福建日报》刊登《湄洲妈祖文化旅游节发展大事记》文章。

● 11 月 22 日《福建日报》刊登《妈祖文化构筑“21 世纪海上丝绸之路”文化桥》文章。

● 11 月 22 日《福建日报》刊登《推探“妈祖文化与一带一路”在澳门的积极影响》文章。

● 11 月 22 日《福建日报》刊登《第三届世界妈祖文化论坛湄洲倡议》文章。

● 11 月 22 日《澳门华侨报》刊登《叶炳权一行出席世界妈祖文化论坛　阐释澳再成海丝重要节点》文章。

● 11 月 22 日《福建日报》刊登《以妈祖文化为纽带　深化两国人文交流与经贸合作》文章。

● 11 月 22 日《福建日报》刊登《百人齐梳“妈祖头”》文章。

● 11 月 22 日《福建日报》刊登《海神妈祖》文章。

● 11 月 22 日《福建日报》刊登《电影〈妈祖回家〉杀青》文章。

● 11 月 22 日《湄洲日报》刊登《合力讲好妈祖故事》文章。

● 11 月 22 日《湄洲日报》刊登《多维保护妈祖信俗》文章。

● 11 月 22 日《福建日报》刊登《水幕 3D 秀演绎妈祖故事》文章。

● 11 月 22 日《福建日报》刊登《开创妈祖文化繁荣发展新局面》文章。

● 11 月 22 日《福建日报》刊登《全力打响妈祖文化国际品牌》文章。

● 11 月 22 日《福建日报》刊登《开创妈祖文化繁荣发展新局面》文章。

● 11 月 22 日《湄洲日报》刊登《“妈祖杯”今晚揭幕》文章。

● 11 月 23 日《仙游今报》刊登《借力妈祖论坛　推介九仙文化》文章。

● 11 月 23 日《湄洲日报》刊登《希望“妈祖杯”越办越好》文章。

● 11 月 23 日《湄洲日报》刊登《感受妈祖文化　点赞美丽莆田》文章。

● 11 月 23 日《人民日报》刊登《湄洲妈祖文化旅游节启幕》文章。

● 11 月 23 日《福建侨报》刊登《多国宾客相聚妈祖故里　共谱海洋文明新篇章》文章。

● 11 月 23 日《湄洲日报》刊登《第二届“妈祖杯”海上丝绸之路国际羽毛球挑战赛开幕》文章。

● 11 月 23 日《湄洲日报》刊登《妈祖圣地抒写美丽范本——第三届妈祖文化论坛成功举办，展现保护好湄洲岛新成效》文章。

● 11 月 25 日《海口日报》刊登《骑楼老街文化之旅——专家学者建言擦亮“妈祖”名片》文章。

● 11 月 25 日《莆田学院报》刊登《中国海洋发展研究会妈祖海洋文化研究分会成立》文章。

● 11 月 25 日《莆田学院报》刊登《我校在新加坡建立“妈祖文化海外研习基地”》文章。

● 11 月 25 日《莆田学院报》刊登《我校师生精彩演绎秋祭妈祖典礼》文章。

● 11 月 25 日《莆田学院报》刊登《加强世界妈祖文化学术成果交流——我校

主办的第四届国际妈祖文化学术研讨会举行》文章。

● 11 月 26 日《湄洲日报》刊登《亮点纷呈　收获精彩——第二届“妈祖杯”海上丝绸之路国际羽毛球挑战赛昨圆满闭幕》文章。

● 11 月 26 日《中国海洋报》刊登《妈祖文化与海洋精神论坛在福建湄洲岛举行》文章。

● 11 月 26 日《中国海洋报》刊登《第三届世界妈祖文化论坛湄洲倡议》文章。

● 11 月 26 日《湄洲日报》刊登《研讨“妈祖文化与海上丝绸之路”》文章。

● 11 月 26 日《中国海洋报》刊登《丙戌盛典祭妈祖——第三届世界妈祖文化论坛暨第二十届中国·湄洲妈祖文化旅游节见闻》文章。

● 11 月 27 日《湄洲日报》刊登《林丹谌龙确认放弃羽超联赛——“妈祖杯”为 2 人今年最后一场比赛》文章。

● 11 月 27 日《湄洲日报》刊登《妈祖巡游菲律宾入选中菲友谊重要事件》文章。

● 11 月 27 日《湄洲日报》刊登《深圳龙岗区妈祖文化交流协会成立》文章。

● 11 月 27 日《 湄洲日报》刊登《突出妈祖文化元素》文章。

● 11 月 27 日《湄洲日报》刊登《汕头首家妈祖大学堂揭牌》文章。

● 11 月 28 日《光明日报》刊登《湄洲的妈祖》文章。

● 11 月 28 日《市场信息报》刊登《湄洲妈祖文化旅游节举办》文章。

● 11 月 28 日《仙游今报》刊登《妈祖巡游菲律宾入选中菲友谊重要事件》文章。

● 11 月 28 日《东南快报》刊登《“妈祖杯”羽毛球赛传播妈祖文化》文章。

● 11 月 30 日《仙游今报》刊登《林丹谌龙确认放弃羽超联赛——“妈祖杯”为两人今年最后一场比赛》文章。

● 12 月 1 日《处州晚报》刊登《市区文保单位天妃宫遭垃圾污水“围堵”》文章。

● 12 月 2 日《汕头日报》刊登《以妈祖文化助推创文》文章。

● 12 月 2 日《湄洲日报》刊登《中华妈祖文化交流协会三届三次会员大会在京召开》文章。

● 12 月 3 日《中国海洋报》刊登《沿海地区民众为何信仰妈祖》文章。

● 12 月 4 日《湄洲日报》刊登《深圳市龙岗区妈祖文化旅游节开幕》文章。

● 12 月 4 日《湄洲日报》刊登《湄洲的妈祖　世界的文化》文章。

● 12 月 5 日《自由时报》刊登《当选还愿之旅！将参加大甲妈祖绕境柯 P：我许过愿》文章。

● 12 月 5 日《湄洲日报》刊登《携手共建妈祖国际健康城——两岸企业家峰会年会生物科技与健康照护产业合作推进小组专题论坛举行，李建辉作主旨演讲》文章。

● 12 月 5 日《湄洲日报》刊登《传承弘扬妈祖文化　深入推进交流合作》文章。

● 12 月 5 日《中国新闻》刊登《福建霞浦妈祖起驾赴台巡安　历时 11 天——将经过 30 多家宫庙　推动两岸文化交流和同胞认同感》文章。

● 12 月 7 日《湄洲日报》刊登《感受沙软潮平　体验妈祖文化》文章。

● 12 月 7 日《湄洲日报》刊登《用无声语言讲好妈祖故事——莆田学院举办首届手绘妈祖建筑大赛》文章。

● 12 月 10 日《莆田学院报》刊登《柯凤梅讲述妈祖文物的保护与利用》文章。

● 12 月 10 日《莆田学院报》刊登《紧扣时代发展需求的妈祖文化研究——第四届国际妈祖文化学术研讨会侧记》文章。

● 12 月 11 日《陆丰报》刊登《碣石乌坭妈祖天后宫举行重建落成十周年庆典　两岸妈祖文化交流铸同心》文章。

● 12 月 11 日《湄洲日报》刊登《赴柬埔寨首都金边探访妈祖》文章。

● 12 月 11 日《湄洲日报》刊登《促进两岸妈祖文化交流与发展——湄洲妈祖祖庙一行参访台湾部分宫庙》文章。

● 12 月 11 日《湄洲日报》刊登《妈祖圣地斗茶节月底举办》文章。

● 12 月 11 日《湄洲日报》刊登《点赞莆田会馆妈祖文创品》文章。

● 12 月 11 日《湄洲日报》刊登《越南妈祖文化董事会成立》文章。

● 12 月 11 日《湄洲日报》刊登《让妈祖文化更加璀璨光辉——广东陆丰碣石乌坭天后宫举行重建落成 10 周年庆典》文章。

● 12 月 11 日《湄洲日报》刊登《打把金锁献妈祖》文章。

● 12 月 12 日《联合报》刊登《奉天宫健走活动摸彩送机车》文章。

● 12 月 12 日《联合报》刊登《妈祖照 X 光、清末轮祀簿民俗佐证》文章。

● 12 月 12 日《仙游今报》刊登《越南妈祖文化董事会成立》文章。

● 12 月 12 日《湄洲日报》刊登《妈祖灵光播四海》文章。

● 12月14日《平潭时报》刊登《两岸信众齐聚娘宫颂妈祖》文章。

● 12月16日《青岛日报》刊登《中国（青岛）妈祖文化周开幕式暨青岛妈祖宫告竣典礼举行》文章。

● 12月17日《石狮侨报》刊登《研讨“妈祖文化与海上丝绸之路”》文章。

● 12月18日《中国新闻》刊登《霞浦“妈祖行宫”巡游台13县市——10余万人以不同方式参与敬奉、拜谒》文章。

● 12月18日《湄洲日报》刊登《中外文化交流互融　推进妈祖文化向外传播——中华全国台湾同胞联谊会会长、厦门大学教授汪毅夫来莆开讲》文章。

● 12月21日《福建侨报》刊登《台湾信众回妈祖故里谒祖进香》文章。

● 12月21日《联合晚报》刊登《北港新地标：教堂星巴克　妈祖肯德基》文章。

● 12月24日《揭阳日报》刊登《突出妈祖文化对外交流》文章。

● 12月25日《湄洲日报》刊登《妈祖文化入选“伟大的变革——庆祝改革开放40周年大型展览”》文章。

● 12月25日《湄洲日报》刊登《湄洲妈祖巡游菲律宾临时驻跸点建永久性妈祖行宫》文章。

● 12月25日《中国新闻》刊登《福建霞浦妈祖今年第二次赴台叙缘联谊》文章。

● 12月25日《福建日报》刊登《两岸妈祖信众开展联谊活动》文章。

● 12月25日《湄洲日报》刊登《推动妈祖文化事业繁荣发展——湄洲妈祖祖庙继续派出多支交流团赴各地开展宫庙联谊活动》文章。

● 12月25日《湄洲日报》刊登《推动妈祖文化繁荣——〈中华妈祖志〉编撰工作启动》文章。

● 12月25日《经济日报》刊登《永丰余新品　大甲妈加持》文章。

● 12月26日《湄洲日报》刊登《做妈祖的好孩子》文章。

● 12月27日《自由时报》刊登《白沙屯妈祖首次高屏绕境　土地公惊喜“降驾”相迎》文章。

● 12月29日《湄洲日报》刊登《弘扬妈祖文化　金融普惠民生——建设银行莆田分行为助力我市高质量发展贡献金融力量》文章。

戏曲影视

【央视戏曲频道《九州大戏台》播出陆丰正字戏精品剧《妈祖》】

2月6日，广东正字戏精品剧目《妈祖》在中央电视台戏曲频道《九州大戏台》和央视网同时播出。陆丰正字戏《妈祖》由中共陆丰市委宣传部指导策划出品，陆丰市正字戏传承保护中心演出，特聘请国家级非遗项目正字戏代表性传承人彭美英担任剧本改编、导演，多名戏曲专家组成主创团队精心打造而成，剧中男女主演、作曲、司鼓等重要角色全部由正字戏新秀担纲。正字戏精品剧目《妈祖》是根据海内外广为流传的妈祖故事编创而成，改编自天津京剧院同名剧本。天河摆渡女投生于湄洲岛林家，取名默娘。默娘生性乐善好施，见义勇为。为防治疟疾，冒死攀崖越壑采药，勇斗山妖风妖；为拯救遇险船队，不惜焚屋引航；为圆人世情缘，甘愿滴血明志，不做神仙；为护佑渔民，消灭风妖海怪，最后舍身溺海。默娘的事迹感天动地，被尊为妈祖。这次正字戏精品剧《妈祖》在央视戏曲频道播出，是继正字戏精品剧《刘文龙》后第四次在央视专场播出，为全国电视观众和世界华人再次展示了陆丰底蕴丰厚的传统文化和中国古老南戏的风采。

【《海神妈祖》：戏曲舞台上的神圣】

据《福建日报》报道，近年来，福建省打造出越来越多具有福建特色、面向世界的优秀剧（节）目，推动形成福建“海丝文化”艺术精品集群效应。其中莆仙戏《海神妈祖》作为2017年福建省舞台艺术精品工程重点剧目，入选国家艺术基金2017年度传播交流推广资助项目。众所周知，妈祖是海上丝绸之路庇护神，是莆田乃至福建的一张亮丽文化名片。福建省莆仙戏剧院借助宋元南戏活化石莆仙戏的独特魅力，排演了新编历史剧《海神妈祖》，让妈祖文化与“海丝文化”形成对接。用传统的莆仙戏演绎妈祖故事，这两种特色文化的结合，产生了互推互进的强烈效果。无论是闽南地区的泉州，还是西北的西安，古老的科介曲牌，色彩艳丽的戏装，清悠婉转的唱腔，运用灯光、音效等现代科技元素，新颖别致的舞台设计，让观众赞叹不已，掌声不断。“创新是戏曲艺术发展的动力，但在具体的创作、探寻过程中，我们坚持在坚守和保留传统文化的基础上创新，在充分运用莆仙戏独有的传统艺术手段的前提下进行新的创作。比如人物的服装，既有利于莆仙戏的科介表演，又符合时代、符合人物的身份，在色彩的搭配上又给人以美感。舞美灯光更是从有利于表演的发挥进行全方位的创新。总之，无论是表演还是音乐、舞美，都给人以既是传统的莆仙戏，又是全新的新编戏的感受。”福建省莆仙戏剧院吴清华院长介绍道。经过国家级、省级专家评选审核，莆仙戏《海神妈祖》已入选国家艺术基金2017年度传播交流推广资助项目，作为2017年福建省舞台艺术精品工程重点剧目，于2018年下半年赴新加坡、马来西亚开展文化交流巡演活动。作为原创精品力作，他们将以宋元南戏活化石莆仙戏为平台，把莆田的妈祖文化和莆仙戏文化推向世界，同时加强与东南亚国家的艺术交流。

【38 集电视连续剧《妈祖》】

中央电视台决定，38 集电视连续剧《妈祖》继在央视电视剧频道（CCTV-8）于 2 月 8 日至 15 日回放一轮后，又定在央视戏曲频道（CCTV-11）于 3 月 5 日至 18 日 23：00 回放。3 月 21 日起 11：30 在该频道再次回放。央视再掀“妈祖热”！

【3D 电影《海神妈祖》启动，将为国内首次采用每秒 120 帧拍摄技术的电影】

5 月 8 日，动作爱情玄幻电影《海神妈祖》在京举行项目启动发布会，筷子兄弟、演员马可等 30 多位影视界明星，以及到场的 200 余位制片人、导演也纷纷祝福项目启动。据悉，该电影将为国内首次采用每秒 120 帧拍摄技术的电影，而此前国内上映的唯一一部每秒 120 帧拍摄技术的电影，还是李安导演的《比利·林恩的中场战事》。据介绍：《海神妈祖》是一部汇集玄幻、动作、战争、爱情、剧情五大元素的 3D 电影，采取国内首部 120 帧拍摄，影片情节由秦始皇派出找长生不老药的不老翁徐福回忆展开，讲述了大海保护神妈祖救灾救难、行善立德的传奇故事。其中最为震撼的要数郑成功船队与荷兰舰队鏖战之际，妈祖使用法力帮助郑成功收复台湾这一情节。值得一提的是，该片在塑造妈祖这一角色时抛弃了国产电影常用的脸谱化设定，除了成神显灵的传说之外，还讲述了妈祖在成神之前身为渔家女林默与丈夫吴宗伦、父亲林愿的故事，力求还原一个可敬、可亲、可爱的妈祖形象，让银幕上的妈祖更为生动、立体、饱满，更贴近普罗大众的生活，凸显影片的人文关怀。启动发布会当天正值农历三月二十三日妈祖生日，现场特设妈祖庆生环节，播放各地妈祖信众为妈祖庆生的视频，场面十分感人。总制片人吴建杭介绍说，《海神妈祖》的开机日期和杀青日期也分别拟定于妈祖生日和妈祖升天成神日。几个关键日期的选定尽显创作团队对妈祖的崇敬之意，也折射出该片歌颂妈祖信仰、弘扬妈祖文化的创作初衷。在这个信仰缺失的时代，电影《海神妈祖》会把妈祖扶弱济贫、惩恶扬善的高洁品格和勇敢无畏、不屈不挠的宝贵精神发扬光大，让妈祖文化的精髓融入现实生活，向迷茫的年轻一代传递正确的价值观，为日趋浮躁的社会注入一股正能量。据了解，剧组将辗转厦门、莆田湄洲岛、台湾地区，以及马来西亚等地进行实景拍摄，由于影片搭景、特效制作繁多，影片将在 2021 年的国庆档或贺岁档上映。

【莆田首部少儿微电影《海神》在湄洲岛妈祖文化影视园开拍】

着古装、对台词、演角色，圆明星梦！看热闹、寻文化、逛景点，来影视园。8 月 18 日，莆田第一部少儿微电影《海神》在妈祖故乡湄洲岛妈祖文化影视园（妈祖平安里）开拍啦！ 18 日上午 9 点，一群十来岁的小朋友，身着微电影《海神》剧组定妆照，在父母的陪同下，兴高采烈地准备大显身手，一圆明星梦。据悉，少儿微电影《海神》由五哥华影出品，黄建华导演。《海神》以经典妈祖故事为剧情，以莆田本土热爱演艺的青少年为演员班底，通过青少年的视角，传播妈祖文化，弘扬妈祖精神。为拍摄好莆田第一部少儿微电影，剧组通过层层把关，从莆田本地遴选出优秀的小演员。同时，为了能更好地指导演员拍摄及优化影片画面构图等，黄建华导演带着主创团队提前奔赴妈祖故乡湄洲岛实地勘查，并计划在湄洲妈祖文化影视园、湄洲妈祖祖庙和湄洲岛莲池澳沙滩等地取景拍摄，本次拍摄从 18 日开始，预计 5 天完成。导演黄建华在谈到拍摄少儿微电影《海神》的初衷及选景时说，湄洲岛是海神妈祖的诞生地，也是妈祖文化的发源地。妈祖由人及神，信众遍及世界各地，妈祖文化影响深远。自己作为妈祖故乡人，也是妈祖的资深信徒，始终不忘初心。希望通过影片让更多的人特别是青少年儿童更直观地了解妈祖精神，了解妈祖文化；同时，借此向世界各地推广与弘扬妈祖文化，推广莆田青少年的才艺，推动莆田影视文化的发展。因此，对于本次微电影拍摄，黄建华抱有很高的期待。影片开拍时为普通话版，后续将翻译成莆田话和英语 3 个版本，全网发布，推向海外。

【《妈祖回家》杀青】

由著名影视导演蒲剑执导，著名演员赵亮、葛玟希主演的两岸题材故事影片《妈祖回家》已于日前在湄洲岛杀青。该作品改编自作家王鸿的中篇小说《台北来信》，用独特视角诠释两岸人民难以割舍的血脉情缘和妈祖文化的巨大魅力。影片以现实中的莆田人和台北人为原型，紧扣两个发生在台湾海峡间的底层民众渡海事件，用轻喜剧的形式展开一系列曲折生动的情节，讲述了一段特殊背景下的台海历史，深刻诠释了两岸人民难以割舍的血脉情缘和妈祖文化的巨大魅力。由青年演员葛玟希饰演的“玉莲”是男主吴天桂（赵亮饰）的三姨太，因命运多舛，戏子出身的她为求生存嫁给了吴天桂。葛玟希表示：“虽然这是我第二次尝试戏曲风格的角色，但这是我第一次接触莆仙戏，为了更快地融入角色，我提前进组跟老师学习了十几天，这算是我的一大挑战。”对于没有接触过莆仙戏的葛玟希来说，在短时间内学习莆仙戏是比较有难度的，这让她在又唱又演的角色上下了不少功夫，果然成功是要经历一些常人不能完成的挑战。葛玟希对角色的细致贴近和观摩真实的底层生活，以及对人物内心深处本能意识的挖掘，获得了许多业内人士的赞赏。据悉，电影《妈祖回家》将于 2019 年夏天在全国院线上映。

文化交流

【畅叙乡情乡谊　共话妈祖文化】

1 月 1 日，新年之际，澳大利亚妈祖文化协会在墨尔本雅拉河畔，组织来自妈祖故乡的 60 多名莆籍乡亲举办传播妈祖文化迎新年活动。活动期间，乡亲们身穿统一的“妈祖是爱”T 恤衫，拉着“妈祖是爱”横幅，一起观看《缘起妈祖》纪录片，畅叙乡情乡谊，共话妈祖文化。莆籍乡亲黄智敏和王翰林还为澳大利亚妈祖文化协会设计了会徽。

【“2017 年闽台关系十大新闻”评选揭晓】

1 月 1 日，“2017 年闽台关系十大新闻”评选结果揭晓，湄洲妈祖赴台湾巡游上榜。该评选由福建省人民政府台湾事务办公室、省人民政府新闻办公室组织部分中央和境外驻闽媒体、福建主流媒体，结合网络投票结果而评出。

【福州举行新年千灯会亮灯仪式　两岸信众共祈福】

1 月 1 日 0 时 0 分，新年千灯会亮灯祈福仪式在福州三坊七巷天后宫举行。福州三坊七巷天后宫道长们在妈祖神像前为两岸信众点燃 1000 盏祈福灯，祈求国泰民安、风调雨顺，拉开新年千灯会序幕。

【“妈祖文化与海丝精神”中美民间交流会召开】

1月2日，美国妈祖基金会举办“妈祖文化与海丝精神”中美民间交流会，进一步弘扬妈祖精神，传播妈祖文化，践行“一带一路”。会上，美国妈祖基金会主席黄明萍回顾这3年来基金会工作后说，基金会始终依靠广大社区、各侨团、信众支持和帮助，以倡导世界和平、人文价值为主题，进一步弘扬和传承妈祖“立德、行善、大爱”精神。

【央视在湄洲湾取景拍摄】

《航拍中国》（Aerial China）第二季来莆田取景拍摄。摄制组选取妈祖体育公园作为起飞点，航拍湄洲湾海域深水港区、妈祖祖庙、妈祖石雕像、建筑群及当地渔民的生产生活等场景，多角度、全方位、立体化展现莆田妈祖文化和自然景观的独特魅力。

【妈祖文化论坛会址将向市民开放】

1月6日，莆田市住建局组织相关专家，召开世界妈祖文化论坛永久会址旅游项目工业化建筑（设计阶段）认定认证会议。与会专家认为，世界妈祖文化论坛永久会址旅游项目的工业化建筑设计符合现行国家和产业政策的相关规定，可以认定为工业化建筑。目前，世界妈祖文化论坛永久性会址已成为妈祖文化设施的新亮点、莆田城市形象的新名片。

【台湾北港与宁德妈祖宫庙缔结友好宫庙】

1月8日，宁德市霞浦县妈祖文化赴台交流团抵达台湾北港朝天宫参访交流，并与台湾北港朝天宫签约，缔结友好宫庙。缔结仪式按照古礼进行。霞浦妈祖文化赴台交流团一行30余人，与台湾北港朝天宫董事长蔡咏锝及董监事成员一起拜谒妈祖。随后，霞浦松山天后行宫秘书长陈杰、北港朝天宫董事长蔡咏锝，分别代表两宫董事会在结盟书上签名、盖章。

【灵光播洒　魅力彰显】

1月9日，2018年莆田市两会圆满闭幕。政府工作报告提出，推动世界妈祖文化论坛国际化、品牌化，提升妈祖文化对台和对外的影响力、感召力，让妈祖精神扬帆“海丝”。

【挖掘文化内涵　弘扬妈祖精神】

1月9日，福鼎市山前大岚头妈祖天后宫举行妈祖开光庆典活动，来自全国各地妈祖文化机构代表和当地信众近2000人出席。庆典仪式上，福鼎市政协原副秘书长薛宗碧、中华妈祖文化交流协会常务副秘书长周金琰、湄洲妈祖祖庙董事兼湄洲妈祖祖庙莆田会馆馆长陈金森先后致辞。

【一匾传世　大爱流芳】

1月9日，厦门朝宗宫举办“弘扬妈祖大爱精神　歌颂先贤家风家训”座谈会暨书法笔会，以纪念御赐匾额230周年。道光十九年（1839年）《厦门志》载，乾隆五十三年（1788年）御赐朝宗宫“恬澜贻贶”匾，由此彰显出了妈祖的大爱精神内涵。知名文史专家、学者、书法家共20余人出席座谈会并于会后挥毫泼墨书写墨宝。

【妈祖元素融入杨丽萍新作《平潭映象》】

1月9日，世界知名舞蹈艺术家杨丽萍导演的大型舞台剧《平潭映象》在福州进行了全球公演。杨丽萍说：“福建这块土地，有太多民俗元素值得去挖掘。这次我们用舞蹈的形式，把它们呈现出来，希望能做到雅俗共赏。”

【艺术家手绘妈祖 10 年　传递圣母大悲心】

笃信妈祖的手绘艺术家朱朱，因 7 年前一次奇妙机缘，展开徒步环岛拜谒妈祖的旅行，至今走访大陆、台湾地区等 500 多座妈祖庙，并以简单的线条手绘百幅妈祖像，于 1 月 10 日在北港镇振兴戏院展出，与民众共同分享妈祖的大爱。

【长岛赴台妈祖文化交流活动圆满成功】

1 月初，应台湾桃园慈护宫邀请，长岛县台办、长岛县妈祖文化交流协会组织 8 人交流团赴台开展妈祖文化交流。交流团由县委副书记赵永刚带队，赴台参加“桃园妈”安座纪念及姐妹宫联谊会活动，进一步扩大长岛妈祖文化在台湾地区的影响力，加深了两岸妈祖宫庙友好往来和深厚情谊。

【促进两岸民间交流】

1 月 16 日，浙江省苍南县妈祖文化交流协会及福建省霞浦松山天后行宫联合组织妈祖文化参访团一行 38 人赴台湾地区开展联谊交流。参访团恭捧霞浦松山天后行宫和苍南坑尾妈祖庙的两尊妈祖像赴台交流，先后参加高雄佛光山世界神明联谊会，参访高雄道德院、新港奉天宫、云林北港朝天宫、板桥慈惠宫等，受到热烈欢迎和热情接待。台湾奉天宫董事长何达煌参加了交流活动。他表示，妈祖是两岸共同信仰的和平女神，两岸妈祖文化交流的扩大，将进一步促进两岸关系的和平发展。

【《妈祖》将被改编为电影音乐剧】

1 月 16 日，“跨界艺术 IP”暨《玛吉阿米》《妈祖》项目发布会在北京国家会议中心举行。这两项 IP（intellectual property，知识产权）即将改编为电影、音乐剧。

【莆田市侨商会向法国福建同乡联合会捐赠妈祖服饰】

1 月 17 日，为传播妈祖文化、弘扬妈祖精神，莆田市侨商会向法国福建同乡联合会赠送妈祖服饰。这些妈祖服饰将在巴黎第 28 届法国华人 2018 春节彩妆游行中展示。

【馨香播中原，妈祖福郑州】

1 月 19 日，郑州市妈祖文化交流协会在河南郑州成立，旨在弘扬妈祖文化、凝聚妈祖精神。在当日举行的郑州市妈祖文化交流协会成立大会上，中华妈祖文化交流协会为该协会授牌，湄洲妈祖祖庙董事会赠送了妈祖圣像。

【海南临高成立妈祖文化交流协会】

1 月 20 日，为了传承妈祖文化，弘扬妈祖“立德、行善、大爱”的精神，海南省临高县妈祖文化交流协会在临高召开成立大会。方萍当选为临高县妈祖文化交流协会会长。

【湄洲妈祖祖庙莆田会馆收藏免费对外展览】

1 月 21 日，湄洲妈祖祖庙莆田会馆举行莆籍著名画家周秀廷 50 幅《妈祖传》版画捐赠仪式及数十名孩子现场体验绘画妈祖活动，充分发挥莆田会馆对外交流的作用，进一步传播妈祖文化，让妈祖精神在新生代中传承和弘扬。周秀廷是莆籍著名画家，师从中国古典人物画家李耕，他的 64 幅画作被北京人民大会堂收藏，中共十九大的党员代表通道的主背景就是他的画作《松鸽颂》。他生前怀着对妈祖的无限虔诚之情，历时一年半时间创作 50 幅妈祖生平事迹故事画作《妈祖传》，为弘扬妈祖文化做出了积极贡献。

【推动妈祖文化在海内外传播】

1月22日，湄洲妈祖祖庙妈祖文化人才培养奖学金颁奖仪式在莆田学院举行，共150人次受到表彰。为彰显妈祖文化办学特色，推进人才培养模式改革，莆田学院于2016年新学期进行改革试点，正式开设妈祖文化传播人才培养特色班。特色班的教师和辅导员均为博士，且具有多年妈祖文化研究经验，这在全省乃至全国高校中开了妈祖文化本科专门人才培养的先例。2017年9月，第二届妈祖文化传播人才培养特色班开班，来自该校汉语言文学、广告学、新闻学、英语、商务英语、临床医学、医学影像技术专业的50名优秀学子，成为新一届特色班的学员，进行为期一年的妈祖文化相关理论知识学习。

【答谢湄洲妈祖巡安潮汕恩泽】

为答谢湄洲妈祖巡安潮汕的恩泽，受湄洲妈祖祖庙副董事长庄美华热情邀请，广东潮阳和平下宫天后古庙吴育龙偕妻女特地前往湄洲妈祖祖庙。1月24日，在湄洲妈祖祖庙莆田会馆馆长陈金森陪同下，他们参访了莆田会馆。

【莆田打响妈祖文化品牌】

“妈祖下南洋·重走海丝路”途中，每天都有不懂汉语、不了解妈祖文化的外国人好奇围观。稍微了解一些妈祖故事后，他们也加入朝拜的队伍中来。1月24日，在“建设美丽莆田一周年专家研讨会”上，中华妈祖文化交流协会副秘书长兼学术部主任周金琰说，湄洲妈祖神像首次巡游东南亚，不仅在华人华侨中引起轰动，在促进人文交流和民心相通方面，也真真正正发挥了文化使者的纽带作用。

【打造妈祖文化品牌　助力山东经贸发展】

1月25日上午，山东省第十三届人民代表大会第一次会议隆重开幕。省长龚正代表省政府向大会做政府工作报告。政府工作报告中提到要推动优秀传统文化的创造性、创新性发展，实施中华优秀传统文化传承发展工程。山东省政协委员、青岛市妈祖文化联谊会会长赵起良，结合自身的经历和感触，建议打造山东的妈祖文化品牌，并以此来助力山东经贸旅游等领域的发展。

【打造妈祖义工品牌】

1月25日晚，湄洲岛组织400余名妈祖义工参与志愿者培训讲座。中共莆田市委文明办副主任曾宗庆为在场义工做培训。曾宗庆结合莆田志愿工作的经验与湄洲岛的实际情况，从志愿者的概况、发展历程、品牌塑造等方面，与义工面对面探讨湄洲岛志愿服务工作中的重点和难点，共同推进妈祖义工品牌建设。

【灯会纪念酒亮相　加入妈祖元素吸睛】

1月27日，“2018台湾灯会”纪念酒发布，纪念酒瓶及纪念杯设计加入当地朴子配天宫妈祖元素，且盛装台酒公司生产的玉山8年陈年高粱酒，限量发行2000套，值得珍藏。朴子配天宫供奉妈祖，香火鼎盛，也常有民众前往求子。嘉义县知名人士张花冠在展示灯会纪念酒时说，纪念酒瓶盖造型神似妈祖顶冠，瓶身绘饰朴子配天宫求子的红、白牡丹花，以金线勾勒轮廓，凸显牡丹为“花中之王”的气势，寓意受到配天宫妈祖的庇佑。

【新生代企业家专题培训班和妈祖文化交流】

1月30日，由烟台市芝罘区委统战部、烟台市长岛县委统战部组织的两场活动——新生代企业家“薪火接力”专题培训班、赴台妈祖文化交流分别举行。山东映华集团执行董事王超艺、长岛映华海上游公司总经理孙晓梅及集团多名高管均受邀参加。

【漳州岩溪天妃宫妈祖会香团参访马来西亚】

1月30日，漳州长泰岩溪天妃宫妈祖会香团一行8人，恭捧一尊9千克重的妈祖像乘搭班机前往马来西亚，造访雪隆海南会馆天后宫，展开为期4天的妈祖文化交流活动。

【祖庙天后艺术团演出常态化】

1月末起，祖庙天后艺术团将开展常态化十音八乐演奏，进一步传承发展优秀传统文化，奏响“闽中雅乐、太古遗音”。祖庙天后艺术团常态化演出时间为每周周五、周六、周日上午9时30分至11时，演出地点在湄洲妈祖祖庙圣旨门大戏台，演奏内容为十音八乐曲牌及妈祖相关莆仙戏曲。

【涵江区妈祖文化交流协会举行年会】

1月末，莆田涵江区妈祖文化交流协会在东岳观举行2017年年会暨“妈祖大学堂”授牌仪式。会上，中华妈祖文化交流协会副秘书长蔡承武、中华妈祖杂志社副社长颜青山代表中华妈祖文化交流协会向涵江区妈祖文化交流协会授“妈祖大学堂”牌匾，共同传承优秀传统文化。

【特色果冻龟金钱龟　市民“乞得”保平安】

1月31日，泉州和台湾澎湖两地妈祖宫、天后宫联合制成了一批“小米龟”。这批制作精美且极富特色的“小米龟”，包括果冻龟、金钱龟、旺来龟等，将在狗年元宵期间供市民“乞得”，祈求在新的一年里平平安安。

【湄洲妈祖祖庙代表团赴平潭娘宫妈祖宫联谊】

2月1日，湄洲妈祖祖庙副董事长吴国春一行4人代表祖庙参加平潭县娘宫妈祖宫落成庆典，进一步加强妈祖文化交流，共同弘扬妈祖精神。娘宫妈祖宫负责人表示，天下妈祖，祖在湄洲。娘宫村以妈祖行宫命名，历史悠久，在今后的日子里要以祖庙为榜样，认真学习祖庙传播妈祖文化的好经验、好做法，吸收借鉴，加快发展步伐。同时，希望今后与湄洲妈祖祖庙密切联系，加强交流合作，互相学习、取长补短，推动妈祖文化在平潭的广泛传播。

【首家“台湾书店”在“妈祖故里”湄洲岛启动】

2月3日，“台湾书店”项目在“妈祖故里”福建省莆田市湄洲岛举行启动仪式。福建省新闻出版广电局党组书记、局长陈立华和中共莆田市委常委、宣传部部长吴桂芳共同揭开“台湾书店”匾额。启动仪式上，福建省新闻出版广电局向妈祖祖庙赠大陆出版物100册；台湾博扬文化公司向妈祖祖庙赠送台湾地区出版的有关妈祖文化闽台交流的出版品100册，并向“台湾书店”湄洲岛示范店赠送闽台交流的出版品100册。

【贤良港天后祖祠观音阁告竣仪式隆重举行】

2月4日上午10时，两岸妈祖文化交流暨贤良港天后祖祠观音阁告竣仪式在贤良港天后祖祠朝圣广场举行。中华妈祖文化交流协会常务副会长俞建忠，中华妈祖文化交流协会副会长、台湾大甲镇澜宫董事长颜清标，中华妈祖文化交流协会副会长、台湾云林北港朝天宫董事长蔡咏锝，中华妈祖文化交流协会副会长、台湾嘉义新港奉天宫董事长何达煌，台湾金兰会会长、台湾台南正统鹿耳门圣母庙董事长王明义，莆田市佛教协会会长、南少林寺方丈空性法师，莆田广化寺监院贤立法师，台湾佛光寺及500多家海内外妈祖宫庙代表参加仪式，其中台湾妈祖宫庙200多家。

【海峡两岸妈祖庙联谊座谈会在莆田举行】

2月4日下午，春寒料峭，秀屿区假日大酒店内春意盎然，海峡两岸妈祖庙联谊座谈会在此举行。参加座谈会的有台湾部分宫庙代表和大陆研究妈祖文化的专家学者。

【打造妈祖文化现代传播新高地】

2月7日,《中华妈祖》杂志工作会议在中华妈祖文化研究院召开。会议通报了2017年度《中华妈祖》杂志编辑出版等情况，部署新年度工作，强调要拓宽传统媒体和新媒体融合发展壮大的路子，与时俱进、常办常新，打造妈祖文化现代传播新高地。

【澳门妈阁庙妈祖大殿修复后重新开放】

列入世界遗产名录的澳门妈阁庙于2016年失火后，在澳门特别行政区有关部门协助下，内部遭严重损毁的妈祖大殿经过两年修复后重新开放。妈阁庙妈祖大殿重光庆典仪式于2月7日中午举行。仪式上，信众恭讨天后元君上座，大殿敲响法鼓三通，然后依次为醒狮簪花挂红和点睛，并列队持香先拜天地，再供拜妈祖，敬茶酹酒、奉高菠萝金花和纸宝拜送神灵。

【“人爱妈祖　美丽莆田”美术作品邀请展】

2月8日,“大爱妈祖　美丽莆田”首届中国美术名家作品邀请展在莆田市群众艺术馆举行。中共莆田市委常委、宣传部部长吴桂芳出席开幕式。展览由中国美术家协会指导，省文联、省美协、市委宣传部和中华妈祖文化交流协会等联合主办。展览共邀请全国68位知名画家参与，展出120幅精品力作，画种涵盖人物、山水、花鸟等，既展示美丽莆田建设取得的优异成绩，弘扬“立德、行善、大爱”妈祖精神，又为广大市民提供了一场文化艺术盛宴。展览持续到2月13日。

【郑斯仁新歌《妈祖》幕后先导片曝光】

2月初，郑斯仁新歌《妈祖》幕后先导片曝光，视频中的郑斯仁表情专注，神情十分认真，显示出专业的音乐态度。这首歌颂妈祖功德的歌曲即将与广大粉丝见面。据悉，新歌《妈祖》以海上女神妈祖为创作背景，由中国爱乐乐团担任弦乐伴奏,《中国好歌曲》第三季羽泉战队学员音乐人方毅担任制作人，曾与薛之谦、周深、

SNH48 等多位知名艺人合作的新生代编曲大师荼荼编曲，《缘殇》的词曲作者马惠冬倾情作曲。歌曲音乐主基调将民族小调与宗教音乐相融合，并行加入莆田当地戏曲的元素。郑斯仁空灵缥缈又恢宏大气的演唱，让人不知不觉陶醉在乐音中，感受妈祖的博爱包容。据悉，郑斯仁工作室后期还将全方位启动妈祖系列项目内容，《妈祖》MV 女主角将由郑斯仁工作室当家花旦王琰出演，还将拍摄同名音乐剧电影《妈祖》。

【莆田湄洲岛有了"台湾书店" 以妈祖文化为特色】

2 月 10 日，厦门外图书城传出消息，由省新闻出版广电局等单位主办、厦门外图书城对接协作的"台湾书店"项目，在莆田湄洲岛启动。湄洲岛"台湾书店"是全省首家示范店，书店以妈祖文化为特色，主要提供"畅销推荐""两岸文学名家""两岸民俗""美学设计""亲子天地"等 5 个主题的两岸精品图书，同时还将不定期组织文化活动。

【莆田东皋妈祖文化公园开园】

2 月 13 日，中华妈祖文化交流协会常务副会长俞建忠在莆田市荔城区北高镇为东皋妈祖文化公园开园剪彩。参加剪彩仪式的各界代表共 1000 多人。北高镇是中国知名的黄金珠宝首饰之乡，历史悠久，人文荟萃，妈祖文化底蕴尤为厚重。北高镇现有 40 多座妈祖宫庙，相互联系紧密，经常开展妈祖文化活动，传承妈祖文化，弘扬妈祖精神。北高镇东皋村建设妈祖文化公园，把妈祖文化与环境建设有机结合，既能弘扬妈祖文化，又能改善民众生活环境，为打造幸福乡村出力，得到了广大群众的大力支持。

【俞建忠会见来访的郑州妈祖文化交流协会负责人】

2 月 14 日上午，中华妈祖文化交流协会常务副会长俞建忠会见来访的郑州妈祖文化交流协会会长蒋文新、秘书长罗成业一行，双方进行了座谈。会上俞建忠指出郑州地处中原，文化底蕴深厚，希望郑州妈祖文化交流协会要用高站位、高起点、高格局来规划工作，在中原大地上大力传播妈祖文化。蒋文新表示愿意全力以赴做好各项工作，立足郑州面向中原地区，广泛传播妈祖文化，大力弘扬妈祖精神。

【中日黄檗文化社团联手　助推福建湄洲妈祖巡游日本】

由福清黄檗文化促进会和日本一般社团法人黄檗文化促进会组成的联合参访团，从2月15日至19日赴日本长崎参访交流。其间，参访团一行参加了18日在长崎举行的一年一度“妈祖行列”巡游活动。活动中，中日双方相关人士达成共识，助推福建湄洲妈祖金身早日巡游日本。

【欢乐中国年　妈祖保平安】

2月16日下午4时，迪拜最繁华的步行街商圈之一City Walk张灯结彩，锣鼓喧天，由中国驻迪拜总领事馆与迪拜政府联合举办的大型巡游庆祝活动在此隆重举行。阿联酋各界华人华侨、各商协会和留学生及中资企业近2000人组成30个方队参加。

【湄洲妈祖祖庙举行戊戌年祈年大典】

2月18日，戊戌年祈年大典在湄洲妈祖祖庙南轴线天后殿广场举行，近千名来自海内外的妈祖信众同谒妈祖，共享平安，同祈风调雨顺、国泰民安。当天9时，依照湄洲岛独特的民间祈年礼俗，祭天仪式按进表、建坛、诵经、进供有序进行。

【澳大利亚墨尔本妈祖信众喜过中国年】

2月23日，记者从澳大利亚妈祖文化协会获悉，新春佳节期间，该协会携墨尔本天后宫举办妈祖祈福春节系列活动，弘扬妈祖文化，传承中华优秀传统，让在澳大利亚墨尔本的妈祖信众和莆籍乡亲过上一个欢乐祥和、健康文明的春节。

【台湾溪北六兴宫首次赴湄洲妈祖祖庙谒祖进香】

2月28日，台湾嘉义溪北六兴宫一行280人，在主委江筱芃的带领下，统一头戴庙帽、身着庙服，安排信众手执谒祖进香横幅，并以绣旗队、大锣、哨角队、电音三太子、千里眼顺风耳神偶团、随香团为阵头，护驾分灵妈祖，200多年来首次回湄洲妈祖祖庙谒祖进香。

【陆丰举办妈祖家宴】

2月28日，农历正月十三“开灯日”，广东省陆丰市妈祖文化研究会举行“迎春祈福平安家宴”，扬家风正能量，颇具特色的文艺节目备受欢迎。家宴吸引近300位社会各界热心人士参与。“同沐妈祖灵光，共享千秋福缘”，家宴劲吹勤俭节约之风的同时，大家更注重享用精神大餐。随着陆丰市舞蝶文化团体《敦煌霓裳》舞蹈节目展示“妈祖赐福”的条幅，拉开了家宴文艺帷幕，该市妈祖研究会歌手献演《妈祖颂》《心向妈祖》等节目，现场高潮不断。

【东南亚妈祖宫庙重走“海丝路”回“娘家”】

由新加坡万天府宫主蔡亚桦率领的妈祖信众一行42人，3月1日再次回到“娘家”——湄洲妈祖祖庙，拜妈祖进香祈福。

【湄洲妈祖祖庙总干事李少霞参评“2017年度海洋人物”】

3月1日，由中国海洋报社、中国网联合主办的“2017年度海洋人物”评选活动网络投票阶段已正式启动，湄洲妈祖祖庙总干事李少霞参与评选。李少霞是一名妈祖文化工作者，也是一名海洋文明的传播者。20多年来，她始终秉承“立德、行善、大爱”的妈祖精神，致力于海洋文化的传播事业，全身心投入“妈祖下南洋·重走海丝路”“湄洲妈祖巡游台湾”“湄洲妈祖巡安潮汕”以及世界妈祖文化论坛和“妈祖文化与海洋精神”研讨等系列妈祖文化、海洋文化活动，伴随着妈祖文化传播的脚步，把中华海洋文化传播到全球42个国家和地区，使妈祖文化和海洋文化的构成更加丰富多彩，使妈祖精神与海洋精神的弘扬大放异彩。

【新港奉天宫打造妈祖花灯】

3月2—11日，“2018台湾灯会”在嘉义举行，新港奉天宫用5万盏花灯打造“妈祖福星号”装置艺术花灯，并开展“护持来福、分享幸福”公益活动，除将盈余捐困难团体外，同时邀困难民众登船赏灯。新港奉天宫董事长何达煌说，奉天宫与光诺科技公司合作打造“妈祖福星号”装置艺术花灯，“妈祖福星号”是建构大型船体装置艺术花灯，船体长31米、宽15米、高10米，将由5万个“来福扑满花灯”以积木堆栈镶嵌组合方式建造而成。

【郑斯仁新歌《妈祖》首发　传递大爱无声】

3月2日，郑斯仁最新单曲《妈祖》正式发布，全新的视角演绎，多了一份豪放和洒脱。歌曲上线后获得网友的支持和青睐，点击率不断上升，成为深受众人追捧的热门歌曲。

【开展“妈祖杯”女子拔河比赛】

3月5日，由莆田涵江区文体局和涵江区妈祖文化交流协会联合举办的涵江区首届“妈祖杯”女子拔河比赛（山区片）在萩芦镇灵慈宫开赛，此前2月27日的城区片比赛在涵江霞徐天妃宫开赛。比赛共吸引了来自该区各妈祖宫庙选派的22支代表队，周边数千名群众前来观看助威。场面热火朝天，加油声、呐喊声此起彼伏，经过激烈角逐，洋尾队和东坡队脱颖而出，分获城区片第一名和山区片第一名。

【湄洲妈祖祖庙董事会召开会员代表大会】

3月15日上午，莆田市湄洲妈祖祖庙董事会第六届第一次会员代表大会在湄洲妈祖祖庙妈祖大学堂举行，圆满完成各项议程。林金赞当选新一届董事会董事长。莆田市原人大常委会主任、中华妈祖文化交流协会原常务副会长林国良，中华妈祖文化交流协会常务副会长俞建忠，湄洲岛国家旅游度假区党工委副书记、常委会主任林韶雯，湄洲岛党工委委员组织部部长刘大鹏，湄洲岛管委会副主任叶远飞，湄洲镇人民政府镇长杨良荣等各级领导应邀出席大会；来自湄洲岛区、镇、村及驻岛单位有关负责人列席会议。

【八闽英才代表团参访湄洲妈祖祖庙莆田会馆】

3 月中旬，由我国各知名院校在校学子组成的八闽英才代表团走进湄洲妈祖祖庙莆田会馆，领略妈祖“立德、行善、大爱”精神。代表团一行在会馆讲解员带领下，先后参观了妈祖文创产品展销区、妈祖文化展示区、著名画家周秀廷《妈祖传》画展区等。

【闽南渔村妈祖巡香　蟳埔女盛装亮相】

3 月 16 日，在古代海上丝绸之路重要起点城市福建泉州丰泽区的蟳埔村，一场浩大的妈祖巡香活动如期举行。数百名盛装打扮的蟳埔女头戴漂亮的簪花围，在浩浩荡荡的巡香队伍中尤为抢眼。这是传承了数百年的古老习俗，他们用盛大的踩街游行表达对大海的敬仰，祈求妈祖庇护来年“讨海”平安顺利。

【青岛市妈祖文化联谊会赴日本开展妈祖文化交流】

3 月 17 日，青岛市妈祖文化联谊会一行 7 人继 2018 年 2 月赴美国进行妈祖文化交流之后，在会长赵起良带领下开启日本妈祖文化交流行程，日中经济文化交流中心会长魏晓辉对此次交流活动给予大力协助。妈祖信仰漂洋过海最早在琉球群岛登陆，早在我国元明时期，日本已建有妈祖庙。据不完全统计，如今日本各地有 100 多座妈祖庙。

【湄洲妈祖邀请你来当平安大使】

3月20日，为进一步宣传全市平安和谐莆田建设，传播妈祖大爱精神，倡导平安和谐之美，传递平安和谐正能量，莆田市综治协会、湄洲妈祖祖庙决定举办首届莆田市“大爱妈祖，平安使者”推选活动。

【两岸妈祖宫庙福建湄洲岛同植友谊林】

3月27日，两岸妈祖宫庙代表在“妈祖故里”福建莆田湄洲岛湖石淉生态湿地公园种下一片友谊林。在湿地公园，湄洲妈祖祖庙董事长林金赞偕台湾妈祖联谊会会长、台湾大甲镇澜宫副董事长郑铭坤，台湾麦寮拱范宫主委张克中，台湾丰原镇清宫主委王凉州，台湾桃园慈恩宫创办人萧春达以及厦门市台商协会的台商代表等一行数十人，一同种下台湾特有的树葡萄、牛樟树和福建常见的小叶榕、杧果树。

【莆田妈祖大学堂开班　培训妈祖文化信息员普查员】

3月28日，中华妈祖文化交流协会2018年妈祖文化大学堂开班，对莆田市各县区（管委会）的120多名妈祖文化信息员、普查员进行培训。根据中华妈祖文化交流协会三届二次会员大会决策部署，2018年要在全球开展妈祖宫庙普查和建立妈祖文化信息点工作，先在莆田域内妈祖文化机构开展试点，取得经验后全面铺开。

【台胞赴湄洲岛拜妈祖享免票入岛和游览】

自2018年3月31日起，凡持台湾居民来往大陆通行证等有效证件的台胞来到湄洲岛朝拜妈祖、旅游观光，享受与本地居民同等的门票全免待遇。福建省莆田市湄洲岛国家旅游度假区管委会30日公布了上述消息。业界称，作为“妈祖故里”，湄洲岛落实《关于促进两岸经济文化交流合作的若干措施》的一项重要举措，这将吸引更多台胞到湄洲岛谒祖进香、联谊交流、旅游度假。

【汕头市妈祖文化交流协会举行第二届会员大会】

3 月 31 日下午，汕头市妈祖文化交流协会举行第二届会员大会及理事会就职典礼。当天，中华妈祖文化交流协会副秘书长蔡承武，副秘书长、深圳龙岗天后古庙顾问兼常务理事陈永腾，湄洲妈祖祖庙副董事长吴国春，祖庙慈善科科长朱金池，贤良港天后祖祠董事长林自弟等嘉宾应邀出席，共同见证协会新一届理事会产生，为该市妈祖文化发展开启新篇章。

【画家鲁樵“大爱妈祖”邀请展筹备有序推进】

4 月 3 日，著名画家鲁樵、《大爱妈祖：妈祖信仰在宁波》主编王国宝等一行宁波客人参访湄洲妈祖祖庙莆田会馆。下午，鲁樵、王国宝一行先后参观了会馆文化展示区、书画展览区等。随后，双方就“大爱妈祖”——妈祖故乡邀请展暨首发式活动筹备事宜展开讨论。会上成立了筹备组委会，并初步拟订方案，将于本月下旬在莆田会馆举行画家鲁樵及作家王国宝共同合作的“大爱妈祖”——妈祖故乡邀请展暨首发式活动。

【马来西亚马六甲访问团来莆】

4 月 3—6 日，马来西亚兴安会馆总会署理总会长、马六甲兴安天后宫主席吴金华拿督斯里率访问团来福建莆田参观访问。在莆期间，中共莆田市委书记林宝金、市长李建辉会见了访问团成员。副市长胡国防、市政协副主席黄华参加会见。

【妈祖精神始终激励海外华人打拼】

4 月 4 日，马来西亚马六甲兴安会馆天后宫探亲团一行 50 人，在天后宫主席吴金华拿督斯里、兴安会馆会长吴添福局绅的率领下，前往湄洲妈祖祖庙参访进香。湄洲妈祖祖庙董事长林金赞率董事、监事前往湄洲宫下码头迎接远道而来的探亲团一行，并在寝殿举行三献礼仪式。

【妈祖绕境巡安祈福南非】

4月10日，南非约翰内斯堡举行妈祖绕境巡安祈福活动。据南非开普敦台湾商会会长，也是本次活动的负责人林锦华介绍，妈祖这次南非绕境活动为期7天，经过开普敦、莱索托王国、德班、莱迪史密斯、新堡、约翰内斯堡、布鲁方登。本次活动共有18位成员参与成行，其中4名从我国台湾地区经过20多个小时的旅程特地赶到南非。

【大学生考察乡村妈祖文化】

据4月10日报道，莆田学院妈祖文化传播人才培养特色班的学生们来到秀屿区平海镇等地，实地考察妈祖建筑、文物和壁画，传承保护妈祖文化。在平海各村，大学生们在妈祖文化研究员郑剑波、郑金灿等的带领下，先后探访了平海天后宫、彰善宫、城隍庙、赤哆湾妈祖宫、玉霄宫、岐阳宫等庙宇，大家被妈祖建筑及其独特魅力深深吸引。通过这一活动，大学生们更深刻了解了妈祖文化深厚的历史内涵和底蕴，提升了对传统文化的认识。大家表示，将通过专业学习，助力妈祖传统文化的推广。

【推进妈祖国际健康城建设】

4月10日，莆田市市长李建辉在莆会见英国爱丁堡大学副校长安德鲁·莫里斯（Andrew Morris）一行。市领导傅冬阳、张亦兵参加会见。会见中，李建辉对安德鲁·莫里斯一行来莆表示欢迎，并介绍了莆田历史底蕴、妈祖文化、莆商资源、生态环境和医疗健康产业发展情况。他说，当前我国医疗健康产业发展态势良好，莆田立足自身优势，借助资本市场，搭建运行平台，提供完善配套设施，创新打造高端医疗机构“拎包入住”的开发模式，全力以赴加快推进妈祖国际健康城建设，吸引优质医疗资源汇聚莆田，促进社会办医健康发展，以满足群众多样化的健康需求。莆田市将为来莆发展的国际先进医疗团队提供良好的服务和发展环境，期待双方通过更加广泛的交流合作，实现互利共赢。

【马来西亚宫庙赴福建湄洲妈祖祖庙学祭典】

4月11日，长笛奏鸣，八佾舞庄严，来自马来西亚吉隆坡雪隆海南会馆天后宫的妈祖信众正在湄洲妈祖祖庙学习湄洲妈祖祭典程序。雪隆海南会馆天后宫丁才荣会长表示，学习祖庙妈祖祭典源于2017年7月初该会与祖庙联办的“妈祖下南洋·重走海丝路”中马妈祖文化交流（吉隆坡站）的活动。活动深获好评，特别是祖庙庄严肃穆的妈祖祭典深深打动了他。

【两岸一家亲，越走越亲】

4月12—18日，应台湾大甲镇澜宫董事长颜清标和台湾妈祖联谊会会长郑铭坤的共同邀请，湄洲妈祖祖庙妈祖文化交流团一行43人，在董事长林金赞的率领下，前往台湾地区进行为期一周的两岸妈祖文化交流活动。当晚，交流团一行首先参加大甲镇澜宫举办的“妈祖之光”公益晚会；4月13日参加大甲妈祖绕境上轿典礼和绕境起驾仪式。随后，交流团一行前往彰化、云林、嘉义、台南和新北等宫庙，进行宫庙联谊交流。

【到巽寮去品味妈祖文化】

据4月15日报道，巽寮湾的妈祖文化旅游节已成功举办6届，深受游客的青睐并广为流传，越来越多的游客也会选择在此期间游玩巽寮，品味原汁原味的妈祖文化。今年的巽寮妈祖文化旅游节又将来临。妈祖文化是劳动人民千百年来尊崇、信仰妈祖过程中遗留和传承下来的物质及精神财富的总称，是中华民族重要文化瑰宝之一。作为中国海洋文化的代表，妈祖文化近千年来一直与我国诸多和平外交活动、海上交通贸易都有着密切关联。随着2009年“妈祖信俗”被联合国教科文组织列入“人类非物质文化遗产代表作名录”，妈祖文化更是成了全人类尤其是21世纪海上丝绸之路沿线国家和地区共属的精神财富。

【大甲妈祖抵达奉天宫】

4 月 17 日上午，随着新港奉天宫妈祖祝寿大典的开始，历时 9 天 8 夜的大甲妈祖绕境活动迎来高潮。青岛市妈祖文化联谊会一行在会长赵起良的带领下，早早地来到新港奉天宫参加祝寿大典。随后，赶往大兴宫、中港慈裕宫、白沙屯拱天宫 3 座宫庙参香交流。

【妈祖缘——飨宴：青岛市首届妈祖文化节】

4 月已远，5 月将至。青岛这座绮丽的城市因为妈祖这位由大爱与慈善从凡人到天后的女子沸腾起来。在老城四方长途汽车站，传源文化艺术团带来了台湾少数民族极具震撼力的歌舞表演，一张张面庞洋溢着青春活力，一双双赤足在红毯上踩踏出激越的音符，展现少数民族男子力与美的原创舞蹈《跃动山海》让乘客们驻足。

【首届妈祖平安成人礼吉祥物：博士印】

据 4 月 30 日报道，备受海内外关注的“颂唱妈祖·感恩父母· 立志成才· 报效祖国”首届妈祖平安成人礼吉祥物，已选定用学生姓名篆刻博士印。成人礼博士印由知名妈祖文化专家、中华妈祖文化交流协会理事、莆田市懿海园妈祖文化艺术馆馆长陈立人篆制，由福建省五一劳动奖章获得者、省红木工艺品协会副会长、仙游县工艺美术学会常务副会长、仙游县度尾镇锦尚华精品工艺厂厂长何金华大师雕刻。

【广西桂林平乐妈祖文化旅游节隆重开幕】

5 月 4 日，广西桂林平乐妈祖文化旅游节隆重开幕，来自广西桂林相关领导、平乐县党政领导，部分各地妈祖文化机构代表，当地各界人士近万人参加。中华妈祖文化交流协会常务副会长俞建忠委托常务副秘书长周金琰出席旅游节活动，并在开幕式上代表协会发表讲话，与参加旅游节的相关领导一起按下旅游节“启动仪”。

【首届妈祖平安成人礼5月6日举行】

5月6日上午，主题为“颂唱妈祖·感恩父母·立志成才·报效祖国”的首届妈祖平安成人礼在中华妈祖文化研究院隆重举行，该活动由中华妈祖文化交流协会、莆田市壶兰教育基金会主办。中华妈祖文化交流协会常务副会长俞建忠，莆田市教育局局长卓金贤，市委宣传部副部长、文明办主任陈鸿锁出席仪式现场。

【第十届广州南沙妈祖文化旅游节开幕】

一年一度的广州南沙妈祖文化旅游节于5月7日开幕，活动为期3天，内容丰富多彩。游客可欣赏到盛大的祭拜妈祖传统仪式，参与千名台商拜祭团巡游，还可免费获赠印有妈祖符号的“福”字，领到难得的妈祖寿面和妈祖米。

【两岸信众于霞浦松山天后行宫共庆妈祖诞】

5月8日，农历三月二十三日，是妈祖诞生1058周年纪念日，数百名两岸信众齐聚福建霞浦县松山天后行宫共庆妈祖诞辰，同注四海安澜水，祈两岸和平。当天上午，松山天后行宫彩旗飘扬，鞭炮齐鸣，两岸信众统一着装、身披绶带，在该行宫董事长陈梅月的带领下向妈祖金身行三跪九叩之礼，依次完成迎神、上香、初献、亚献、终献、诵读祈告文等传统祭祀礼仪。

【丝路妈祖文化学术交流大会将在曹妃甸举行】

5月18日，中华妈祖文化交流协会第三届三次会员大会暨首届丝路妈祖文化（曹妃甸）国际学术交流大会主承办签约仪式在唐山广播电视大学报告厅举行。签约仪式上，中华妈祖文化交流协会和唐山市文化广播电视新闻出版局作为主办方，确定中华妈祖文化交流协会第三届三次会员大会暨首届丝路妈祖文化（曹妃甸）国际学术交流大会将于当年10月14—17日在曹妃甸区妈祖文化旅游景区举行。

【台湾麦寮拱范宫将组两千人大团赴祖庙朝圣】

5 月 21 日，麦寮拱范宫管理委员会一行 20 人抵湄洲妈祖祖庙参访交流。湄洲妈祖祖庙董事长林金赞偕祖庙董监事在天后宫举行庄严的三献礼，两宫庙并举行座谈，共商农历九月初九日组织大型进香团回祖庙谒祖事宜。

【台湾 4 家宫庙联合赴湄洲妈祖祖庙谒祖进香】

5 月 23 日，台湾台北观圣宫宫主刘华贞、台北圣凤宫主委薛枝增、台北三重拱天宫主委邵正圣、桃园镇德宫主委林国贤等人联合率领 4 家宫庙一行 140 人，恭捧分灵妈祖、千里眼、顺风耳及中坛元帅等列位神尊，赴湄洲妈祖祖庙谒祖进香。湄洲妈祖祖庙副董事长吴国春率董监事以腰鼓队为阵头，前往湄洲码头迎接。

【两岸妈祖文化交流活动在长岛举办】

5 月 31 日，由烟台市台办主办、长岛县台办和长岛县妈祖文化交流协会协办的两岸妈祖文化交流活动在长岛举行。距今 896 年的长岛显应宫是我国北方最古老、最具影响的妈祖宫庙，与福建湄洲妈祖祖庙并称“南北祖庭”。自 2015 年长岛显应宫获批山东省海峡两岸交流基地，长岛在海内外尤其是台湾地区的影响力和知名度越来越大。多年来，长岛县立足深厚的妈祖文化底蕴，积极开展对台妈祖文化交流。

【第八届妈祖文化摄影图片台湾巡展启动】

6 月 1 日，第八届妈祖文化摄影图片台澎金马巡回展正式启动，分别在台湾高雄、金门设展，展期将持续 1 个月。此次妈祖文化摄影图片巡展共制作两套展板，供台湾金门、高雄两地设展。图片展内容分为“千年传承妈祖缘”“祥光普照妈祖爱”“馨香隽永妈祖情”“四海共谱妈祖颂”4 个部分，展出图片以天下妈祖网举办的历届全球妈祖文化摄影大赛获奖作品为主，每套近 200 幅图片，150 个展板。本次图片展新增图片 80 余幅，极大地丰富了妈祖文化的内容。

【加拿大中华妈祖文化交流协会一行参访总会】

6月5日，加拿大中华妈祖文化交流协会会长林天佑一行3人至中华妈祖文化交流协会参访交流。当天，协会慈善部颜青山、办公室黄志霖热情接待来宾一行，双方就2018年加拿大中华天后宫开展的各项妈祖文化工作进行交流。林会长表示，拟计划在2018年妈祖羽化升天1031周年纪念日举行一场慈善义卖活动，双方就如何办好慈善义卖活动的细节进行了探讨。

【妈祖文化一线牵　民间交流结情缘】

6月6—24日，举办以“妈祖情缘·四重结对·联谊交流·两岸和合”为主题的两岸妈祖文化周系列活动。本次两岸妈祖活动周共包括中华妈祖文化研究院、湄洲妈祖祖庙、秀屿区、涵江区、荔城区、惠安县、泉州天后宫、连江县、广东惠来县9站的系列活动，呈现出时间久、跨度大、交流深的特点，多重结对和多站联动成为推动两岸妈祖文化进一步发展的新亮点。

【妈祖缘·中国梦——儿童画作品巡展连江举办】

6月8日，“妈祖缘·中国梦”全球妈祖文化儿童画大赛获奖作品海内外巡回展·连江站，在连江管头举办。该展览选取的图片以天下妈祖网举办的两届“我爱妈祖全球儿童画大赛”获奖作品为主，共展出了近80幅儿童绘画作品，展示了儿童心中的妈祖文化和妈祖大爱精神。

【两岸“妈祖大学堂”在连江开课】

6月9日，2018年海峡两岸“妈祖大学堂”开课典礼在连江县举办。“妈祖大学堂”由福建连江县妈祖文化研究会和马祖天后宫管理委员会共同举办。“妈祖大学堂”活动以“海上丝绸路，两岸妈祖情”为主题，首期开课邀请了中华妈祖文化交流协会常务副会长俞建忠以及莆田学院妈祖文化研究院、福建省妈祖文化研究院相关专家讲述妈祖文化及历史渊源。

【两岸同胞结伴而行，一定会让生活更美好】

由福建连江县妈祖文化研究会和马祖天后宫管理委员会联合举办的海峡两岸“妈祖大学堂”系列活动，6 月 8—10 日在福建连江县管头镇举办。连江县人民政府副县长兰超、中华妈祖文化交流协会秘书长周金琰、湄洲妈祖祖庙办公室主任曾金春以及海峡两岸妈祖文化机构代表和专家学者等 500 多人参加了系列活动。

【两岸青年同谒妈祖共叙乡情】

对来自台湾彰化的青年学生黄国霖来说，“拜妈祖”是每个月必不可少的事情。“从小跟着家人‘拜妈祖’，妈祖对我来说就像海洋的母亲一样。”他说。正是基于对妈祖文化的喜爱，黄国霖第一次来到大陆，就选择了前往妈祖文化的发源地——福建莆田市湄洲岛。他参与的活动是 2018 年海峡两岸青年妈祖文化研习夏令营，这也是第十届海峡论坛·妈祖文化活动周的活动之一。6 月 19—23 日，72 名两岸高校的师生通过参观湄洲妈祖祖庙、妈祖影视城、莆田妈祖会馆等地，切身体会两岸妈祖文化的异同。

【“大爱妈祖”两岸书画精品大联展开展】

6 月 19 日，“大爱妈祖”两岸书画精品大联展在莆田市妈祖书画院拉开帷幕，现场 30 多位两岸书画家参加交流。活动为海峡论坛再添一道文化盛宴，本次联展将持续至 7 月 15 日。

【阿根廷华人华侨将共同筹建妈祖庙】

6 月 19 日，阿根廷华人华侨代表陈荣华一行 13 人，来到妈祖文化的发祥地湄洲岛，向湄洲妈祖祖庙咨询在阿根廷首都布宜诺斯艾利斯筹建妈祖庙相关事宜。湄洲妈祖祖庙董事长林金赞与阿根廷侨胞一行座谈交流。

【两岸首次举办“三门”妈祖庙对接】

6月22日，厦门、金门、台南鹿耳门“三门”妈祖庙在厦门朝宗宫举行缔结至亲签约仪式。台南著名文史专家郑道聪告诉中新社记者，厦门—金门—台南鹿耳门这条郑成功收复台湾的航线被称为“成功之路”，正是这条“成功之路”让“三门”宫庙结缘。

【莆田：弘扬妈祖包容大爱精神的和谐之旅】

2018年6月23日，细雨霏霏。贤良港天后祖祠董事长林自弟应邀率天后祖祠董事会一行6人，前往湄洲岛妈祖庙拜谒妈祖。湄洲妈祖祖庙董事长林金赞带领董事会一行6人冒雨迎接。这是近年来祖庙祖祠的一次亲密接触，是一次弘扬妈祖包容大爱精神的共识之旅。

【妈祖文化架起两岸“情谊之桥”】

6月23日，以“中华妈祖情　两岸一家亲”为主题的第十届海峡论坛·妈祖文化活动周落下帷幕。本届妈祖文化周，文化交流互动仍是活动主线，不仅安排来莆交流的台胞参访湄洲妈祖祖庙等地，同时还举办海峡两岸青年妈祖文化研习夏令营、莆台乡村基层代表“幸福家园”交流会等多项活动，促进双方友好交流。

【莆台青年妈祖文化研习夏令营闭幕】

6月19—23日，莆田市人民政府举办第十届海峡论坛·妈祖文化活动周，湄洲湾职业技术学院承办其中的“青春缘·中华情”2018年莆台青年妈祖文化研习夏令营活动。来自海峡两岸的近百名青年朋友相聚莆田，在5天内共同开启妈祖文化体验之旅，共同感受妈祖故乡的文脉底蕴，共同加强两岸青年的交往交流，共同助力两岸文化的互通互融。19日晚，莆田市人民政府副市长胡国防、湄职院院长许冬红出席欢迎晚宴。

【印度尼西亚华裔青少年赴福建湄洲岛探寻妈祖文化】

6月24日，参加由福建省莆田市侨联主办的2018年“亲情中华”夏令营的48名印度尼西亚华裔青少年赴莆田湄洲岛参观。营员们首先来到湄洲妈祖祖庙，参观庄严雄伟的祖庙建筑群，听导游讲“窥井得天书”“焚祖屋导航番船”“妃立云神助郑和”等妈祖传奇故事。参观期间，恰逢来自潮汕地区“妈祖回娘家”信俗活动在湄洲妈祖祖庙举办，营员们观看了精彩的表演，为妈祖信俗深厚的底蕴和独特的文化魅力所震撼。

【《妈祖巴蜀情》开机仪式暨研讨会召开】

6月26日上午，金碧辉煌的金裕大酒店金焱厅内，灯火通明，气氛热烈，由成都港视文化传播有限公司携手四川省民生研究会、香港卫视西部频道、重庆林氏文化促进会、四川省民生研究会妈祖文化研究中心、四川省民生研究会林氏（比干）文化研究中心联合主办的《妈祖巴蜀情》纪录片开机仪式暨研讨会在这里隆重举行。

【台湾妈祖联谊会参访烟台天后行宫】

7月2日，台湾妈祖联谊会荣誉会长、大甲镇澜宫董事长颜清标，台湾妈祖联谊会会长、大甲镇澜宫副董事长郑铭坤等台湾妈祖联谊会一行12人到山东烟台天后行宫进香拜谒妈祖。他们参观了戏台、山门、大殿等行宫建筑，祭拜了天后行宫妈祖。

【海峡两岸妈祖文化体验营在莆田学院开营】

第二届海峡两岸妈祖文化体验营开营仪式在莆田学院李文正学术交流中心举行。据悉，本次文化体验周活动由福建省教育厅、莆田市台办指导，莆田学院主办，湄洲岛管委会、湄洲妈祖祖庙董事会协办。时间自7月9日至13日，来自台湾明道大学、台湾元培医事科技大学、台湾嘉南药理大学、台湾清华大学、台湾弘光科技大学、台湾高雄科技大学等7所大学的24名师生和莆田学院妈祖文化特色班的10名学生相聚在美丽的妈祖故乡莆田，共同参加此次活动。在为期一周的交流活动中，两岸青年学子将参加妈祖文化讲座，开展体验周联欢会，参观考察相关研习点，学习莆仙文化，发挥妈祖文化在国家“一带一路”建设中的积极作用。

【祖庙见证鹿港湄洲妈祖分灵海南临高天后宫】

7月9日下午，台湾鹿港天后宫湄洲妈祖分灵海南临高天后宫仪式在福建省莆田市湄洲妈祖祖庙庄严举行。当天，在湄洲祖庙妈祖金身的慈祥注视下，湄洲妈祖祖庙董事长林金赞代表祖庙见证了临高天后宫主委方萍从鹿港天后宫主委张伟东手上接过鹿港分灵妈祖和分灵证书，各地妈祖人代表欢聚一堂，一团祥和，现场掌声热烈。

【台湾举办台浙（北港·苍南）妈祖文化节】

为了传承妈祖“立德、行善、大爱”精神，弘扬中华民族传统美德，促进两岸妈祖文化交流，由台湾北港朝天宫和浙江苍南县妈祖文化交流协会联合举办的“2018年第六届台浙（北港·苍南）妈祖文化节”活动，于7月10日上午在台湾北港朝天宫举行。活动内容有传统的妈祖祭典、第六届台浙（北港·苍南）妈祖文化节开幕式、灵溪妈祖庙分灵妈祖回娘家、妈祖平安宴等。

【莆田学院学子走进湄洲岛了解妈祖文化】

7月17日，莆田学院文化与传播学院“探寻湄洲新印象　助力丝路在行动”暑期社会实践队走进湄洲妈祖祖庙，参观了解“妈祖头”和“妈祖糕”妈祖信俗文化。

【中华妈祖文化交流协会举办助学捐赠仪式】

7月29日，广东汕头市华阳妈祖珠珍祖庙董事长吴宝明一行来到中华妈祖文化研究院，携赠款15万元，参加中华妈祖文化交流协会2018年度捐资助学活动启动仪式。

【妈祖乡音国际范】

8 月 12 日，“赞歌颂党恩 · 礼乐献妈祖”莆仙十音八乐 323 人大汇奏乐谱首发亮相，吸引了全球妈祖人的目光。

【莆田冲沁境安前后修姚府前往祖庙谒祖进香】

8 月 9 日，莆田市涵江区国欢镇冲沁境安前“后修姚府”妈祖进香团前往湄洲妈祖祖庙谒祖进香。祖庙董事朱金池和杜建贤以战鼓队为阵头前往码头迎接，并对他们的到来表示热烈欢迎。

【“大爱妈祖”两岸书画精品在台湾联展】

妈祖架金桥，翰墨飘两岸。8 月 13 日上午，“大爱妈祖”两岸书画精品联展在台湾台中市大里杙福兴妈祖宫举行，旨在通过翰墨传递两岸亲情，进一步增进两岸艺术家的情谊，弘扬妈祖文化，促进两岸文化交流。

【俞建忠赴内蒙古考察妈祖文化】

8 月 13 日，应内蒙古海拉尔、满洲里福建商会邀请，中华妈祖文化交流协会常务副会长俞建忠率常务副秘书长周金琰、研究员郑国荣等，赴内蒙古考察妈祖文化。满洲里市人大常委会委员、满洲里市福建商会会长黄建清，满洲里市政协常委、满洲里市福建商会常务副会长陈清风，福建南源实业有限公司董事长黄文喜等妈祖故乡的企业家们参加了调研和座谈。

【朝宗宫举行“七娘妈生做十六岁成年礼”】

8 月 17 日下午，40 个身着大红状元袍，头戴状元金花帽，手执“成功”旗帜的青少年在位于沙坡尾的朝宗宫广场上进行着一场他们的人生礼俗——“做十六岁”

成年礼。望子成龙、望女成凤的心情，使家长们纷纷拿出手机，记录下自己儿女“中状元”的这一美好瞬间。

【俞建忠会见智利统促会负责人】

8 月 23 日上午，中华妈祖文化交流协会常务副会长俞建忠，在协会总部懿贤楼会见智利中国和平统一促进会副会长、智利莆田同乡联合会会长、智利福建总商会副会长邱丽华女士，就智利首都圣地亚哥中国公园设立妈祖石雕像、建设妈祖文化机构等，进行了务实商谈，达成了满意成果。

【湄洲妈祖祖庙开展移风易俗专题讲座】

8 月 23 日下午，湄洲妈祖祖庙邀请莆田“名嘴”秋生，为大家开展“推动移风易俗，树立文明新风”专题讲座。秋生通过“六斤四”和“七斤砖”等两个小故事，绘声绘色地向大家讲述关于孝道的道理，同时现场邀请听众发言，讲述感悟，引起在场众人共鸣和阵阵掌声。

【天下妈祖网举办妈祖文化体验活动】

8 月 26 日，天下妈祖网在福州三坊七巷天后宫举办妈祖文化系列活动，吸引了许多小朋友前来参与，亲身体验妈祖文化的浓郁气息，学习妈祖文化，传承妈祖大爱精神。

【诗歌爱好者福州天后宫“快闪”颂妈祖】

8 月 26 日，天下妈祖网组织众多小朋友来到福州三坊七巷天后宫体验妈祖文化，恰逢福州诗歌爱好者进行妈祖诗歌“快闪”活动。在学习了祭拜妈祖的礼仪之后，小朋友们聚精会神地观看了这场妈祖题材诗歌朗诵表演。

【全球妈祖文化儿童画作品巡展福州开展】

8 月 26 日，“妈祖缘·中国梦”——全球妈祖文化儿童画大赛获奖作品海内外巡回展在福州三坊七巷天后宫开展，吸引众多小朋友前来观展。

【“身边故事我来讲”涵江站 27 日开讲】

8 月 27 日上午，由中共莆田市委宣传部主办的莆田市“身边故事我来讲”巡回宣讲活动在涵江区政府举行。湄洲妈祖祖庙秘书长李少霞以“妈祖的孩子”为题，和莆田市直机关、基层单位十来位优秀基层理论宣讲员一道，用自己亲身经历的事情，通过声情并茂、热情洋溢的宣讲，赢得涵江区站现场听众阵阵热烈掌声。

【妈祖助学仪式（莆田站）隆重举行】

8 月 28 日下午，2018 年度妈祖助学仪式（莆田站），在中华妈祖文化交流协会妈祖大学堂隆重举行。莆田市 2018 年参加高考达到本二线以上并被本科院校录取的 100 名贫困大学生，每人接受 5000 元的“妈祖助学”资助。中华妈祖文化交流协会常务副会长俞建忠、湄洲妈祖祖庙董事长林金赞、莆田市教育局局长卓金贤出席并致辞。

【马来西亚将办妈祖国际文化旅游节】

9 月 11 日，记者从湄洲妈祖祖庙董事会获悉，根据马来西亚雪隆海南会馆最新消息，2018 年马来西亚妈祖国际文化旅游节将于 10 月 5 日在吉隆坡雪隆海南会馆天后宫开幕。此次旅游节为期 3 天，将以妈祖邮票推介仪式暨欢迎宴掀开序幕，紧接着举办“海外华人与妈祖信仰的传播”国际研讨会，压轴活动则是妈祖千秋宝诞 1058 年祭祀大典、海上巡安暨陆上绕境巡安、文化大会演等妈祖文化活动。

【《中华妈祖志》编纂工作启动】

9月12日上午，由中华妈祖文化交流协会组织的具有世界性意义的《中华妈祖志》编纂工作会议在莆田中华妈祖文化研究院举行，来自科研机构、大专院校专家学者20多人参加。这次会议标志着《中华妈祖志》编纂工作正式启动。《中华妈祖志》的启动得到了中国社科院、上海社科院等科研机构和厦门大学、福建师范大学、华侨大学、莆田学院等高等院校专家学者的大力指导。

【电影《妈祖回家》开机】

9月22日，两岸题材故事影片《妈祖回家》开机新闻发布会在中国传媒大学国际交流中心举行，会上主办方介绍了该电影筹备拍摄的有关情况。

【香港妈祖文化联谊会组团体验香港高铁】

9月23日，香港高铁正式通车，内地44个城市可坐高铁直达香港。为纪念这一历史性时刻，香港妈祖文化联谊会会长陈锦梅组织48名会员，乘坐高铁访问广东惠州。大家一路乡音萦绕，欢声笑语。他们为祖国高铁建设快速发展深感自豪，纷纷表示通过这次活动，进一步加深了各位乡亲之间的感情，更增强了大家对祖国的自豪感和认同感。

【北京民俗博物馆举办妈祖文化展出活动】

10月14—18日，北京民俗博物馆（北京东岳庙）举办“大爱妈祖，人文交流”的妈祖文化展出活动。此次活动多层次展示300多件妈祖文创产品和200多幅摄影图片，包括湄洲岛美丽的山海景观、妈祖信仰深厚的影响力和妈祖文化交流发展的时代风貌。

【扛旗世界纪录的28支“懿”字头乐队即将亮相】

10月17日晚6时，由中华妈祖文化交流协会主办的“赞歌颂党恩·礼乐献妈祖”323人大汇奏盛大活动仪式上，参演的中华妈祖十音八乐团28支“懿”字头乐队，共323人将获得由中华妈祖文化交流协会颁发的、由权威认证机构和认证师签发的“参与创造莆仙十音八乐扛旗世界纪录”证书，承惠妈祖恩光，荣膺终生殊荣。

【《妈祖文化志》编纂工程告竣仪式举行】

10月17日，福建省地方志编纂委员会联合湄洲妈祖祖庙董事会、台湾妈祖联谊会举行“传承妈祖文化，永铸两岸同心——《妈祖文化志》编纂工程告竣仪式”。

【湄洲妈祖祖庙重兴40周年 征集“祖庙记忆”珍贵图片影像】

2018年是湄洲妈祖祖庙重兴40周年。作为纪念庆祝活动系列之一，由湄洲妈祖祖庙主办的“祖庙记忆”珍贵图片影像征集工作，10月14—25日，面向全社会征集与湄洲妈祖祖庙有关，记录祖庙事、祖庙人、祖庙物、祖庙情，展现湄洲妈祖祖庙历史变迁与发展变化的珍贵老照片、图像影像、摄影作品等。征集作品将整理归档收录进妈祖祖庙珍贵影像年鉴（资料库），甄选汇编《祖庙记忆》珍贵影像画册，并在40周年纪念庆祝活动“祖庙记忆”珍贵图片影像展展出。

【妈祖文化历千年而愈兴】

10月20日起，为响应国家“一带一路”倡议，促进与“海丝”沿线国家和地区民心相通，进一步扩大妈祖文化的世界影响力，“妈祖下南洋·重走海丝路”湄洲妈祖巡安菲律宾活动顺利展开。这场堪称中菲两国之间有史以来最大的民间文化交流以及去年以“妈祖文化 · 丝路精神 · 人文交流”为主题的湄洲妈祖三大巡安活动的成功举办，让我们看到，作为中华优秀传统文化的有机组成部分，历经千年的妈祖文化已经成为东南亚乃至海内外华侨华人的文化共识而愈加兴旺。

【电影《妈祖回家》在莆田市火热拍摄】

10 月 24 日，剧组到北岸贤良港“三炷香”海面拍摄“海祭妈祖”相关场景。家门口拍电影，群众参演热情高。一大早，北岸各村（居）群众闻讯不约而同地来到天后祖祠广场当群演。这些群众演员当中，有几岁的孩童，也有耄耋老人，男女老少齐上阵，一片和乐，为这场“海祭妈祖”虔诚助演。

【《大爱妈祖》荣获纪实类纪录片一等奖】

10 月 26—30 日，在彝良小草坝举行“点赞中国·纪录影像 40 年”暨第四届“万峰林微电影盛典”活动。本活动由中国文化信息协会国际影视文化交流专业委员会、中国社会科学院新闻所世界传媒研究中心、中国高校影视学会主办，中共彝良县委、彝良县人民政府承办，彝良世彭汇实业有限公司协办。全国从事媒体宣传的部门、广大电视人、党员远程教育中心、高校大学生等 300 余人参加活动。

【海内外佛教界代表人士参观湄洲岛】

10 月 27—28 日，参加第五届世界佛教论坛的嘉宾陆续抵达莆田。来自俄罗斯、斯里兰卡、美国、印度、缅甸、马来西亚、毛里求斯、日本等的佛教界代表人士报到后，赴湄洲岛参观考察。

【湄洲妈祖分灵智利　目前妈祖分布达 45 个国家和地区】

10 月 31 日，湄洲妈祖分灵智利伊基克仪式在湄洲妈祖祖庙寝殿庄严举行。至此，湄洲妈祖分灵版图再添新成员，达 45 个国家和地区。上午 9 时 30 分，众人在通赞的主持下，首先向妈祖金身行三献之礼，再由祖庙董事长林金赞为智利中华妈祖文化交流协会行割香掬火礼，并颁发分灵证书，赠送妈祖巡安服饰及器具 85 件。

【湄洲翡翠妈祖将择期落户贵州】

10月31日上午，湄洲翡翠妈祖分灵和平下宫天后古庙玉潭轩仪式在祖庙天后宫庄严举行。湄洲妈祖祖庙董事长林金赞偕和平下宫天后古庙名誉会长黄汉柱、理事长马文毫，玉潭轩妈祖会会长黄世钦及218名广东汕头的妈祖信众一起行割香掬火礼、三跪九叩礼，参加颁授分灵证书仪式。分灵的湄洲翡翠妈祖将暂时安奉在和平下宫天后古庙玉潭轩，并择日移驾安座落户贵州省盘州市盘北经济开发区广东恒盛工业园日晖实业有限公司。

【龙岗区妈祖文化交流协会成立】

11月1日下午2时，深圳市龙岗区妈祖文化交流协会第一次会员大会，在龙岗区文体旅游局和龙岗区民政局的指导下，在龙岗区银濠大酒店五楼会议厅召开。中华妈祖文化交流协会副秘书长陈永腾主持大会议程。

【妈祖文创馆亮相厦门文博会】

11月2—5日，为弘扬妈祖文化，广纳百家之长，吸收借鉴全国各地旅游产品的特色和精华，推广妈祖文创旅游产品，湄洲岛应邀参加第十一届海峡两岸（厦门）文化产业博览交易会。此次参展，由湄洲岛党工委宣传部牵头，湄洲岛旅游服务有限公司负责展馆装修并组织布展，湄洲岛默娘文创有限公司、天下寻宝等多家文创企业共同参展，共计展出妈祖文创展品四大系列（珍善美、绘生活、瓣香礼、台湾文创产品），共300余款5000余件，其中多件妈祖文创产品荣获“福建好礼”百佳旅游商品、福建文创奖、第九届中国西部文化产业博览会最佳创意产品奖等奖项。

【台湾恒安宫参访贤良港天后祖祠】

11月4日下午，台湾恒安宫副主委陈彦呈率领信众110名护送妈祖像到北岸贤良港天后祖祠进香。

【新加坡宗教和谐暨首届世界妈祖文化节开幕】

11 月 8 日，新加坡宗教和谐暨首届世界妈祖文化节在新加坡圣淘沙会议中心开幕。来自新加坡、中国、马来西亚、印度尼西亚、泰国等“海丝”沿线国家和地区共 90 家妈祖宫庙、文化机构、华人社团代表参加。此次活动以妈祖为纽带，相聚新加坡，同谒妈祖，共享平安，互相交流，增进友谊，进一步增进海内外华人华侨对妈祖文化的认同，促进“海丝”沿线国家和地区民间交流。湄洲妈祖祖庙副董事长庄美华应邀率队参加本次盛会。

【美国纽约将办“妈祖信俗”申报十周年活动】

当地时间 11 月 8 日下午，美国妈祖基金会董事长朱荣斌、副董事长朱乐生、名誉主席周燕霞、主席黄明萍，前往联合国教科文组织纽约办事处拜访及交流，受到办事处主任玛丽 - 波勒· 鲁迪尔（Marie-Paule Roudil）等的亲切接见并合影留念。在交流中，双方都对妈祖文化有高度评价，并就妈祖文化走向世界探讨。

【澳大利亚纽省天后宫举行妈祖像安座仪式】

当地时间 11 月 11 日 11 时，澳大利亚纽省天后宫隆重举行两尊妈祖圣像安座祀奉仪式。现场锣鼓喧天，醒狮起舞，气氛热烈。悉尼各界嘉宾、莆籍乡亲和妈祖信众约 300 人出席了活动，共祈国泰民安、风调雨顺。

【妈祖文化入选“伟大的变革——庆祝改革开放 40 周年大型展览”】

11 月 13 日，“伟大的变革——庆祝改革开放 40 周年大型展览”在中国国家博物馆举行。妈祖文化入选此次展览。在国家博物馆二楼第四展区“历史巨变”的“海外侨胞心系祖国，助力改革开放”板块中，台湾妈祖宫庙代表到湄洲妈祖谒祖进香照片赫然在目。

【湄洲岛举办第三届湄洲女发髻技艺表演赛】

11 月 17 日，第三届湄洲女发髻技艺表演赛在“妈祖故里”湄洲岛举行，百余名福建省莆田市女子同台竞赛“梳头”技艺。湄洲女发髻又称帆船头、妈祖髻，相传由妈祖设计，是妈祖信俗的重要组成部分。湄洲岛国家旅游度假区管委会主任林韶雯表示，连年举办此活动，旨在鼓励更多的年轻人学习此项技艺，展现“湄洲女发髻”独特魅力，推动“妈祖信俗”非物质文化遗产项目的保护工作。

【“妈祖文化活态传承与运用”主题论坛在妈祖故里举行】

11 月 18 日，作为第三届世界妈祖文化论坛六大平行论坛之一的“妈祖文化活态传承与运用”主题论坛，由福建省文化和旅游厅、莆田市人民政府共同主办，莆田市文化广电新闻出版局牵头承办，在湄洲岛世界妈祖文化论坛永久会址举行。

【第二十届中国·湄洲妈祖文化旅游节在湄洲岛启幕】

11 月 18 日，第二十届中国·湄洲妈祖文化旅游节在“妈祖故里”福建省莆田市湄洲岛启幕。此次活动吸引了来自全球 60 个国家和地区的学者、侨领、世界各地莆田同乡会及商会代表、妈祖文化机构代表共襄盛会。其中，台湾地区有 60 多家宫庙逾百名信众参加。湄洲妈祖祖庙董事长林金赞率海内外宫庙代表组成的陪祭团，向妈祖金身叩礼上香，共祈两岸和平，四海同安。

【第二届“妈祖杯”开幕】

11 月 22 日，第二届“妈祖杯”海上丝绸之路国际羽毛球挑战赛在莆田市体育中心启幕。

【深圳市龙岗区妈祖文化旅游节隆重开幕】

11 月 25 日上午，由中华妈祖文化交流协会、湄洲妈祖祖庙董事会指导，深圳市龙岗区妈祖文化交流协会筹备委员会主办，深圳市龙岗天后古庙董事会承办，深圳市龙岗区宝龙街道龙东和谐共建促进会协办的深圳市龙岗区妈祖文化交流协会成立授牌暨龙岗天后古庙扩建 12 周年妈祖文化旅游节在龙东活动公园隆重开幕。

【莆田学院举办首届手绘妈祖建筑大赛】

11 月 27 日下午，莆田学院师生一行，在中华妈祖文化交流协会懿明楼前，现场手绘妈祖古建筑“懿明楼”，充分结合专业优势，助力非遗的传承。妈祖建筑艺术是社会历史发展的产物，妈祖庙在建筑装饰上繁缛细腻，富丽堂皇，石雕艺术具有独特风格，这为我们将来的设计作品提供灵感。

【台湾高雄港口慈济宫再回湄洲寻根谒祖】

11 月 28 日，湄洲妈祖祖庙锣鼓喧天，彩旗飘扬。来自台湾高雄港口慈济宫的 67 名妈祖信众在主任委员林秀珠带领下，恭捧 8 尊分灵妈祖神像再回湄洲妈祖祖庙寻根谒祖，受到祖庙董事会的热情接待。谒祖进香团一行在祖庙秘书长李少霞陪同下，在寝殿举行了庄严的三献礼仪式，随后参观祖庙景点，当晚 12 时在寝殿举行祭祀仪式。

【“全球华人旗袍印象长卷”将走进妈祖故乡】

“全球华人旗袍印象长卷”妈祖故乡“画中人”系列活动将在莆田展开。11 月 30 日，妈祖故乡“画中人”新闻发布会在莆仙大剧院召开。

【中华妈祖文化交流协会三届三次会员大会北京召开】

12 月 1 日上午，中华妈祖文化交流协会三届三次会员大会在北京隆重召开，来自45个国家和地区的800多名妈祖人代表出席会议。

【越南妈祖文化董事会成立】

12月3日，“妈祖公益心·越南华商情”暨越南妈祖文化董事会第一届理监事会就职典礼活动在越南胡志明市举行。来自中国大陆、台湾、澳门以及新加坡、缅甸、马来西亚、印度尼西亚、老挝、柬埔寨、泰国、迪拜等国家和地区等90家妈祖宫庙、文化机构、华人社团等代表参加本次活动。众人同谒妈祖，共享平安。

【湄洲妈祖祖庙董事会应邀出席越南妈祖文化董事会成立大典】

12月3日，应越南妈祖文化董事会邀请，湄洲妈祖祖庙副董事长庄美华率董事会成员前往参加活动。庄美华副董事长还拜会了缅甸果敢福建商会会长林清朝、阿联酋中国福建总商会执行会长谢伟忠等各商会友人。林清朝会长还表示有修建以妈祖文化为核心的旅游朝拜景点的想法。就职典礼上，湄洲妈祖祖庙天后艺术团表演的舞蹈《湄女风情》和俚歌说唱等节目迎来海内外嘉宾的阵阵掌声。

【传承弘扬妈祖文化　深入推进交流合作】

12月4日，中共莆田市委书记林宝金、莆田市市长李建辉在厦门，与出席2018年两岸企业家峰会年会的台湾鸿海科技集团总裁郭台铭座谈，双方就弘扬妈祖文化、开展医疗健康产业合作等进行深入洽谈交流。市政协副主席张亦兵参加座谈。

【乌坭天后宫重建落成十周年庆典隆重举行】

12月4日，广东陆丰市碣石乌坭天后宫重建落成十周年庆典暨两岸妈祖文化交流活动在乌坭天后宫广场隆重举行。出席本次活动的代表有中华妈祖文化交流协会、台湾鹿港天后宫、斗六新兴宫妈祖庙和社会各界妈祖信众。活动上，碣石半岛下南十一村带来的精彩传统文艺节目，并由陆丰市妈祖文化交流协会带来一场妈祖祭典，让两岸妈祖信众共享视觉盛宴。

【台媒报道新北市市长当选人拜妈祖】

12月9日，新北市市长当选人侯友宜首度返乡，回到嘉义县朴子市配天宫参拜，受到乡亲们热烈拥戴，争相合影。

【汪毅夫讲述妈祖信仰的传播及其他】

12月10日晚，全国台联会长汪毅夫在莆田学院李文正学术交流中心，为莆院师生讲述了妈祖信仰的传播及其他。本次活动由莆田学院文化与传播学院主办。汪毅夫从信民的层面、人类行为论述妈祖信仰传播的动力和妈祖信仰的正当性，并从学术史角度讲述妈祖文化研究的若干问题。

【浩天宫大庄妈迁移行宫庆典举行】

据12月11日报道，台湾浩天宫大庄妈举行行宫迁移庆典活动，浩天宫全体成员出席。每座妈祖庙宇的“抢头香”活动都很精彩，浩天宫也不例外。今年除夕夜，香客将200公斤的香炉撞倒。“新建妈祖厝，头香翻新意。炉香新彩头，新春好吉兆。”打翻香炉一事，被解读为新春好吉兆。

【莆田妈祖公益组织举行十周年庆联谊会活动】

12月14日，“大善大德·与爱同行”暨莆田妈祖公益组织十周年庆联谊会，在北岸碧桂园金凤凰酒店大礼堂举行。来自台湾竹南龙凤宫、明道大学台胞、莆田贤良港天后祖祠董事会、社会热心人士及妈祖公益组织志愿者500多人齐聚一堂。

【台湾苗栗竹南后厝龙凤宫回湄洲妈祖祖庙谒祖】

12月14日，台湾苗栗竹南后厝龙凤宫的313名妈祖信众在主委陈超明、副主委叶倍境的带领下，恭捧分灵妈祖等神尊，回湄洲妈祖祖庙谒祖。湄洲妈祖祖庙董事长林金赞率董事会成员，以锣鼓队为阵头，前往湄洲码头迎接。

【北港朝天宫妈祖分灵广东海丰圣云宫】

12 月 14 日，来自台湾北港朝天宫、台湾圣昭妈祖协会和香港、广州、深圳、汕尾海陆丰境内外的近 400 位客人共聚海丰。在中华妈祖文化交流协会和湄洲妈祖祖庙董事会的指导下，为进一步加强海峡两岸民间民俗文化的交流，台湾北港朝天宫蔡辅雄副董事长率领团队，护驾分灵安座圣云宫，台湾圣昭妈祖还与其缔结姐妹宫庙，并循古制举行了祭祀大典和互赠纪念品仪式。

【彰化员林福宁宫三赴湄洲谒祖】

台湾员林福宁宫一行在进香团团长黄明海、主委赖坤甲的率领下，到湄洲妈祖祖庙进香。2016 年 11 月、2017 年 12 月、2018 年 12 月，福宁宫 3 年连续赴湄洲谒祖。2016 年的进香活动，是福宁宫 300 余年首次赴湄洲谒祖，三赴湄洲是较多妈祖庙宇的进香习俗，即要进香的话，需要连续 3 年。

【民盟成员关注妈祖文化】

12 月 17 日，由民盟福建省委社会委员会主任、福建师大博导叶一舵教授带队，民盟莆田市委副主委、荔城区政协副主席肖超山，民盟莆田市委教育工作委员会常务副主任、众翔双创职校总经理张益冰等一行在湄洲妈祖祖庙莆田会馆馆长、民革莆田市直属湄洲岛支部委员会主委陈金森陪同下，参观祖庙莆田会馆。

【“三门”结亲欢聚鹿耳门】

12 月 17 日，厦门朝宗宫和金门妈祖宫庙文化发展协会一行，在台南鹿耳门圣母庙欢聚，共同祝福“三建”鹿耳门圣庙安座 37 周年庆典。厦门、金门、鹿耳门，因与郑成功练兵、驻军、登陆有关，因此号称“三门”，相关妈祖庙也缔结成至亲庙，往来频繁。

【台湾宫庙到湄洲妈祖祖庙进香】

12 月 23 日，台湾中华道教中坛元帅弘道协会、无极三清总道院、台中太子宫、东势东兴宫、台中龙圣宫、南屯圣帅宫、西屯广兴宫、苑里保安宫、埔心镇国宫、二水桃山庙、内门顺贤宫、高雄天坛旨万通寺、高雄慈凤宫、屏东天童玉旨宫、屏东明月宫、阿莲幸安宫、麻豆太子宫、新市清保宫、学甲兴太宫、归仁玄元宫、花莲万福太子宫、宜兰瑞光宫、三重武贤宫、大溪哪吒行宫 100 多人到湄洲妈祖祖庙参访进香。

【《中华妈祖志》编纂工作暨两岸妈祖文化系列活动会议召开】

12 月 23 日，中华妈祖文化交流协会《中华妈祖志》编纂暨两岸妈祖文化系列活动工作会议在莆田金海湾隆重举行。会议由中华妈祖文化交流协会秘书长林金榜主持。

【湄洲妈祖祖庙董事会代表赴厦门交流妈祖文化】

12 月 24 日，湄洲妈祖祖庙董事会李少霞秘书长率一行代表，前往厦门地区与当地妈祖宫庙进行妈祖文化座谈。座谈会在热烈的掌声中拉开序幕，李少霞秘书长代表祖庙董事长林金赞及董事会向厦门妈祖庙各位执事拜早年，希望大家有空常“回家”看看。会后，祖庙董事会向厦门妈祖庙赠送新年挂历并合影留念。

【湄洲妈祖祖庙联谊队在广东潮汕交流】

12 月 27 日，湄洲妈祖祖庙与潮阳妈祖宫庙联谊座谈会在广东汕头潮阳下宫古庙举行。吴国春副董事长率领的祖庙联谊队和潮阳和平下宫天后古庙理事会会长马文豪、潮阳妈祖文化交流协会会长林钟海及潮汕地区 16 家宫庙代表等 60 多人一起沐手拈香，遵循礼制，在下宫天后古庙向妈祖行庄严的三献之礼。

园区建设

【平乐妈祖文化广场重大项目建设】

利用妈祖文化旅游节在县城举行的有利契机，加快平乐县旅游发展，重点要做三件大事。首先要建好景区景点，重点完善“三江口”核心旅游景区各项配套设施，加快推进进港大道、茶江风景桥、印山旅游码头二期项目、同乐休闲公园、梅挚公园、水晶玻璃街建设。打造浦口景区、桂林漓江古韵博览园、印山旅游码头综合休闲体、平乐老街、沙子古镇等一批景点景区，实施仙家温泉等景区提升，做好星级景点景区的培育。其次是做好水上旅游。进一步推动阳朔—平乐、平乐—阳朔、平乐—黄龙三条水上旅游航线运营正常化，重点打造“三江口—水岸西街—浦口”“三江口—长滩老街”“夜游三江口”三条游船游览线路和“水岸西街—浦口”“沙子九号码头以上”两条排筏游览线路。

进一步完善航线运营机制，实行平乐县区域内游船、排筏“四统一”管理。完善旅游发展奖励机制，加快推动旅游市场进一步做大。

努力办好 2018 年妈祖文化旅游节，抓好县城孔庙恢复重建、粤东会馆装修、妈祖文化广场建设、文塔建设，策划好节庆活动，并以妈祖文化旅游节为带动，深度挖掘平乐县历史文化底蕴，打好推动旅游发展“节庆文化”牌。

【台中大安妈祖园区建设】

台湾台中大安妈祖园区在市府规划下，原预定耗资 7.2 亿元新台币，在大安滨海乐园左侧兴建，基座 20 余米，预估工程费 6 亿元新台币，目前硬设备已竣工；

妈祖石像 30 余米，工程费 1.2 亿元新台币。因规划之际有宗教界人士反对，而采取募捐兴建。届后竣工，巍然耸立的妈祖远眺海域，再有在地的红树林木栈道、庞大的潮蟹群、滨海乐园、鹭鸶林、大安龟壳公园及滨海自行车等配合，并且将追加预算约 1 亿元新台币设置千人宴会厅、地方企业概念展示馆、360 度多媒体体验区、妈祖故事馆、妈祖文化导览区、多媒体展示区，还有 4D 剧院、多媒体放映室与观景台等。

【莆田妈祖国际健康城建设】

妈祖国际健康城选址于莆田忠门半岛，总规划面积约 168 平方公里。妈祖健康城定位按照“统一规划建设、统一品牌运营、统一医技共享、统一人才培训、统一认证标准、统一信息平台、统一物业管理、统一后勤服务”的运营模式，建设集国际高端专科医院集群、医学研发转化中心、民营医院管理总部、医生集团聚集地、药械制造基地、医疗大数据中心、国际会展贸易中心、国际组织交流中心、医疗人才培训基地、康养福地于一体的全产业链生态圈，建成“东方医疗硅谷，中国第一康城”。

【全世界最高的妈祖神像坐落在天津妈祖文化园区】

2018 年 7 月，全世界最高的妈祖神像坐落在天津妈祖文化园区。园区内还分别建有钟鼓楼、东西厢房、妈祖庙、妈祖阆苑、禅居会馆等建筑群。

天津妈祖文化园区中的妈祖圣像高 42.3 米，共计使用 858 块石料，大概有 14 层楼的高度。古典文献中记载妈祖扶危济困，救助海难，同时具备“立德、行善、大爱”的中国传统文化的精神，因此被尊为“海上女神”，也被誉为“世界和平女神”。

【南海妈祖世界和平岛计划全面开工】

3 月 24 日，文昌市委宣传部微信公众号“文昌发布”刊文《南海妈祖世界和平岛计划今年全面开工》透露文昌重大项目消息，南海妈祖世界和平岛项目计划 2018

年全面开工，年内拟投资逾10亿元，打造文旅融合的休闲度假旅游胜地。这是继海文大桥之后，文昌又一个重大项目正式走进人们视野。

南海妈祖世界和平岛位于文昌木兰湾新区新埠海海域，项目一期填海造地49.51公顷，建透水构筑物平台32.95公顷，主要用于建设妈祖祈福广场。建设内容包括妈祖神像、妈祖演艺大厅、妈祖博物馆、妈祖和平论坛、妈祖商品街、祈福宫、天后宫、妈祖文化大道、美食商业街、免税商场、风情酒吧街、中小互联网企业基地、旅游大数据运营服务中心、婚庆主题风情街、影视娱乐基地、展览展贸中心、海底餐厅、海洋世界酒店、康养中心及连岛大桥等。

【美国佛罗里达州迈阿密将建中国城，突出妈祖文化元素】

11月23日，中美企业总商会主席林明华、山西省福建商会会长赵文闪等一行到中华妈祖文化交流协会考察妈祖文化。中华妈祖文化交流协会常务副会长俞建忠出席。座谈会上，林明华介绍，将在美国佛罗里达州迈阿密建一个中国城，双方就筹建等问题进行探讨、协商。据了解，妈祖信仰在美国已有160多年的历史，在美的妈祖信众每逢三月二十三妈祖诞辰日、九月初九妈祖升天日，以及春节、中秋节等华人传统节日，都会开展纪念活动，在美国建的“中国城”将主要突出妈祖文化的元素。

【澳大利亚新南威尔士州天后宫举行妈祖像安座仪式】

11月11日11时，澳大利亚新南威尔士州天后宫隆重举行两尊妈祖圣像安座祀奉仪式。现场锣鼓喧天，醒狮起舞，气氛热烈。悉尼各界嘉宾、莆籍乡亲和妈祖信众约300人出席活动，共祈国泰民安、风调雨顺。

【福建莆田湄洲岛加快妈祖文化特色小镇建设】

2018年是妈祖文化特色小镇建设攻坚之年，湄洲岛将紧抓建设世界妈祖文化中心的重大机遇，发挥优势、乘势而上，推进世界妈祖文化中心核心区建设。湄洲岛自成为福建省首批省级特色小镇以来，围绕将小镇建设成为具有“两岸融合、海丝气度、国际影响的世界妈祖文化核心区”的发展目标，按照“妈祖文化为魂、旅游产业为骨、景观环境为肤、机制创新为气、生态建设为基”的发展思路，坚持“一核带三区、一镇融五化”发展战略。一核带三区，即强化妈祖祖庙核心区龙头带动作用，加快建立滨海旅游区、两岸文创集聚区、渔港经济区；一镇融五化，即发挥特色小镇“集聚创新创业创意高端要素、加快供给侧结构性改革、培育经济发展新动能、促进新型城镇化建设”的四位一体新型平台功能，加快推进妈祖小镇文化品牌化、全产业链化、创新驱动化、美丽经济化、共建共享化。

慈善活动

【乡村孝心宴　敬老情意浓】

1 月 4 日，在泉州洛江区罗溪镇龟峰岩关帝庙广场，困难老人参加了孝心宴。罗溪镇为各村的困难老人举办孝心宴暨尊老助困公益活动。活动现场摆起了 20 多桌孝心宴，志愿者与老人一起唠家常、观赏文艺节目。每位老人还收到了新年礼包。

【惠来县妈祖文化交流协会举办 2018 年献爱心济困慈善活动】

1 月 31 日上午，广东惠来县妈祖文化交流协会福利会、惠来县神泉天后宫妈祖理事会联合举办“2018 年迎新春献爱心济困慈善活动”。迎新春献爱心济困慈善活动在神泉天后宫举行，今年已是第六届。本届发给受助者大米、食油、慰问金，让受助者感恩妈祖，过上如意吉祥幸福年。

【湄洲妈祖祖庙“慈善之光”活动发放善款 350 余万元，近万名岛民受惠】

2 月 2 日，在祖庙圣旨门广场举办湄洲妈祖祖庙“慈善之光”春节送温暖活动。此次“慈善之光”春节送温暖活动中，为全岛 5925 位 60 岁以上老龄人，交纳新农合医保金 106.8 万元，为 2520 位 70 岁以上老龄人发放慰问金 222.6 万元，为 116 户贫困家庭发放救济款物，为下一代帮扶对象 76 人、敬老院补助金共发放救助款 26.28 万元；共投入慈善资金 355.68 万元，惠及全岛 116 户贫困家庭、岛民 8677 人次。

【莆田北岸经济开发区妈祖大爱慈善协会成立】

2月23日，莆田市湄洲湾北岸经济开发区妈祖大爱慈善协会成立，辖区企业家热心慈善事业，109名个人会员和73家单位会员共募捐善款将近4000万元。该善款将用于支持妈祖文化建设与传播，支持北岸辖区内文化遗产的保护与修缮，资助有利于传承妈祖大爱精神的赈灾救灾、扶贫济困、健康养老、教育卫生等方面的公益慈善活动。

【陈春玖出席妈祖大爱慈善协会并个人捐赠200万元善款】

2月23日，莆田北岸经济开发区妈祖大爱慈善协会成立暨第一次会员大会隆重召开，北京福建企业总商会党委书记、会长陈春玖出席大会并讲话，北岸经济开发区党工委书记林修岚为其授牌创会会长。陈春玖个人捐赠200万元善款。

【学雷锋活动在妈祖故乡开展】

3月5日，青年志愿者通过协助游客上下船、清理垃圾、分发宣传册等形式参与志愿服务活动。国网湄洲岛供电公司的此次志愿活动的一个重点，是对校园用电线路进行“义诊”。供电公司工作人员到妈祖小学检查配电室设备和线路，走进班级检查插座和电视电脑电源线连接情况，消除安全用电隐患，协助建立学校安全用电环境。

【“妈祖大爱·海丝情缘”大型公益书画邀请展汕尾开幕　海内外42位书画家受邀参展】

5月7日上午，由世界书画家联合会、美国新文学社、广东省汕尾市城区凤山祖庙旅游区管理处联合主办的“妈祖大爱·海丝情缘”——纪念妈祖诞生1058周年大型公益书画邀请展在汕尾市举行，海内外42位优秀书画艺术家的力作呈现在广东汕尾凤山祖庙展厅，逾千人观看了展览。

【莆田北岸33位企业家被授予“慈善之家”荣誉牌匾】

5月8日，妈祖诞生1058周年纪念日，北岸妈祖大爱慈善协会在贤良港天后圣殿举行“慈善之家”授牌活动，为王金象等33位辖区内热心捐款的企业家授予“慈善之家”荣誉牌匾。

【群星金曲慈善夜——墨尔本天后宫妈祖圣像建成十周年纪念活动】

5月30日，墨尔本天后宫天后圣像建成十周年之际，举办盛大慈善活动。这次活动在纪念天后圣像建成十周年庆的同时，亦为未来建筑工程筹款，广大妈祖文化信众怀着虔诚之心踊跃参加，活动获得圆满成功。

【妈祖义工陈的锦的慈善情怀】

据6月21日报道，在莆田湄洲湾北岸经济开发区，活跃着这么一支妈祖义工队——妈祖公益组织，他们关爱弱势群体，热心公益事业，以点点善事，践行着妈祖立德行善的精神。在每一次公益行动中，大家总能看见一个忙碌的身影，他就是妈祖公益组织的发起人陈的锦。每一次公益之旅从策划到组织实施，陈的锦总是身先士卒，模范带头，用行动影响和感染着身边的每一个人。

【莆院学子为学习妈祖精神进行公益活动】

7月17日，“妈祖大爱”药技志愿者服务队于9时到达漳州古城，在当地向导的帮助下开始当天的考察活动。队伍在队长的带领下，分别考察了漳州古城中的漳州文庙、香港路和三有书屋；在当地向导的讲解下，了解并记录了几个地方的文化历程。下午去漳州市新城小学帮助漳州市小水滴公益协会进行了多项志愿者活动。

【中华妈祖文化交流协会举办 2018 年度助学捐赠仪式】

7 月 29 日，广东汕头市华阳妈祖珠珍祖庙董事长吴宝明一行来到莆田中华妈祖文化研究院，携赠款 15 万元，参加中华妈祖文化交流协会 2018 年度捐资助学活动启动仪式。

【沐妈祖灵光，湄洲妈祖祖庙发放 229.4 万元教育慈善基金】

8 月 15 日上午，湄洲妈祖祖庙董事会 2017—2018 学年奖教奖（助）学活动在祖庙妈祖大学堂举行。湄洲妈祖祖庙董事会分别向岛上中高考优秀学子代表、优秀教师代表、贫困家庭优秀子女代表颁发奖教奖助学金，同时委托莆田市教育局、莆田学院、莆田市关工委、曾德梅爱心助学活动联合会等社会机构，向全市特别是老少边岛优秀教师、贫困学生发放奖教奖助学金共计 229.4 万元。

【深圳龙岗天后古庙开展“妈祖慈善节”送温暖活动】

8 月 17 日，广东深圳龙岗天后古庙在理事会领导的带领下，开展了一年一度的“妈祖慈善节”送温暖活动。龙岗天后古庙在本次活动中向社会发放慰问物资（大米 40000 斤、健康饮品 1100 件、面食 2000 件、妈祖面 200 件）和部分慰问金。

【湄洲岛妈祖义工志愿服务站——“争当妈祖人，勤做公益事”】

8 月，天气炎热，但在湄洲岛主要景区都可以看到忙碌的妈祖义工。他们或在宫下码头为游客提行李，或到莲池澳沙滩清理垃圾，或在祖庙圣旨门广场为过往香客、游人提供妈祖平安茶……以实际行动践行“立德、行善、大爱”的妈祖精神。

【澳门神州妈祖会成立五周年暨妈祖文化论坛慈善书画展活动】

8 月 23—25 日，在澳门（民众建澳联盟大礼堂）隆重举行神州妈祖会成立五周年暨妈祖文化论坛慈善书画展活动，旨在进一步弘扬和传播妈祖文化，促进澳门文化旅游合作和民间交流，推动大陆和港澳地区人文交流和经贸合作，加快构建世界妈祖文化中心。

【2018 年度妈祖助学善款发放仪式举行】

8 月 28 日，2018 年度妈祖助学善款发放仪式（莆田站）在市区中华妈祖文化交流协会妈祖大学堂举行，进一步弘扬妈祖“立德、行善、大爱”精神。此次活动由中华妈祖文化交流协会、湄洲妈祖祖庙董事会主办，莆田市壶兰教育基金会承办。资助对象为参加 2018 年高考达到本二线及本二线以上，并被本科院校录取的贫困大学生，共计 100 名，每人资助标准 5000 元。

【便民义诊暖人心】

10 月 12 日上午，莆田市城厢区医院石厝健康志愿服务队在凤凰山妈祖义工志愿服务站设点，再次开展义诊活动。医护人员与志愿者为市民提供初步筛查、诊断和一般治疗，普及医学常识和健康知识等服务。

【太仓·浏河海峡两岸妈祖文化旅游节暨重阳慈善周活动隆重开幕】

10 月 17 日，2018 年太仓·浏河海峡两岸妈祖文化旅游节暨重阳慈善周活动在苏州市太仓市天妃宫隆重开幕。举行了重阳敬老礼、最美孝善家庭颁奖礼活动，随后还隆重举行了“苏州市对台交流基地”揭牌仪式。当天下午，来自海峡两岸的民众共同举行了声势浩大的妈祖巡街仪式。

【上海天妃宫免费向社会老人发送重阳糕】

10 月 17 日（农历九月初九日），恰逢妈祖羽化 1031 周年暨中华传统节日重阳节，位于上海方塔园的天妃宫向入园老人免费赠送重阳糕。

【湄洲妈祖走进菲律宾校园　开展赠送大米等慈善活动】

10月22日9时30分，湄洲妈祖在历经一天两夜的海上航行之后抵达菲律宾马尼拉港，受到菲律宾马尼拉市政府的高度重视。在当地开展慈善公益活动，践行“立德、行善、大爱”的妈祖精神，把妈祖慈悲博爱、扶危济困、无私奉献的精神播散到菲律宾大地，让世界充满爱和温暖。

【涵江区妈祖文化交流协会积极开展慈善公益活动】

涵江区妈祖文化交流协会秘书处揭牌仪式在涵江宗教文化创业园举行。在仪式上，涵江区妈祖文化交流协会会长林国珍说，该协会成立4年多来，在各位理事的共同努力下，开展海内外妈祖宫庙交流、海峡两岸妈祖信众联谊交流，弘扬妈祖精神，传播妈祖文化，组织妈祖义工在涵江城乡处处开展扶贫济困、修桥铺路、奖教助学、建设美丽乡村等社会慈善公益事业，取得很好的社会效果，得到政府和社会各界的赞赏。

【菲律宾慈航禅寺举行首次公益慈善活动】

当地时间12月23日，菲律宾慈航禅寺妈祖基金会在马尼拉中国城花园口成立，并举行首次公益慈善活动。慈航禅寺妈祖慈善基金会现场向附近居委会困难群体发放1500包大米。

【腊八节，天津天后宫舍“妈祖福佑粥”】

腊八节，是我国一年一度的传统节日。在这一天，我国大多数地区都有喝腊八粥的习俗。位于“九河下梢”的天津最古老的建筑群——天后宫，为更好地弘扬我国民俗文化，在腊八节这天继续举行舍“妈祖福佑粥”为主题的爱心腊八节活动。